LA MIA VOCAZIONE È L'AMORE

P. Angelo Bellon, O.P.

LA MIA VOCAZIONE
È L'AMORE

Santa Teresa di Lisieux

corso monografico

EDIZIONI AMICI DOMENICANI
Alessandria
2020

In copertina: Teresa a 15 anni.
La foto fu scattata a inizio aprile 1888, poco prima dell'ingresso nel
Carmelo. L'immagine è stata colorata e migliorata attraverso un algo-
ritmo di intelligenza artificiale.

Prima edizione: Alessandria, gennaio 2020
Seconda ristampa: Alessandria, febbraio 2020

Progetto grafico, impaginazione e copertina: Eugenio Licata
Revisione del testo: Ilaria Di Paolo
Testo composto con LaTeX Nel carattere EB GARAMOND
Padre Angelo Bellon, O.P. – padreangelobellon@amicidomenicani.it
www.amicidomenicani.it

Indice

Introduzione

1. Chi legge per la prima volta la *Storia di un'Anima* di Santa Teresa di Gesù Bambino ne rimane ben presto affascinato.

Inizialmente dice: "Che bello! Peccato che non l'abbia letta prima".

Ogni volta che la riprende in mano si accorge di altre profondità e non tarda a riconoscere che quasi ogni frase è come un pilastro di vita cristiana.

Quanto disse Edith Stein dopo aver letto tutto d'un fiato l'autobiografia di Teresa d'Avila: "Questa è la verità", e cioè: *la vita va vissuta in questo modo*, così viene da dire anche dopo aver letto l'autobiografia di questa loro consorella che, come la madre, ha meritato di essere proclamata dottore della Chiesa.

2. A contatto con gli scritti della Santa di Lisieux ci si sente subito trasportati alla presenza del Signore e a fare ciò che ha fatto questa giovane suora, a compiere la cosa più importante della vita: a trasformarla tutta in tanti atti di amore per il Signore.

Si avverte una gioia stando vicini a Santa Teresa di Gesù Bambino e questa gioia probabilmente deriva proprio dal fatto che ci si sente trasportati nel mondo vero, nel mondo che non passa, alla presenza di Dio, alla presenza di Gesù.

E nello stesso tempo ci si sente incitati a fare quanto ha fatto lei, a rendere eterno quanto si sta compiendo nel tempo.

È l'autore dell'Apocalisse che lo attesta: "E udii una voce dal cielo che diceva: «Scrivi: d'ora in poi, beati i morti che muoiono nel Signore. Sì – dice lo Spirito –, essi riposeranno dalle loro fatiche, perché le loro opere li seguono»" (Ap 14,13).

Solo le opere animate dalla carità ci accompagnano nell'eternità (Ap 14,13).

Tutto cesserà: solo "la carità non avrà mai fine" (1 Cor 13,8).

3. Se si vuole cogliere lo spirito unificatore della vita e del pensiero di Santa Teresa di Gesù Bambino lo si può trovare in quella nota espressione che le uscì dal cuore quando dopo aver letto i capitoli 12 e 13 della prima lettera ai Corinzi disse: *la mia vocazione é l'amore*[1].

Ciò che Sant'Agostino scrisse commentando la prima di lettera di San Giovanni: "Ha detto molte cose, ma quasi tutte sulla carità"[2], si può dire che costituisca il compendio della dottrina di Santa Teresa di Lisieux e il segreto di quella che lei chiama la sua piccola via.

È "una via ben diritta, molto breve, una piccola via tutta nuova"[3].

Era rimasta colpita dalle parole che si leggono nel libro dei Proverbi: "Se qualcuno è molto piccolo, venga a me" (Pr 9,3).

Teresa intuisce che quella parola è rivolta a lei perché "è la più piccola... l'ultima"[4].

La sua piccola via, la sua scorciatoia verso la santità, "è fatta tutta di confidenza e di amore"[5]. "Io posso fare ben poco, o

---

[1] *Storia di un'Anima*, 254.
[2] "Locutus est multa, et prope omnia de charitate" (S. Agostino, *In epist. Ioan., Prologus*).
[3] *Storia di un'Anima*, 271.
[4] *Lettera* 153, a Leonia, Gennaio 1895.
[5] *Lettera* 202, a padre Roulland, 9 maggio 1897.

piuttosto nulla da sola. (...) Infatti lo zero, per se stesso, non vale nulla; se però si mette vicino all'uno, diventa potente, purché – s'intende – si collochi *al posto giusto*, dopo e non prima!..."[6].

4. Non soltanto i suoi scritti, ma anche la testimonianza della sua vita è un insegnamento.

Ha scritto quanto ha vissuto.

Anche lei potrebbe ripetere quanto disse San Paolo: "Diventate miei imitatori, come io lo sono di Cristo" (1 Cor 11,1).

È quanto ha detto Pio XI nell'omelia della canonizzazione[7] di Santa Teresa di Gesù Bambino: "Teresa, la nuova Santa, avendo vivamente assorbito questa dottrina evangelica, la tradusse nella pratica della vita quotidiana; anzi con la parola e con l'esempio insegnò alle novizie del suo monastero questa via dell'infanzia spirituale, e a tutti gli altri per mezzo dei suoi scritti: scritti che, diffusi in tutto il mondo, nessuno legge senza volerli rileggere più e più volte, con massima gioia dell'animo e con vantaggio.

Infatti, questa candidissima fanciulla, che fiorì nell'orto chiuso del Carmelo, avendo aggiunto al proprio nome quello del Bambino Gesù, ne espresse al vivo in se stessa l'immagine; quindi si deve dire che chiunque venera Teresa, venera e loda il divino esempio, che ella ricopiò in sé.

Oggi pertanto speriamo che negli animi dei fedeli s'instauri un certo desiderio di praticare questa infanzia spirituale, la

---

[6] *Ib.*

[7] Ai pellegrini francesi accorsi a Roma per la beatificazione di Teresa l'aveva definita *"Stella che la mano di Dio ha voluto far risplendere all'inizio del nostro pontificato,* presagio e promessa di una protezione, di cui noi stiamo facendo la felice esperienza" (29 marzo 1923).

È di dominio comune che San Pio X, quando lesse l'autobiografia di Santa Teresa, abbia detto: "Ecco la più grande santa dei tempi moderni" (cfr. FRANÇOIS DE L'IMMACULÉE CONCEPTION, *Mieux connaitre Sainte Thérese de Lisieux*, p. 27) e che abbia incoraggiato fortemente il processo di beatificazione.

quale consiste in questo: che tutto ciò che il fanciullo pensa e fa per natura, anche noi lo pensiamo e lo facciamo per esercizio di virtù.

Infatti, come i fanciulli, non macchiati da nessuna colpa e non impediti da nessuno sforzo di passione, riposano sicuri nel possesso della propria innocenza (e privi affatto di ogni inganno e doppiezza esprimono sinceramente i loro pensieri e agiscono rettamente mostrandosi esternamente quali di fatto sono), così Teresa apparve di natura angelica più che umana, e acquistò la semplicità del fanciullo, secondo le leggi della verità e della giustizia" (17 maggio 1925).

5. Per questo ci si può attendere che dal Cielo attui quanto è riportato tra le *Novissima verba*: [(17 luglio 1897)] "Sento di avviarmi al riposo. *Ma soprattutto sento che la mia missione sta per cominciare*: la mia missione di fare amare il Signore come io l'amo, e dare alle anime la mia piccola via.

Se Dio misericordioso esaudisce i miei desideri, il mio paradiso trascorrerà sulla terra fino alla fine del mondo.

Sì, voglio passare il mio Cielo a fare del bene sulla terra".

Il 9 giugno 1897 scrive ad un seminarista: "Vorrei dirle, mio piccolo caro Fratello, mille cose che comprendo solo ora che sono sulla porta dell'Eternità; ma io non muoio, entro nella vita, e tutto quello che non posso dirle quaggiù, glielo farò capire dall'alto del Cielo!..."[8]!

E il 26 luglio successivo:

---

[8]*Lettera* 216, a don Bellière, 9 giugno 1897.
Maurizio Barthélemy-Bellière (1874-1907), orfano di madre, ancora seminarista e aspirante missionario aveva scritto a Madre Agnese il 15.10.1895 chiedendole una sorella che si dedicasse alla salvezza della sua anima e che l'aiutasse con la preghiera e con i sacrifici nel suo futuro ministero.
Madre Agnese l'affida a Teresa.
Il 29 settembre 1897, vigilia della morte della nostra Santa, il giovane prete s'imbarca per Algeri per entrare nel noviziato dei Padri Bianchi. Dopo alcuni

"Le prometto di farle gustare, dopo la mia partenza per la vita eterna, quella felicità che si può provare nel sentirsi accanto un'anima amica.

Non si tratterà più di una corrispondenza come questa, più o meno distanziata e sempre molto incompleta...ma di un colloquio fraterno che incanterà gli angeli, un colloquio che le creature non potranno criticare poiché sarà loro nascosto"[9].

Le fu chiesto quand'era sul letto di morte: "*Lei ci guarderà dall'alto, vero?*".

"*No, discenderò*", fu la sua risposta (12 luglio 1897).

---

anni di missionario in Africa (nel Malawi), colpito dalla malattia del sonno, torna in Francia e muore il 14 luglio 1907 all'età di trentatré anni al Bon Sauver di Caen – sua città natale – nello stesso ospedale dove era morto il papà di Santa Teresa.

[9]*Lettera* 231, a don Bellière, 26 luglio 1897.

Avvertenze per le note a piè pagina

1. Non avendo a disposizione la *Positio* per la beatificazione
e la canonizzazione di Santa Teresa di Gesù Bambino le deposizioni dei testimoni sono citate in modo diverso a seconda della
bibliografia di cui ci si è servito.

A volte si fa riferimento alle indicazioni del Processo diocesano e del Processo Apostolico e altre volte alle deposizioni
pubblicate da Amata Ruffinengo in *Testimoni di Teresa di Gesù
Bambino*.

2. La numerazione delle Lettere è quella della Postulazione OCD, pubblicata in *"Santa Teresa di Gesù Bambino, Gli
scritti"*.

Capo I

Gli scritti di Santa Teresa di Gesù Bambino

1. La *Storia di un'Anima*

1. La genesi di questo capolavoro di spiritualità è scaturita da una richiesta della sorella maggiore Maria (Suor Maria del sacro Cuore).

Ecco che cosa Suor Maria testimonierà al processo ordinario di canonizzazione:

"Una sera d'inverno, dopo Mattutino, ci scaldavamo attorno al fuoco, io, suor Teresa, suor Genoveffa e la nostra Reverenda Madre priora Agnese di Gesù.

Suor Teresa ci raccontò due o tre episodi della sua infanzia.

Dissi allora alla Madre priora, Agnese di Gesù: 'È possibile che la lasci fare poesiole per far piacere alle une e alle altre, e che non ci scriva niente dei suoi ricordi d'infanzia? Vedrà, è un angelo che non resterà a lungo sulla terra, e noi avremo perduto tutti questi particolari così interessanti per noi'.

In un primo momento Nostra Madre esitò, poi, dietro le nostre insistenze, disse alla Serva di Dio che le avrebbe fatto piacere ricevere il racconto della sua infanzia per il giorno della sua festa (è quanto corrisponde al *Manoscritto A*). (...).
Qualche tempo dopo, vedendo che suor Teresa era molto malata, Madre Agnese di Gesù persuase la Rev. Madre Maria di Gonzaga, allora priora, di far scrivere a suor Teresa la storia della sua vita religiosa, che rappresenta la seconda parte del manoscritto (è il *Manoscritto C*).

Infine io stessa le domandai durante il suo ultimo ritiro (1896) di mettermi per iscritto quella che chiamavo la sua piccola dottrina. Lo ha fatto (è il *Manoscritto B*), e queste pagine sono state aggiunte, come terza parte, quando è stata stampata la 'Storia della sua vita' "[10].

2. Madre Agnese preciserà la data: "All'inizio dell'anno 1895, due anni e mezzo prima della morte di suor Teresa".

Riferirà anche che suor Teresa "rideva come se si volesse prenderla in giro" e che "la Serva di Dio si mise al lavoro per obbedienza, poiché allora io ero la sua Madre priora.

Scrisse unicamente durante il tempo libero, e mi diede il suo quaderno *il 20 gennaio 1896* per la mia festa. Ero all'orazione della sera.

Passando per recarsi al suo stallo, suor Teresa di Gesù Bambino si inginocchiò e mi consegnò questo tesoro. Le risposi con un semplice cenno di capo e posai il manoscritto sul nostro stallo, senza aprirlo.

Ebbi il tempo di leggerlo solo dopo le elezioni di quello stesso anno, in primavera.

Notai la virtù della Serva di Dio, perché, dopo il suo atto di obbedienza, non se ne era più preoccupata, e non mi chiese mai

---

[10] *Processo ordinario*, p. 237.

se avevo letto il suo quaderno, né cosa ne pensassi.

Un giorno le dissi che non avevo avuto il tempo di leggere ancora niente; non mi sembrò assolutamente rattristata.

Trovai i suoi racconti incompleti. Suor Teresa di Gesù Bambino aveva insistito in modo particolare sulla sua infanzia e sulla prima giovinezza, come le avevo chiesto; la sua vita religiosa era appena abbozzata (...).

Pensai che era veramente un peccato che non avesse scritto altrettanto ampiamente quello che si riferiva alla sua vita al Carmelo, ma nel frattempo ero scaduta dalla carica di priora e la Madre Maria di Gonzaga era stata rieletta. Temevo che ella non avesse il mio stesso interesse per questo lavoro e non osai dirle nulla. Ma alla fine, vedendo che suor Teresa di Gesù Bambino si era ammalata gravemente, volli tentare l'impossibile. La sera del 2 giugno 1897, quattro mesi prima della morte di suor Teresa, verso mezzanotte, andai a bussare alla cella della nostra Madre priora: 'Madre, le dissi, non riuscirò a dormire se prima non Le avrò confidato un segreto. Quand'ero priora, suor Teresa scrisse alcuni ricordi della sua infanzia per farmi piacere e per obbedienza. Li ho riletti l'altro giorno; sono graziosi, ma lei non potrà ricavarne molto che possa aiutarla a fare la sua circolare dopo la morte, perché non c'è quasi niente sulla sua vita religiosa. Se lei glielo comandasse, potrebbe scrivere qualcosa di più serio, e sono certa che ciò che otterrà sarà incomparabilmente migliore di quello che ho io'.

Il buon Dio benedisse il mio atto, e l'indomani mattina nostra Madre ordinò a suor Teresa di Gesù Bambino di continuare il racconto"[11].

Le date dei tre manoscritti sono pertanto le seguenti:

il manoscritto A è stato concluso nel gennaio del 1896;

---

[11] *Processo ordinario*, pp. 146-147; cfr. *Processo Apostolico*, p. 201.

il manoscritto B (sulla dottrina spirituale di Santa Teresa) è del settembre 1896;

il manoscritto C, il cui tema centrale è la carità, è del giugno 1897.

Soprattutto dopo la proclamazione di Santa Teresa come Dottore della Chiesa risulta quanto mai vero il giudizio di Valentino Macca sulla *Storia di un'Anima* che viene "giudicata universalmente uno dei più grandi libri del cristianesimo, una delle opere che nei nostri tempi hanno maggiormente contribuito a fare amare Gesù Cristo e la sua Chiesa"[12].

3. Inizialmente, ancor vivente Santa Teresa, si parlò della pubblicazione postuma del *Manoscritto c*. Avrebbe potuto accompagnare la Circolare che ogni monastero inviava agli altri monasteri in occasione della morte di una consorella.

Suor Teresa ne fu resa edotta, si dichiarò consenziente e attribuì molta importanza a questa pubblicazione considerandola un mezzo di apostolato.

Un giorno disse con convinzione a Madre Agnese:

"Dopo la mia morte bisognerà pubblicare il manoscritto senza nessun ritardo. Se tarderà a farlo, se commetterà l'imprudenza di parlarne a qualcuno, tranne a nostra Madre, il demonio le tenderà mille insidie per impedire questa pubblicazione veramente importante. Ma se farà tutto quello che è in suo potere per non lasciarla ostacolare, non deve temere le difficoltà che incontrerà. Per quanto riguarda la mia missione, come per quella di Giovanna d'Arco, 'la volontà di Dio si compirà malgrado la gelosia degli uomini'.

'Pensa dunque che con questo manoscritto farà del bene alle anime?'

---

[12]V. MACCA, in *Santa Teresa di Gesù Bambino, Gli scritti*, Postulazione generale dei Carmelitani scalzi, introduzione, p. 49.

'Sì, è un mezzo di cui il Buon Dio si servirà per esaudirmi. Farà del bene ad ogni genere di anime, tranne a quelle che sono nelle vie straordinarie' "[13].

4. Prima della pubblicazione Madre Agnese apporterà delle correzioni ai vari Manoscritti.

Tuttavia sotto giuramento attesterà di averne avuto l'incarico dalla sorella: "Madre, tutto quello che riterrà giusto togliere o aggiungere al quaderno della mia vita, è come se fossi io a togliere o aggiungere. Si ricordi di questo un giorno, e non abbia nessuno scrupolo a questo proposito" (PO, p. 147; cfr. PA, pp. 201-202).

Madre Agnese dirà che si è trattato di "pochi di scarsa importanza".

In realtà confrontando il testo originale con la prima pubblicazione si scorgono circa 7000 varianti.

Bisogna convenire allora con le osservazioni del padre Francois de Saint-Marie il quale asserisce che Madre Agnese "si è dimostrata molto generosa nel campo delle correzioni. (...).

Ha corretto queste pagine come correggeva ai Buissonnets le composizioni incerte della piccola Teresa. (...). La sua psicologia, il suo temperamento ardente la inducevano a imprimere un timbro personale agli scritti che le erano stati sottoposti, a ritoccarli quasi spontaneamente.

D'altra parte, per lei l'essenziale era di raggiungere le anime, far loro del bene lottando contro gli ultimi sentori di giansenismo che ancora aleggiavano in certi ambienti religiosi. Teresa (ne aveva coscienza) era, tra le sue mani, un meraviglioso strumento per compiere quest'opera. Dopo tutto, pensava, il tenore letterale dei suoi scritti non era tanto importante. Conveniva anzi scartare tutto ciò che avrebbe potuto allontanare o scoraggiare il lettore.

---

[13] *Processo Apostolico*, p. 202.

Di fatto, Madre Agnese di Gesù ha riscritto l'autobiografia di Teresa. (...).

Senza dubbio la sostanza del racconto resta press'a poco la stessa, e anche il fondo della dottrina, ma la forma è diversa nella misura in cui il temperamento di Madre Agnese è diverso da quello di Teresa. (...).

Certo queste modifiche non hanno impedito alle anime di raggiungere l'autentica Teresa e di nutrirsi della sua dottrina.

Ma sul piano propriamente scientifico, è inutile cercare di conciliare le esigenze della critica moderna con il modo in cui il testo originale fu ritoccato. (...).

In una sinossi in cui i due testi figurano a fronte e in cui vengono rilevate le loro divergenze, dalle più lievi alle più importanti, riscontriamo più di 7.000 varianti"[14].

Va detto serenamente però che la sostanza della dottrina di Santa Teresa non muta perché questa è ampiamente attestata anche dagli altri scritti, soprattutto dalle lettere che sono numerosissime.

5. Accanto alle "varianti" c'è da aggiungere che alcune parole o frasi vennero cancellate col raschietto.

Il motivo è legato a Madre Gonzaga, priora al momento della pubblicazione e del cui carattere si dirà in seguito, la quale avrebbe dato il permesso di stamparlo solo a condizione che apparisse chiaro che Suor Teresa l'aveva dedicato tutto a lei. In realtà le aveva dedicato solo il manoscritto C.

Poco tempo dopo la pubblicazione, una monaca della comunità aveva chiesto a Madre Maria di Gonzaga di mostrarle il manoscritto originale. Questa, non volendo assolutamente che né in quel momento né mai si sapesse che la prima parte non era indirizzata a lei, decise (seguendo un consiglio che le era stato suggerito) di bruciare il Manoscritto.

---

[14]FRANÇOIS DE SAINT-MARIE, *Manuscrits autobiographiques de sainte Thérèse de l'Enfant Jésus*, I, p. 78.

Per salvarlo dalla distruzione, Madre Agnese propose di cancellare il suo nome e di sostituirlo con quello di Madre Gonzaga.

Così con un raschietto cancellò certi brani che la riguardavano e che non potevano addirsi a Madre Gonzaga. Questo spiega le numerose cancellature del quaderno, le ricostruzioni fatte da madre Agnese, che su queste apportò altre correzioni...

6. Il titolo del manoscritto A è di Teresa stessa è il seguente: *Storia primaverile di un fiorellino bianco*.

Fu intitolato *Storia di un'Anima* l'anno seguente la sua morte, pubblicato congiuntamente con i manoscritti B e C.

Al Processo ordinario Madre Agnese ha dichiarato: "Sono io che ho preso l'iniziativa di proporre questa pubblicazione (la *Storia di un'Anima*) dopo la sua morte. Rileggendo i manoscritti che avevo tra le mani, ho avuto l'impressione di possedere un tesoro che avrebbe potuto fare molto bene alle anime".

La prima pubblicazione della *Storia di un'Anima* è del 30 settembre 1898, un anno esatto dopo la morte.

Ne furono stampate duemila copie, ma alcuni non nascosero i loro dubbi sull'esito dell'edizione. Una monaca del Carmelo di Lisieux nel vedere le pile dei libri giunti dalla tipografia esclamò perplessa: "Come si farà a smaltire tutta questa roba? Questi volumi rimarranno sulle nostre braccia!"[15].

L'impatto invece sulla gente fu enorme. Celina testimonierà al Processo Ordinario. "Appena la vita di Suor Teresa di Gesù Bambino venne letta da qualche persona, fu come una scintilla che attacca dovunque l'incendio. Anche volendolo, ci sarebbe stato impossibile arrestarne il progresso"[16].

Suor Maria del Sacro Cuore aveva detto a Teresa morente: "Madre Agnese sarà talmente addolorata dalla sua morte che fa-

---

[15]V. MACCA, in *Santa Teresa di Gesù Bambino, Gli scritti*, Postulazione generale dei Carmelitani scalzi, introduzione, p. 25.

[16]*Processo ordinario*, I, f. 407 r.

rò fatica a consolarla". Ma Suor Teresa rispose con istinto profetico: "Non si preoccupi. Madre Agnese di Gesù non avrà tempo di pensare al suo dolore, perché fino alla fine della sua vita dovrà occuparsi così tanto di me che non potrà nemmeno bastare a tutto"[17].

La lettura della *Storia di un'Anima* è accompagnata da miracoli, da *piogge di rose*, di lettere (cinquanta al giorno nel 1911, cinquecento nel 1915), richieste di preghiere, immagini, ricordi, libri (numerose riedizioni della *Storia di un'Anima*, che nel frattempo viene tradotta in varie lingue a partire dal 1901.

A 15 anni dalla prima pubblicazione, le copie diffuse nel mondo ammontavano a duecentomila[18].

Nel frattempo si apre il Processo di beatificazione: il tutto peserà in gran parte sulle spalle di Madre Agnese.

I Manoscritti originali verranno pubblicati nel 1957.

2. Le *Novissima Verba* e gli altri scritti di Santa Teresa

1. Le *Novissima Verba*

Accanto alla *Storia di un'Anima* siamo in possesso delle *Novissima Verba* e di altri scritti di Santa Teresa.

Le *Novissima Verba* sono le parole che Santa Teresa non ha scritto perché ormai gravemente malata, ma da lei dette alle consorelle che andavano a trovarla nell'infermeria.

Scrive il padre Valentino Macca: "Il male inesorabile che minava la salute fisica di santa Teresa di Gesù Bambino si era manifestato in maniera preoccupante la settimana santa del 1896, precisamente la notte dal 2 al 3 aprile.

---

[17] *Processo ordinario*, p. 255; cfr. *Processo Apostolico*, p. 245.
[18] Santa Teresa di Gesù Bambino e del volto santo, *Opere complete, scritti e ultime parole*, p. 283.

Ella già aveva scritto e consegnato a madre Agnese di Gesù (Paolina), il 20 gennaio dello stesso anno, il suo primo manoscritto autobiografico. Nel settembre successivo, verso la metà, aveva redatto quello diretto a suor Maria del sacro Cuore, la sorella maggiore.

Al termine di quaresima del 1897, la malata si andò aggravando a tal segno che madre Agnese, temendo ormai prossima la fine dell'angelica sorella, ebbe la felice idea di raccogliere dalla viva voce di lei e annotare quasi giorno per giorno quanto ella veniva esprimendo in quel suo lento martirio. Abbiamo così le ultime parole – *novissima verba* – della Santa. Pensieri spirituali su molteplici argomenti, come precisazioni, raccomandazioni, preghiere, o proferiti spontaneamente secondo il variare delle circostanze e il progresso del male, o in risposta a domande di consorelle. Tutti interessanti per un maggior approfondimento della spiritualità della Santa di Lisieux, tenendo conto pure del momento solenne in cui vengono espressi.

La loro autenticità poi è confermata dal fatto che essi sono stati riferiti dalla stessa madre Agnese nei processi canonici di beatificazione sotto il vincolo del più solenne giuramento"[19].

Durante il Processo informativo in data il 2 settembre 1910 Madre Agnese ha dichiarato: "Durante gli ultimi mesi della sua vita, giorno per giorno, secondo che ne ero testimone, prendevo nota di quanto di particolare avveniva quotidianamente e soprattutto delle parole che Teresa pronunciava.

Non potrei completare meglio la mia deposizione che rimettendo al tribunale una copia di queste note prese giorno per giorno"[20].

---

[19]V. MACCA, in *Santa Teresa di Gesù Bambino, Gli scritti*, p. 313.
[20]*Ib.*, p. 312.

2. Le lettere

Scrive V. Macca: "La prima edizione della Storia di un'anima (1898), dopo l'autobiografia e le preghiere, divulgava 18 lettere di Teresa di Gesù Bambino a Celina. Non si trattava del testo integrale delle missive, ma di frammenti – e il sottotitolo lo affermava sinceramente – tagliati e rifusi dalla M. Agnese. In edizioni posteriori, dal 1907 in poi, dovevano arricchirsi ulteriormente di brani ed estratti di altra corrispondenza"[21].

Così si sentì l'esigenza di raccogliere tutte le lettere che si erano conservate.

Ne possediamo 238.

"Se è vero che nulla più e meglio della corrispondenza fa conoscere una persona, nel caso nostro queste Lettere – completando meravigliosamente gli scritti autobiografici – fanno penetrare nel più intimo dello spirito di Teresa, offrendocene una fotografia che non può dimenticarsi. Una fotografia piena di serenità e gioia, una fotografia da innamorata di Cristo Gesù e della sua Chiesa, che man mano che s'avvicina al traguardo, più potentemente irraggia in chi la contempla la pace della fede e dell'amore senza confini.

È quanto risulta particolarmente dalla corrispondenza dell'ultimo anno, l'anno della grande prova della fede.

Anche qui, come sempre, nulla lascia intravedere apparentemente il martirio dolorosissimo della tentazione. Sa dimenticarsi, per darsi, come si è dato Gesù, l'Amore"[22].

3. Poesie e *Pie Ricreazioni*

Le Poesie e *Pie Ricreazioni* sono gli scritti meno conosciuti di Santa Teresa.

---

[21] *Ib.,* p. 381.
[22] *Ib.,* p. 383.

Va detto subito che non furono scritte per una particolare vena poetica, ma per le esigenze della vita del Carmelo.

Vengono scritte per celebrare le feste nelle comuni ricreazioni con l'intento di rendere un servizio, aiutare la contemplazione, incoraggiare. Per lo più si tratta di feste liturgiche e religiose, ma anche di ricorrenze. A volte sono state richieste da consorelle.

Sotto il profilo spirituale "si rivelano più ricche di quanto non appaiano al primo momento"[23].

"Per dare una giusta valutazione della sua opera poetica, conviene non dimenticare che questa parte dei suoi scritti è stata composta tra il febbraio 1893 e il maggio 1897, da una giovane di 20-24 anni che non ha alcuna pratica e non sa il «mestiere». Difatti la sua cultura letteraria è piuttosto mediocre, come la sua cultura generale e la sua ortografia.

Sua sorella Celina ha fatto, a viva voce, interessanti precisazioni su queste composizioni.

1. Suor Teresa di Gesù Bambino non aveva imparato da nessuno le regole del comporre versi: ne era all'oscuro. Aveva solo sfruttato quel tanto di studi classici che le erano stati instillati, per esempio, imparando dei passi de *L'arte poetica* di Boileau.

2. Non ha mai utilizzato un «dizionario delle rime», dato che non c'era al Carmelo.

3. Non aveva scritta nessuna poesia prima d'entrare in convento e al Carmelo ne compose per rispondere, il più delle volte, al desiderio delle consorelle.

4. Spesso compose a mente i suoi pezzi lungo la giornata, du-

---

[23]SANTA TERESA DI GESÙ BAMBINO E DEL VOLTO SANTO, *Opere complete, scritti e ultime parole*, p. 609.

rante il lavoro o in certi momenti di tranquillità; ma, a parte i giorni di riposo, come domeniche, doveva aspettare l'ora del tempo libero della sera per scrivere le sue poesie. Non aveva autori di poesia preferiti, ma aveva gustato certe opere lette nelle raccolte di brani scelti. Leggeva anche con piacere le *Favole* di *La Fontaine* e ne sapeva parecchie a memoria.

5. Di solito buttava giù una brutta copia secondo la prima ispirazione e vi lavorava finché ne era soddisfatta. Ma per lei, evidentemente, le idee profonde del tema che trattava contavano più della forma poetica che doveva darvi e diceva che spesso era spiaciuta di non esprimere esattamente il senso profondo del suo pensiero"[24].

4. Le preghiere

Abbiamo di Santa Teresa di Gesù Bambino ventun preghiere.

Sono disuguali fra di loro. Alcune sono a mò di invocazione o giaculatorie, altre più lunghe.

Va detto che delle 54 poesie 33 sono preghiere.

Anche nelle Pie Ricreazioni ve se trovano molte.

In particolare va notato quanto lei stessa scrive all'inizio del Manoscritto b: "Scrivendo, è a Gesù che parlo: ciò mi è più facile per esprimere i miei pensieri".

---

[24]*Ib.*, p. 610.

Capo II

La famiglia di Santa Teresa di Lisieux

All'inizio dell'autobiografia di Santa Teresa scritta per ordine delle sue superiore[25] si legge: "Il fiore che racconta qui la sua storia si rallegra perché farà conoscere le premure tutte gratuite di Gesù; non ha niente lui – e lo sa bene – che possa attrarre lo sguardo di Dio, ed anche sa che la sola misericordia divina ha fatto tutto il buono esistente in lui. L'ha fatto nascere in una ter-

---

[25]"A lei, Madre mia cara, a lei che mi è due volte madre confido la storia dell'anima mia... *Quando lei mi chiese di farlo*, pensai: il cuore si dissiperà, occupandosi di se stesso; ma poi Gesù mi ha fatto sentire che, obbedendo con semplicità, avrei fatto piacere a lui; del resto, faccio una cosa sola: comincio a cantare quello che debbo ripetere eternamente: 'Le misericordie del Signore!' (*Storia di un'Anima*, 1).

Prosegue Santa Teresa : "Prima di prendere la penna, mi sono inginocchiata davanti alla statua di Maria (quella che ci ha offerte tante prove delle materne premure da parte della Regina del Cielo verso la nostra famiglia), l'ho supplicata che mi guidi la mano: nemmeno un rigo voglio scrivere che non piaccia a lei! Poi ho aperto il Vangelo, e lo sguardo è caduto su alcune parole: 'Gesù salì sopra una montagna, e chiamò a sé quelli che volle: e andarono a lui' (Mc 3,13)" (*Ib.*, 2).

ra santa, e quasi permeata da un profumo virginale. L'ha fatto precedere da otto gigli sfolgoranti di candore"[26].

Ed ecco i componenti di questa singolare famiglia.

1. Luigi Martin è il padre di Santa Teresa

Nacque a Bordeaux il 22 agosto 1823.
L'arcivescovo di quella città disse ai genitori di Luigi: "Rallegratevi! Questo bambino è un predestinato!"[27].

Il nonno paterno di Santa Teresa, di nome Pietro, era un capitano militare. Andato in pensione tornò in Normandia, la terra dei suoi vecchi. Fissò la sua abitazione ad Alençon, dove avrebbe trovato più risorse per l'istruzione e la sistemazione dei figli.

"Era un cristiano convinto ed aveva un carattere forte"[28].

I più vicini al capitano Martin hanno dichiarato "l'emozione che li prendeva nel sentirlo recitare il *Pater noster*.

Il cappellano del Reggimento gli aveva fatto notare una volta che qualcuno, fra la truppa, si meravigliava di vederlo, durante la Messa, così a lungo in ginocchio dopo la Consacrazione. «Dite loro che io credo», aveva risposto senza batter ciglio"[29].

Prima di giungere ad Alençon soggiornò prima a Strasburgo e poi a Rennes.

Il figlio Luigi lo seguirà nei vari spostamenti della famiglia e proprio a Rennes tra il 1842 e 1843 diventa esperto della fine meccanica dell'orologeria.

L'arte dell'orologiaio richiede l'applicazione ad un lungo tirocinio e a ripetuti esperimenti. Approfittando delle conoscenze che i suoi avevano mantenuto a Strasburgo, Luigi Martin an-

---

[26] *Ib.*, 11.
[27] S. G. PIAT, *Storia di una famiglia*, p. 31.
[28] *Ib.*
[29] *Ib.*, p. 32.

dò in quella città perché lì abitava un amico di suo padre che aveva un laboratorio. Qui imparò il tedesco. Il tirocinio in Alsazia durò circa due anni.

Luigi Martin aveva appena compiuto ventidue anni quando si decise a fare una scelta radicale per la sua vita: il matrimonio o il servizio dell'altare. Si decise per il chiostro. "La sua formazione religiosa era profonda. Il capitano Martin gli aveva insegnato ad abbandonarsi a Dio senza riserve, nel dono totale di sé, come un soldato, o, meglio, come un militante. La comunione frequente (almeno quanto lo permetteva la consuetudine del tempo) aveva affinato la sua pietà. Il contatto con la fede bretone e alsaziana l'aveva fortificata. Il temperamento spiccatamente meditativo l'inclinava verso la conversazione, cuore a cuore, col Maestro interiore"[30].

Desideroso di ritirarsi in uno di quei posti grandiosi in cui il paesaggio steso eleva lo sguardo verso Dio, si rivolse alla congregazione ospedaliera dei Canonici del Gran San Bernardo (*Congregatio Sanctorum Nicolai et Bernardi Montis Iovis* - CRB, fondata da San Bernardo di Mentone nell'XI secolo), che gestivano un ospizio a 2473 metri d'altitudine sull'omonimo passo tra la Val d'Aosta e la Svizzera.

Lì i monaci, dopo aver lodato Dio sulle cime dei monti, guidati dal fiuto dei loro cani, andavano a soccorrere le vittime delle valanghe o i viaggiatori smarriti nella tormenta, camminando attraverso la neve, con un freddo invernale molto rigido.

"Il priore accolse con benevolenza il giovane, il cui sguardo aveva qualcosa di limpido e di fervido insieme. L'interrogò sui moventi che gli ispiravano quella risoluzione, sulla famiglia, sui suoi precedenti. Edificato dalle risposte avute, s'informò sugli studi e seppe subito che il visitatore non aveva percorso il ciclo della formazione classica. Aveva forse sperato Luigi Martin

---

[30] *Ib.*, p. 43.

di provvedere sul posto a questa deficienza? Ad ogni modo fu estremamente deluso quando il religioso gli rispose che la conoscenza del latino era indispensabile per la sua ammissione tra i monaci e l'invitò a ritornare in famiglia per terminarvi gli studi classici.

Con l'animo triste dell'esule, Luigi ridiscese la montagna. Fino alla fine della sua vita conserverà nel suo cuore il rimpianto dell'eremo e la visione nostalgica della cella silenziosa, in cui uno vive «solo con il Solo». Per il momento egli credette solamente ad una dilazione. Tornato ad Alençon, si confidò col decano di San Leonardo, don Jamot, che accettò di guidarlo nella realizzazione dei suoi disegni. (...).

Ma una malattia costrinse il giovane a dire addio ai suoi cari libri e a dedicarsi ad occupazioni meno assorbenti. Vi scorse un'indicazione provvidenziale e tornò agli arnesi dell'orologiaio.

È senza dubbio in questo periodo che Luigi Martin si recò nella capitale per perfezionare il suo tirocinio. (...).

Il soggiorno a Parigi, che sembra essersi prolungato due o tre anni, fu la prova del fuoco per la fede del nostro giovane. (...).

A Parigi Luigi Martin sfiorò il pericolo. Alcuni sconosciuti, sfruttando la sua naturale generosità, l'invitarono a far parte di un circolo filantropico, apparentemente dedito ad opere di carità. Informatosi più a fondo sulla loro identità, venne a scoprire che in realtà si trattava di una società segreta. La sua lealtà si offese: lui amava la luce del sole: solo le opere delle tenebre cercano le tenebre; perciò risolutamente respinse il loro invito e salvò la sua libertà" [31].

---

[31] *Ib.*, pp. 45-47.
Un giorno Luigi confiderà queste tentazioni alla moglie, la quale metterà in guardia il fratello Isidoro: "Io sono, mio caro, in grande inquietudine a tuo riguardo. Mio marito mi fa tutti i giorni delle tristi profezie. Egli conosce Parigi e mi dice che tu sarai esposto a tentazioni alle quali non resisterai perché

Tornò ad Alençon.

"Luigi incominciò quell'esistenza laboriosa, ordinata, quasi monacale, che doveva condurre per circa otto anni. Di statura alta, prestanza da ufficiale, fisionomia simpatica, fronte vasta e scoperta, carnagione chiara, bel viso ovale, inquadrato da capelli castani, negli occhi bruni una fiamma dolce e profonda; aveva qualcosa del gentiluomo e del mistico ad un tempo e non mancava di suscitare una certa impressione.

Una giovane assai ricca, amica di famiglia, aveva progettato di unirsi in matrimonio con lui: egli eluse la domanda. Intendeva serbare per Dio la sua libertà.

Il laboratorio gli era diventato un ritiro claustrale dove prolungava il sogno monastico troppo presto infranto. Il lavoro minuzioso esige raccoglimento e silenzio: non c'era nulla di meglio per elevarsi verso l'Altissimo!

Alla domenica la porta della bottega rimaneva ostinatamente chiusa. Luigi attendeva con i familiari agli esercizi di pietà"[32].

---

non hai abbastanza pietà. Mi racconta quello che ha passato lui stesso e quanto coraggio gli occorse per uscire vittorioso da tutti quei combattimenti. Se tu sapessi per quali prove è passato!" (*Ib.*, p. 47).

[32] (*Ib.*, p. 48).

"Per svagarsi si univa volentieri ad un gruppo di amici della borghesia di Alençon, detto familiarmente Circolo Vitale Romet, dal nome di uno dei suoi dirigenti. (...).

Un giorno che in un salotto, per leggerezza, o per snobismo, o per infiltrazione di libero pensiero, si faceva una seduta di tavolini rotanti, la sua presenza impedì che la cosa degenerasse. Egli riteneva che, se tutte le manifestazioni dello spiritismo non hanno fatalmente un carattere demoniaco, tutte, per la loro morbosa attrattiva del meraviglioso, offrono al demonio delle occasioni per entrare in scena; tanto è difficile, in questo campo, segnare i limiti tra i fenomeni naturali e l'attività del principe delle tenebre. Perciò respinse dapprima l'invito: poi, dietro forti pressioni, acconsentì ad intervenire a condizione di assistervi come osservatore passivo. Il suo atteggiamento di disapprovazione indispose alcuni dei presenti, i quali, argomentando dall'innocenza degli esperimenti, insistettero perché si unisse a loro. Rispose con un secco rifiuto

"La pesca era per lui il passatempo preferito. Ne conosceva tutti i segreti"[33].

"Per il momento – e questa era l'unica preoccupazione che Luigi dava a sua madre – egli non pensava affatto a formarsi una famiglia. Il lavoro, la preghiera, le opere buone, le sane distrazioni e le letture gravi bastavano a riempire a sufficienza la sua vita"[34].

Del resto della sua vita se ne dirà congiuntamente alla vita della moglie e delle figlie.

Muore il 29 luglio 1894 all'età di 71 anni.

Beatificato il 19 ottobre 2008 da Benedetto XVI, fu canonizzato insieme alla moglie il 18 ottobre 2015 da Papa Francesco.

La loro festa liturgica è fissata per il 12 luglio, giorno del loro matrimonio.

2. Mamma di Santa Teresa è Zelia Guérin

Anche Zelia ricevette dai suoi genitori una forte impronta religiosa e l'eredità del coraggio militare[35].

Nacque l'antivigilia di Natale del 1831 e fu battezzata il giorno successivo.

---

e si mise a pregare interiormente perché il tentativo fallisse, se vi fosse dovuto entrare lo spirito maligno.

Quel giorno il tavolo fu ribelle e le teste vuote accusarono «il sant'uomo» d'essere stato il guastafeste, mentre i più riflessivi tennero a mente la lezione" (*Ib.*, pp. 48-49).

[33]*Ib.*, p. 49.

La sera portava alle Clarisse di Alençon l'abbondanza di pesci che nel frattempo aveva fritto.

[34]*Ib.*, p. 50.

[35]"Suo padre (Isidoro) era nato all'alba della Rivoluzione, il 6 luglio 1789, a Saint-Martin l'Aiguillon, nell'Orne. Era solito raccontare, tra le memorie della sua infanzia, le incursioni sacrileghe dei «bleus», la chiesa sprangata, le messe clandestine, i mille stratagemmi che si escogitavano per salvare gli

Ebbe una sorella maggiore di due anni, Maria Luisa. E fu seguita dieci anni dopo da un fratello, Isidoro, che diventerà il beniamino della famiglia. "Zelia ebbe da soffrire da sua madre. Ricca di una fede da trasportare le montagne, la signora Guérin non aveva l'intuito psicologico che fa i veri educatori. Questa assenza di senso pedagogico, la condurrà, malgrado possedesse una reale tenerezza materna, a urtare dolorosamente un'anima di eccezionale finezza. Sembra che alla ragazza siano mancate un poco le carezze. (...).

«La mia infanzia, la mia giovinezza – confesserà più tardi in una lettera a suo fratello – sono state tristi come un sudario, perché se la mamma ti viziava invece con me, tu lo sai, era troppo severa; quantunque tanto buona, non mi sapeva prendere e così il mio cuore ha molto sofferto».

ecclesiastici refrattari. Suo zio, don Guglielmo Marino Guérin, era uno di quelli. Lo nascondevano nel granaio di casa e il piccolo Isidoro era incaricato di fargli scorta nelle sue corse apostoliche attraverso la campagna.

Un giorno che alcuni soldati furiosi fecero irruzione in casa e la perquisirono da cima a fondo, il prete, ridotto a rifugiarsi nella madia, fu proprio salvato dal bambino, che, postosi a sedere come se nulla fosse sul coperchio appena richiuso, mise in mostra i suoi giocattoli e, con le sue risa, sviò le ricerche.

Il confessore della fede non mancava di audacia. Affrontato da tre tipacci, mentre portava il viatico in una capanna, aveva deposto il Santissimo su un mucchio di sassi, mormorandogli a mezza voce: «Mio Dio restate qui da solo un momento, intanto che mi occupo degli altri». Poi, slanciandosi contro ai suoi aggressori, li agguantò uno dopo l'altro, scaraventandoli senza troppi complimenti in uno stagno poco profondo, donde uscirono mogi e gocciolanti, mentre lui riprendeva il suo divino Fardello e continuava tranquillamente la sua strada.

Braccato da tutte le parti, don Guérin fu alla fine arrestato presso Ecouché il 4 Germinale dell'anno IV (1793). Chiuso in carcere a Bicêtre, fu deportato nell'isola di Ré, dove conobbe gli orrori del regime di rappresaglie riservato ai preti che avevano rifiutato il giuramento. La sua scarcerazione è senza dubbio da attribuire alla reazione termidoriana. Lo si trova, poi, curato di Boucé nell'Orne, dal 1802 al 1835" (*Ib.*, pp. 36-37).

Isidoro era accarezzato più del ragionevole. Spirito vivo, temperamento deciso, di umore allegro e un pò combattivo, sapeva accaparrarsi le preferenze e inclinare i genitori all'indulgenza. Gli si perdonavano volentieri birichinate e brutti scherzi"[36].

Andato in pensione, il nonno materno di santa Teresa si trasferisce anche lui ad Alençon.

Le due sorelle furono collocate, come esterne, presso le religiose dei Sacri Cuori, mentre Isidoro a suo tempo frequenterà il liceo.

Zelia avrà sempre un grato ricordo per la formazione ricevuta.

Scrive Stefano Piat: "A contatto di quella fervente comunità, concepì per un momento anche la speranza di consacrarsi a Dio nella vita religiosa. La Provvidenza, che da lontano preparava la culla di Teresa, orientando Zelia Guérin verso Luigi Martin, li sottometteva entrambi alle stesse esperienze preliminari, alle medesime aspirazioni verso il distaco completo dal mondo"[37].

Era "di statura un poco inferiore alla media, le appariva sul viso graziosissimo un'espressione di assoluta purezza. I suoi capelli bruni erano sobriamente ordinati; il naso affilato era di una linea armoniosa; sugli occhi neri, scintillanti di fermezza, passava talvolta un'ombra di malinconia: era una giovane che aveva le doti per piacere. Tutto in lei era vivacità, finezza, amabilità. Dotata di spirito brioso e colto, di grandissimo senso pratico, di forte carattere e soprattutto di una fede intrepida, era una donna superiore che doveva attirare gli sguardi"[38].

La sorella Maria Luisa era l'amica e la confidente della sua anima. "Le comunicava le sue aspirazioni verso la vita religiosa,

---

[36] *Ib.*, p. 39.
[37] *Ib.*, p. 41.
[38] *Ib.*, pp. 56-57.

tenute momentaneamente in sospeso per l'obbligo di aiutare la mamma nel governo della casa.

Più libera della sorella maggiore, Zelia la volle precedere. Il temperamento ardente la inclinava alla vita attiva; la sua tenerezza compassionevole l'attirava verso l'assistenza degli ammalati e dei diseredati. Brigò perciò per vestire l'abito delle suore di san Vincenzo de' Paoli. Fu così che, accompagnata da sua madre, si presentò all'ospedale di Alençon per manifestare le sue intenzioni alla superiora. Ci fu qualche reticenza sulle labbra materne? La postulante parve forse troppo debole di salute? Oppure, più semplicemente, un'intuizione soprannaturale illuminò la superiora sui veri disegni di Dio nei riguardi della giovane? Insomma il colloquio non raggiunse lo scopo: alla domanda di ammissione la religiosa rispose senza esitazione che quella non era la volontà di Dio.

Di fronte ad un'affermazione così categorica, Zelia, a malincuore, chinò il capo. Da allora si limitò a far salire al cielo questa semplice supplica: «*Mio Dio, giacché non sono degna di essere vostra sposa, come mia sorella, entrerò nello stato matrimoniale per compiere la vostra santa volontà. Allora, ve ne prego, datemi molti bambini e che essi vi siano tutti consacrati*»[39].

Scrive Stefano Piat: "Bisognava però preparare l'avvenire. Le magre rendite dell'ufficiale in riposo non bastavano a provvedere alla dote della secondogenita e all'educazione del beniamino, che orientandosi verso le arti liberali, sarebbe entrato tra poco al liceo.

Zelia confidò alla Madonna queste incertezze per il domani. La risposta le venne l'8 dicembre 1851, sotto forma di una voce interiore che le diceva molto chiaramente, durante una occupazione che l'assorbiva e che non poteva favorire l'autosuggestione: «*Fà eseguire punto di Alençon*».

---

[39]*Ib.*, p. 51.

La giovane ascoltò l'ordine del Cielo e si mise senza indugio ad eseguirlo"[40].

3. Per il matrimonio ci pensò la Provvidenza

Si era già fatta avanti in qualche modo la mamma di Luigi Martin, ansiosa di veder suo figlio sistemato.

"Aveva notato le sue belle qualità – scrive Piat – circondate da tanto fascino.

Non poteva essere la sposa sognata per il figlio? Si fece insinuante presso di lui e giunse a vincere una resistenza che sembrava insuperabile.

Un intervento misterioso facilitò l'accostamento. Un giorno in cui Zelia Guérin passava sul ponte di San Leonardo, incontrò un giovane, la cui nobile fisionomia, l'andatura riservata,

---

[40]*Ib.*, pp. 51-52.

"Durante gli anni in cui studiava, aveva già imparato i primi rudimenti di quella fabbricazione che rese celebre la città. Per possedere a fondo il mestiere, entrò in una scuola per merlettaie, nella quale si venivano a conoscere con metodo i mille segreti della professione.

La fabbricazione del merletto è una vera arte, e una delle più fini. (...)

Zelia Guérin s'iniziò prontamente a questo miracolo di destrezza femminile. Si conservano dei pezzi fatti da lei, che sono vere meraviglie di una agilità degna di Aradne. Sembra anche che abbia lasciato la scuola prima di aver terminato il corso.

La naturale bellezza, unita alla vivace intelligenza, il dono di suscitare simpatia, che possedeva in grado altissimo, non potevano passare inosservati.

Quando notò attorno alla sua persona le premure assidue di uno dei capi, decise di troncare il tirocinio e di lavorare per proprio conto, continuando a perfezionare la sua formazione, frequentando l'uno o l'altro dei numerosi corsi professionali aperti in città" (*Ib.*, pp. 52-53).

"Il giovedì si teneva a disposizione delle operaie, consegnando, ricevendo e regolando il lavoro. (...).

Le strisce uscite dalle sue mani furono presto classificate tra le più belle e vendute ad alto prezzo, assicurando così credito e prosperità alla sua casa. Ma la parte strettamente commerciale l'interessava meno" (*Ib.*, p. 54).

il portamento pieno di dignità le fecero una grande impressione.

Nello stesso tempo una voce interiore le mormorava in segreto: «*È quello là che ho preparato per te*».

Le fu presto rivelata l'identità del passante: cominciò così a conoscere Luigi Martin.

I due giovani non tardarono a stimarsi e ad amarsi. Il loro accordo morale si stabilì così prontamente che ben presto il fidanzamento religioso sigillò il loro reciproco impegno e, tre mesi dopo il loro primo incontro, poterono unirsi davanti a Dio.

Il 13 luglio 1858 – per non dir nulla del matrimonio civile, che ai loro occhi era un odioso controsenso e una vana formalità – si scambiarono il loro giuramento nella splendida chiesa di Notre-Dame. (...).

Il rito fu celebrato a mezzanotte, nella più stretta intimità, come per gustare solo il profumo cristiano della cerimonia; forse fu così anche perché le grandi opere di Dio si compiono nel silenzio notturno e l'unione donde doveva nascere la santa di Lisieux era appunto segnata da una impronta di grandezza"[41].

4. Il matrimonio di due Santi

Luigi Martin non aveva amato il celibato per essere libero da impegni o per darsi ai piaceri. Aveva una sua disciplina ascetica e nel fondo rimaneva la nostalgia della consacrazione a Dio.

La bellezza interiore che aveva intravisto in Zelia gli fece

---

[41]*Ib.*, pp. 57-58.
"Zelia Guérin portò a suo marito cinquemila franchi di dote e settemila franchi di economie personali. Luigi Martin invece aveva ventiduemila franchi di risparmi e tutta l'attrezzatura professionale, oltre le due proprietà (quella di Via Pont-Neuf e del «Pavillon») completamente svincolate e ammobiliate" (*Ib.*, p. 58).

concepire la speranza di stringere con lei un matrimonio che
oltrepassasse i sensi, come fecero a suo tempo Santa Cecilia e
Valeriano, e indirizzarsi a Dio con amore puro e santo.

Luigi studiò da vicino il valore teologico di un simile matrimonio; ne fa fede la nota seguente, copiata di sua mano in
quell'epoca e trovata nelle note personali: "*Dottrina della Chiesa sul sacramento del matrimonio. Il vincolo che costituisce il sacramento è indipendente dalla sua consumazione. Abbiamo una
prova lampante di questa verità nella Madonna e in san Giuseppe, i quali, benché veramente coniugati, hanno osservato una
continenza perpetua. Questi illustri sposi hanno avuto, poi, come
imitatori, parecchi santi, che, vivendo nel matrimonio verginal-
mente, si sono limitati a coltivare una intimità purissima del
cuore, rinunciando di comune accordo a quell'unione fisica che
era loro permessa. Tali matrimoni avevano tutto quello che era essenziale per la loro validità, e inoltre avevano sugli altri il pregio
di rappresentare in maniera più perfetta l'unione casta e tutta
spirituale di Gesù Cristo con la Chiesa*"[42].

E Zelia?

"Da quando aveva dovuto rinunciare alla speranza della vita
religiosa – senza perderne per questo la segreta attrattiva – si era
risvegliato in lei un potente istinto di maternità.

Sua unica ambizione era di dare alla luce numerosi figli e
di educarli, nel senso esatto del termine, cioè di farli salire verso
Dio. Tuttavia, per quanto la cosa possa parere strana alla nostra
mentalità moderna, ella non conosceva che in maniera incompleta il mistero della vita. I manuali di preparazione coniugale
allora mancavano del tutto: il problema della iniziazione sessua-
le non era all'ordine del giorno. Era un argomento bandito dagli istituti di educazione; e, nell'ambiente ermeticamente chiuso
della borghesia cristiana, si pretendeva di proibirlo alla curiosi-
tà dei giovani. La formazione forte dei genitori Guérin non era

---

[42] *Ib.* p. 60.

fatta per facilitare le confidenze necessarie su questo punto"[43]. Questa deliberazione dei coniugi Martin potrebbe lasciar perplessi. Perché celebrare il matrimonio – che di suo è ordinato a quel perfezionamento vicendevole che si attua nel diventare padri e madri – per vivere in maniera verginale? Sembrerebbe un non senso. Lo si comprende meglio da quello che ne sarebbe stato il seguito.

"Se pensiamo alle meraviglie di santità che sarebbero zampillate da quell'unione, perché non dovremmo sottolineare la convenienza soprannaturale del suo commovente preludio verginale? (...).

Qual noviziato più efficace, in ordine a questo fine, di un tempo di raccoglimento, di preghiera, di sacrificio, in cui lo spirito frena l'istinto e lo sa dominare?

No, la risoluzione dei coniugi Martin non era l'inizio sba-

---

[43] *Ib.*

"Per meglio sottolineare fino a qual punto l'egoismo fosse estraneo al proposito dei coniugi Martin di astenersi dalle relazioni coniugali, basti rilevare qui che, proprio all'inizio del loro matrimonio, accolsero in casa, e ve lo tennero per parecchio tempo, un bambino di cinque anni, il cui padre aveva appena perso la sposa ed era rimasto solo alla testa di una famiglia di undici figlioli".

"Il giorno stesso del matrimonio – poiché tutto in questa unione fu impregnato di pietà – i due sposi si recarono a Le Mans per raccomandarsi alle preghiere di colei che chiamavano volentieri «la santa figliola».

La prima visita al monastero, subito dopo quella scossa psicologica, ravvivò nella signora Martin la nostalgia del chiostro e provocò una crisi di pianto, che, diciannove anni più tardi, ella raccontò in termini commoventi, in una lettera alla figlia Paolina: "(...) posso dire che quel giorno lì ho pianto tutte le mie lacrime, più di quanto avessi mai pianto in vita mia e più di quanto piangerò mai; quella povera sorella non sapeva come consolarmi. Non è che provassi dispiacere a vederli là, al contrario, ma avrei voluto esserci anch'io; paragonavo la mia vita alla sua e le lacrime raddoppiavano. Insomma, per molto tempo la mia anima ed il mio cuore sono stati alla Visitazione; venivo spesso a vedere mia sorella e là respiravo una calma ed una pace che non saprei esprimere. Quando tornavo via mi sentivo molto infelice di essere in mezzo al mondo; avrei voluto nascondere la mia vita insieme con la sua" (*Ib.,* pp. 60-61).

gliato di un matrimonio concluso troppo in fretta. Era la provvidenziale preparazione di una stirpe santa tra tutte. Dio, che fece nascere il suo Figlio in terra verginale, volle affidare Teresa di Gesù Bambino a dei genitori capaci di comprendere, per averla praticata, la smagliante bellezza della verginità"[44].

5. La fioritura del loro matrimonio nella generazione di nove figli

"Dopo dieci mesi di vita comune, l'opportuno intervento di un confessore indusse i signori Martin a modificare le loro vedute e a realizzare in un altro modo i disegni del Cielo a loro riguardo. La loro concezione del matrimonio si allargò e compresero, come dice padre Sertillanges, che «la carne, messa al suo posto, non offusca, ma serve lo spirito». Le primitive ripugnanze caddero per dar luogo alla piena comprensione dell'opera di vita, nella quale la teologia cattolica vede non solo il mezzo stabilito da Dio per perpetuare la specie e popolare il Cielo di eletti, ma anche il simbolo concreto dell'unità coniugale, l'espressione completa dell'amore senza riserve che lega gli sposi tra di loro, il segno sensibile di quel dono totale del loro essere, che essi si scambiano «per elevarsi insieme a Dio», come dice san Francesco di Sales.

Ciò che soprattutto decise Luigi e Zelia Martin a interrompere la loro santa esperienza fu l'ambizione di dare figli e figlie al Signore. La visione del convento e dell'altare, che aveva affa-

---

[44] *Ib.*, p. 62.

"Per meglio sottolineare fino a qual punto l'egoismo fosse estraneo al proposito dei coniugi Martin di astenersi dalle relazioni coniugali, basti rilevare qui che, proprio all'inizio del loro matrimonio, accolsero in casa, e ve lo tennero per parecchio tempo, un bambino di cinque anni, il cui padre aveva appena perso la sposa ed era rimasto solo alla testa di una famiglia di undici figlioli" (*Ib.*).

scinato la loro giovinezza, potevano riviverla in una posterità modellata dalle loro mani per il servizio di Dio"[45].

Il 22 febbraio 1860 la signora Martin conobbe la gioia della maternità.

Prima della nascita della primogenita, cui avrebbero dato il nome di *Maria*, avevano già deciso che alla prima bambina sarebbe stato dato il nome della Regina del cielo e al primo maschio quello di san Giuseppe. E che tutti gli altri figli avrebbero avuto il nome di Maria, salvo chiamarlo con un secondo per non fare confusione.

Decisero anche che "il Battesimo avrebbe avuto luogo il giorno stesso della nascita, o, al più tardi, all'indomani. Questo in ossequio alle leggi della Chiesa, che vuole allontanare dai neonati il rischio di morire senza la speranza del Cielo, e per assecondare i genitori, desiderosi di vedere il loro bambino al più presto figlio di Dio"[46].

Quando Luigi Martin si presentò al Battistero disse al prete: "È la prima volta che vengo qui per un Battesimo, ma non è l'ultima!"[47].

L'8 dicembre successivo, la mamma, ricordandosi della grazia ottenuta nello stesso giorno nove anni prima, si rivolse alla Madonna Immacolata, per sollecitare il favore di una seconda nascita.

E così il 7 settembre 1861 nasceva *Maria Paolina*.

---

[45] *Ib.*, p. 63.
Questo cambiamento provvidenziale sarà riconosciuto da Zelia in una lettera che scriverà a Paolina: "Ma quando abbiamo avuto i nostri figlioli, le nostre idee sono un pò cambiate: non vivevamo più che per loro, questa era la nostra felicità e non l'abbiamo mai trovata se non in loro. Insomma, tutto ci riusciva facilissimo, il mondo non ci era più di peso. Per me era il grande compenso, perciò desideravo di averne molti, per allevarli per il Cielo" (*Ib.*, p. 64).
[46] *Ib.*, p. 66.
[47] *Ib.*

Il 3 giugno 1863 fu la volta di *Maria Leonia*, che fu battezzata il giorno seguente, festa del Corpus Domini. Per più di un anno oscilla tra la vita e la morte. Zelia si rivolge alla Madonna: "Se un giorno deve diventare una santa... guaritela!"[48]. Guarì e di lei è già stato introdotto il processo di beatificazione.

Il 13 ottobre 1864 nacque *Maria Elena*, che morirà all'improvviso dopo una crisi durata un sol giorno il 22 febbraio 1870.

Dopo la nascita di Elena c'erano in casa quattro bambine che ben presto "ogni sera giungevano le mani per reclamare da San Giuseppe un fratellino che potesse un giorno offrire l'Ostia divina sull'altare e partire per le terre d'oltremare ad evangelizzare i pagani"[49].

Così il 20 settembre 1866 nacque *Maria Giuseppe*, che però morì il 14 febbraio dell'anno seguente[50].

---

[48] *Ib.*, p. 84.

[49] *Ib.*, p. 86.

[50] Scrive S. Piat: "La mamma non stava più in sé dalla gioia. Con una semplicità incantevole confidava il suo entusiasmo al signor Guérin: «Oh! che bel maschietto, come è grande e forte! È impossibile desiderare di meglio; non ho mai avuto un bambino che venisse su così bene, tranne Maria. Se tu sapessi quanto lo amo, il mio piccolo Giuseppe! La mia fortuna mi sembra fatta!».
Al marito, che condivideva l'orgoglio e le speranze di lei, diceva con fierezza materna: «Guarda come sono ben fatte le sue manine! Come sarà bello quando salirà all'altare e quando predicherà!». E già sognava di confezionare per il gran giorno dell'Ordinazione un camice in merletto d'Alençon, che doveva essere un capolavoro degno del Sommo Pontefice" (*Ib.*, p. 86).
Informata della morte del bambino Suor Dositea scrive alla sorella: "Cara sorellina, ho ricevuto il tuo telegramma ieri sera, alle cinque e mezzo, il nostro angioletto era già in Cielo! Cara sorella, come ti consolerò? Io stessa ho molto bisogno di consolazione, sono tutta tremante e tuttavia ben rassegnata alla volontà di Dio. Ce lo ha dato, ce lo ha tolto, sia benedetto il suo nome! ... Ieri mattina, nella santa Comunione, siccome pregavo Nostro Signore di lasciarcelo, che, del resto, non lo volevamo allevare che per la sua gloria e per la salvezza delle povere anime, mi è sembrato di sentire dentro di me questa risposta: che voleva le primizie e ti darebbe, più tardi, un altro bambino, che sarebbe come noi lo desideriamo" (*Ib.*, p. 87).

Scrive Stefano Piat: "Quando Elena si ammalò di otite (non fu questa la malattia che la portò alla morte, *n.d.r.*) e i medici non riuscivano a venirne a capo, la mamma cercò più su il rimedio: «Mi venne l'ispirazione di rivolgermi al mio piccolo Giuseppe che era morto da cinque settimane. Prendo dunque la bambina e le faccio recitare una preghiera al suo fratellino. L'indomani mattina l'orecchio era completamente guarito, la secrezione purulenta si era arrestata di colpo e la piccina non ne ha risentito mai più. Ho ottenuto anche parecchie altre grazie, ma meno notevoli di quella».

La mamma desiderava soprattutto il «suo prete», il «suo missionario». Per questo si rivolse ancora a san Giuseppe con una novena che terminò il giorno della sua festa, il 19 marzo 1867. Ed il 19 dicembre dello stesso anno – più puntuali di così non si poteva essere – un grazioso bambino, *Maria Giuseppe Giambattista*, veniva ad ingrossare la famiglia. Ma non nacque senza difficoltà. «È molto forte e robusto – scriveva la signora Martin – ma ho passato un momento terribile ed il bambino ha corso i più grandi rischi. Ho sofferto per quattro ore i più vivi dolori che abbia mai patiti. Il povero piccino era quasi asfissiato ed il medico gli ha dato l'acqua battesimale prima della nascita»[51].

Anche questo bambino muore presto, il 24 agosto 1868[52].

---

[51]*Ib.*, pp. 87-88.

[52]"La mamma lo stesso giorno ne diede l'annuncio al fratello con questo biglietto, straziante nella sua semplicità: «il mio caro Giuseppino è morto questa mattina alle sette. Ero sola con lui. Ha passato una notte di crudeli sofferenze ed io chiedevo in lacrime la sua liberazione. Ho avuto il cuore sollevato quando l'ho visto rendere l'ultimo respiro». Gli inghirlandò la fronte con una corona rose bianche; lo depose nella piccola bara e, intrepida nella sua fede, lo tenne sino alla fine presso di sé, nell'ufficio in cui riceveva le operaie, ogni tanto gemeva: «Mio Dio, bisogna metterlo sotto terra? Ma, poiché Voi lo volete, si faccia la vostra volontà!».
Appena fu avvisata, la religiosa di Le Mans fece scendere su questa nuova prova la stessa speranza profetica di una misteriosa compensazione. «Oh! sì, i

Nel frattempo Suor Dositea si ammala gravemente.
Maria, la primogenita, sta per fare la Prima Comunione. La
mamma le chiede di strappare dal Cielo la grazia della guarigione della zia perché "nel giorno della prima Comunione – era
solita ripetere – si ottiene tutto quello che si chiede"[53].

La bambina fa puntualmente quanto le fu chiesto e la salute
di Suor Dositea ritorna.

Il 28 aprile 1869 nasce *Maria Celina* che per concessione
dell'autorità ecclesiastica viene battezzata privatamente lo stesso
giorno della sua nascita.

Intanto il 22 febbraio 1870 muore Elena all'età di sei anni[54].

Zelia scrive alla cognata, moglie di Isidoro: "Da quando ho
perduto quella bambina provo un ardente desiderio di riveder-
la, però quelli che restano hanno bisogno di me e, a motivo loro,
prego il Signore di lasciarmi ancora alcuni anni sulla terra.

Ho molto rimpianto i miei due maschietti, ma ho ancora
più dispiacere per la perdita di questa; cominciavo a goderne,
era così carina, così carezzevole, così avanti per la sua età! Non

disegni di Dio sono impenetrabili!... Questa vita è così piena di miserie... Tu,
cara amica, tu ne sai qualche cosa... Ma la gioia verrà e la misura della tua gioia
sarà quella delle tue afflizioni. Credilo, dunque, senza alcun dubbio" (*Ib.*, pp.
89-90).

[53] *Ib.*, p. 95.

[54] Annunciando la morte al fratello Isidoro scrive: "Poi, verso le dieci meno un quarto, mi ha detto: «Sì, presto guarirò, sì, subito...». Nello stesso momento, mentre la sostenevo, la sua testolina mi è caduta sulla spalla, i suoi
occhi si sono chiusi e cinque minuti dopo non viveva più...

Questo mi ha fatto un'impressione che non dimenticherò mai; non mi
aspettavo quella brusca fine, nemmeno mio marito. Quando è rientrato ed
ha veduto la sua povera figlioletta morta, si è messo a singhiozzare esclaman-
do: «Mia piccola Elena, mia piccola Elena!». Poi insieme l'abbiamo offerta al
buon Dio. [...]

Prima della sepoltura ho passato la notte vicino a quella povera piccola cara:
era ancora più bella da morta che da viva. Sono io che l'ho vestita e messa nella
bara; mi è sembrato di morire, ma non volevo che gli altri la toccassero" (*Ib.*,
p. 99).

c'è minuto del giorno in cui non pensi a lei. La suora che le faceva scuola mi diceva giustamente che i bambini come lei non vivono. Infine, ella è in Cielo, molto più felice che quaggiù; ma, quanto a me, mi sembra che tutta la mia felicità sia volata via"[55].

Poco dopo la sorella monaca le manda un messaggio che ha un sapore profetico: "O mia cara sorellina, quanto sono felice di vedere la tua fede così profonda e la tua rassegnazione! Tu ritroverai ben presto coloro che hai tanto amato ed allora sarà per non separartene mai più. Sì, la tua corona sarà bella: il tuo cuore è sotto il torchio ma, per la tua sottomissione a tutte le divine volontà, ne esce un balsamo che rallegra il cuore di Dio... La tua fede e la tua fiducia che non vacillano mai avranno un giorno la loro magnifica ricompensa. Stà sicura che il Signore ti benedirà e che la misura delle tue sofferenze sarà quella delle consolazioni che ti sono riservate, perché, insomma, se il buon Dio, contento di te, vuole proprio donarti quel gran santo che tu hai tanto desiderato per la sua gloria, non sarai ben ricompensata?"[56].

Il 16 agosto 1870 – quando da poco la Prussia ha mosso guerra alla Francia – una nuova nascita viene a rallegrare la famiglia Martin. È la volta di *Maria Melania Teresa*.

Ma anche Melania Teresa poco dopo muore tra le ginocchia della mamma l'8 ottobre del medesimo anno.

---

[55] *Ib.*, pp. 99-100.

[56] *Ib.*, p. 100.

Zelia ebbe quasi la sensazione fisica della comunione con Elena, comunione che va oltre la morte. "Ricordando che una volta la piccola Elena si era lasciata sfuggire una bugietta, si rimproverava amaramente di non aver provveduto a farla confessare. Le riusciva insopportabile il pensiero che per la sua negligenza involontaria la bambina soffrisse, forse, le pene del Purgatorio. Per liberarsi da questa ossessione si rivolse alla Madonna della famiglia, a quella statua le cui dita logorate dai baci avevano dovuto più volte essere restaurate. La risposta dell'Immacolata si fece sentire subito: una voce misteriosa le mormorò con dolcezza infinita: «E qui, vicino a me!». A queste parole, l'angoscia svanì e una gioia indicibile riempì l'animo della madre, che sentiva raddoppiare in sé la stima per la sua sublime vocazione" (*Ib.*, pp. 100-101).

I coniugi Martin sono molto addolorati anche per il clima antireligioso che attraversa di nuovo la Francia.

Zelia manifesta la propria amarezza alla cognata scrivendo: "Sto benissimo di corpo, ma non di spirito, soprattutto questa mattina; tutto quello che succede a Parigi mi mette la tristezza nell'anima. Ho appreso or ora la morte dell'Arcivescovo e di 64 sacerdoti fucilati dai comunardi. Ne sono sconvolta"[57].

Nel frattempo Zelia va avanti negli anni. Ne ha più di quaranta e suo marito tocca la cinquantina.

6. La nascita di Teresa

"Aveva appena chiuso la bara della sua Teresa e sentiva il bisogno di un'altra Teresa, nella quale ritrovare la prima"[58].

Un'amica le avevo fatto osservare che dopo quattro morti non era in grado di portare avanti altre maternità. Zelia le rispose: "Non è così che io intendo la cosa. Infine, Dio è il Padrone e non aveva da chiedermi il permesso. D'altra parte, fino a qui ho sopportato benissimo tutte le fatiche della maternità, confidando nella sua Provvidenza. Del resto, che cosa vuole? Non si è sulla terra per avere grandi piaceri; coloro che aspettano di gioire hanno ben torto e sono completamente delusi nelle loro speranze"[59].

Il 15 dicembre 1872 scrive alla cognata: "Ora attendo tutti i giorni il mio angioletto e sono molto perplessa perché non ho ancora trovato una balia. Ne ho viste parecchie, ma non convenivano che molto imperfettamente e mio marito non ha mai potuto risolversi a prenderne una. Non è per il prezzo, è perché temiamo d'introdurre in casa nostra delle persone poco adatte, come sono oggi in generale tutte le balie. (...).

---

[57] *Ib.*, p. 116.
[58] *Ib.*, p. 128.
[59] *Ib.*, p. 129.

Se Dio mi facesse la grazia di poterlo allattare, non sarebbe che un piacere l'allevarlo. Io amo i bambini alla follia, ero nata per averne, ma ben presto sarà tempo che anche questo finisca. Avrò quarantun'anni il 23 di questo mese, è l'età in cui si è nonna!"[60].

L'inferno sembra non rimanere insensibile a questa nuova nascita.

"Una sera che era rimasta sola a pianterreno per terminare una lettura spirituale, la signora Martin pensava alle vessazioni diaboliche di cui soffrono i grandi servi di Dio. «A me – diceva fra sé con un certo senso di sollievo – non accadranno simili insulti. Non vi sono che i santi che possano temerli».

In quell'attimo stesso, sentì un peso enorme abbattersi sulla sua spalla, quasi una stretta mostruosa: l'avrebbe detto l'artiglio di una bestia feroce. Rimase un attimo terrorizzata; poi, si riprese subito con una fiduciosa invocazione, ritrovando la pura serenità dell'unione divina"[61].

Finalmente "giovedì, 2 gennaio 1873, alle undici e mezzo della sera, nacque colei che si definì un «fiorellino invernale».

La mamma formulò subito la preghiera con cui salutava ogni neonato: «Signore, accordatemi a grazia che questa creatura vi sia consacrata e che nulla venga ad offuscare la purezza della sua anima.

Se mai si dovesse perdere, preferisco che la prendiate subito»"[62].

Al fonte battesimale in cui venne battezzata il 4 gennaio 1873 le fu imposto il nome *Maria Francesca Teresa*.

La bambina soffre d'interite. La mamma le deve stare sempre accanto. Non dorme più di due ore la notte.

La bambina sembra aggravarsi e giungere verso la fine.

---

[60] *Ib.*, p. 130.
[61] *Ib.*, pp. 130-131.
[62] *Ib.*, p. 131.

La mamma ricorse alla balia che aveva allattato i due maschietti. Nonostante le difficoltà (aveva 4 figli e il marito era contrario) decise di trasferirsi a casa Martin per otto giorni.

"Alla vista di Teresa, la balia scrollò la testa: si era scomodata per niente; la bambina era ormai condannata"[63].

Ecco che cosa Zelia scrive in quel frangente alla cognata: "Io sono salita subito nella mia camera, mi sono inginocchiata ai piedi di san Giuseppe e gli ho domandato la grazia che la piccina guarisse, pur rassegnandomi alla volontà di Dio, se voleva prenderla con sé. Io non piango spesso, ma mi scendevano le lacrime mentre facevo quella preghiera.

Non sapevo se dovevo scendere... infine, mi sono decisa. E che vedo? La bambina che poppava avidamente. Non ha lasciato la presa che verso l'una del pomeriggio; ha rigettato qualche sorsata ed è caduta come morta sulla sua nutrice. Eravamo in cinque intorno a lei. Eravamo tutti commossi; c'era un'operaia che piangeva, quanto a me mi sentivo gelare il sangue. Apparentemente la piccina non emetteva alcun respiro. Avevamo un bel chinarci per tentare di scoprire un segno di vita, non si percepiva nulla, ma era così calma, così placida che ringraziavo il buon Dio di averla fatta morire così dolcemente.

Finalmente, passato un quarto d'ora, la mia piccola Teresa apre gli occhi e si mette a sorridere. A partire da quel momento è completamente guarita, la buona cera è ritornata come pure la gaiezza; da allora va tutto per il meglio"[64].

Stefano Piat però commenta: "La povera madre non era ancora giunta all'apice delle sue sofferenze: l'onore di dare alla luce una santa lo si paga con il sangue"[65].

Teresa avrà altre crisi di interite. Ma anche queste saranno superate.

---

[63] *Ib.*, p. 135.
[64] *Ib.*, pp. 135-136.
[65] *Ib.*, p. 136.

7. Il clima familiare di casa Martin è fortemente religioso

Tre orizzonti fondamentali s'imprimono nella vita delle figlie.

Il primo: tutto è visto alla luce dell'eternità (*sub specie aeternitatis*).

"Mio padre e mia madre – dichiarava Maria per la beatificazione di Teresa – avevano una fede profonda e, sentendoli parlare insieme dell'eternità, ci sentivamo disposte, pur così giovani come eravamo, a considerare le cose del mondo come una pura vanità"[66].

Il secondo: la fiducia nella Provvidenza, prontezza nell'adorare i disegni di Dio.

"A suor Dositea, che si affliggeva per i rovesci che colpivano Isidoro, la signora Martin indirizzava una risposta degna di una maestra delle novizie e ne informava il fratello, perché anche lui ne facesse tesoro:

"Le ho detto di non lambiccarsi il cervello per tutto ciò, che non vi era che una cosa da fare: pregare il buon Dio, perché né lei né io potevamo aiutarti in altra maniera. Ma Lui saprà ben trarci fuori di qui, quando troverà che abbiamo sofferto abbastanza, ed allora tu riconoscerai che non è né alle tue capacità, né alla tua intelligenza che devi la riuscita, ma solo a Dio, come accade a me con il mio punto d'Alençon: questa convinzione è molto salutare, l'ho provato di persona.

Tu sai che siamo tutti portati all'orgoglio ed io noto spesso che coloro che hanno fatto fortuna sono, per la maggior parte, di una presunzione insopportabile. Non dico che sarei divenuta così, e nemmeno tu, ma saremmo stati più o meno macchiati di questo orgoglio; poi, è certo che la costante prosperità allontana da Dio. Non ha mai condotto i suoi eletti per quella strada,

---

[66]*Ib.*, 148.

essi sono passati prima per il crogiuolo della sofferenza, per purificarsi. Tu dirai che ti faccio la predica, ma tuttavia non ne ho l'intenzione; penso a queste cose molto spesso e te le dico; ora, chiama questo una predica, se vuoi!"[67].

Il terzo: l'abbandono in Dio e il compimento fedele della sua volontà.

Ai parenti che hanno qualche ristrettezza materiale Zelia scrive: "Quello che mi dà questa fiducia invincibile è soprattutto la maniera edificante con cui santificate la domenica; tutti i fedeli osservanti del giorno del Signore, siano essi perfetti o imperfetti, riescono nelle loro imprese, ed infine, in un modo o in un altro, diventano ricchi.

Ne sono talmente convinta che spesso dico alle bambine: «Vostro zio un giorno sarà ricco». Esse mi rispondono: «Che cosa ne sai tu, mamma?». Dico loro che lo so e questo le stupisce molto. Maria mi risponde: «Dunque tu sei un profeta, mamma!». Insomma, l'avvenire ci farà sapere se mi sono sbagliata, ma non lo credo"[68].

Stefano Piat annota: "L'avvenire, infatti, le diede ragione: una eredità inaspettata pose di colpo il signor Guérin in una situazione molto prospera"[69].

"Più meritorio ancora era l'inviolabile rispetto dell'astinenza e dei digiuni della Chiesa. Il papà per conto suo era intransigente: anche quando c'erano ospiti lasciava loro la libertà di fare onore alla mensa e si accontentava di un frugale spuntino. Ciò era fastidioso per la padrona di casa, la quale faceva uso di tutta la sua diplomazia epistolare, in modo da dirottare le visite verso giorni esenti da ogni restrizione. (...).

C'era veramente, nella personalità di questi cristiani, un aspetto ascetico che mostrava la loro antica attrattiva verso il

---

[67] *Ib.*, pp. 148-149.
[68] *Ib.*, p. 151.
[69] *Ib.*

chiostro. La vita regolata del signor Martin aveva qualcosa di monastico. Si proibiva di fumare, di incrociare le gambe, di bere fra i pasti, di avvicinarsi al fuoco senza necessità. Il Venerdì Santo mangiava solo a mezzogiorno, rifiutando cibo alla sera. Se lavorava in giardino nei giorni di digiuno e le sue figliole gli portavano qualche rinfresco, per farglielo accettare dovevano rassicurarlo che la legge non proibiva di sorbire qualche cosa di liquido. Ed era una delizia, per lui, andarsi a seppellire tre giorni alla Grande Trappa di Mortagne, per un breve corso di esercizi.

La signora Martin aggiungeva al cilicio dei doveri del proprio stato le mortificazioni volontarie: «Al ritorno dalla S. Messa quotidiana – ci dice Celina – io notavo che dava agli altri una buona colazione, mentre lei si accontentava di una zuppa che mangiava in piedi, quasi di nascosto e in fretta. Attendeva alle sue occupazioni con energia straordinaria ed era l'ultima ad andare a letto alla sera». Sotto la direzione del curato di Montsort, aspirava alla vita perfetta. Apparteneva a moltissime Associazioni di pietà"[70]

"Le feste della Chiesa, questi sacri riti ispirati dai misteri del Salvatore, dei quali Chateaubriand ha cantato nel *Genio del Cristianesimo* il trascendente valore di emozione estetica, impregnavano di bellezza le conversazioni serali. Quegli autentici cristiani capivano che il calendario liturgico ha un'anima e vivevano per il suo ciclo.

La vita dei santi era la loro lettura preferita: in pieno secolo decimonono quei due sposi erano fedeli ad una pratica che piace oggi alle giovani famiglie di Azione Cattolica: scorrevano assieme qualche biografia edificante per farne oggetto di discussione e di elevazione reciproca.

Tutta la vita della famiglia era regolata su quella della parrocchia. La giornata dei genitori cominciava con la Messa delle

---

[70]*Ib.*, pp. 151-152.

cinque e mezzo a San Pietro di Montsort, e più tardi a Notre-
Dame; a meno che le missioni o qualche cerimonia speciale non
li chiamasse a San Leonardo o alle Clarisse.

Anche se la sera avevano vegliato fino a tarda ora, anche se
la Quaresima era dura (e alla mamma talvolta costava molto) si
alzavano sempre alle cinque. I vicini, che sentivano nel silenzio
accostare una porta, dicevano: «Sono i santi coniugi Martin che
vanno alla Messa, dormiamo!».

Si comunicavano una o più volte alla settimana, secondo le
circostanze e sempre ogni primo venerdì del mese" [71].

Erano desiderosi della salvezza di tutti. "Quando qualche
peccatore ostinato si manifestava restio ad ogni tentativo, tutta
la famiglia si appassionava al difficile compito: San Giuseppe era
chiamato ad intervenire con una novena: molte vittorie di questo genere furono ottenute a forza di preghiere. Papà e mamma
non conoscevano gioie più pure di queste: e continuavano ad
applicare i loro suffragi anche per quelli che, morti impenitenti,
avevano deluso le loro speranze"[72].

Anche la carità materiale era tenuta in onore in casa Martin:
"Bisogna fare l'elemosina per andare in Cielo"[73]. Si dava il cibo
ai poveri e li si vestiva.

Suor Agnese deporrà al processo di beatificazione di Teresa: "I miei genitori mi sono sempre sembrati dei santi. Eravamo
piene di rispetto e di ammirazione per loro. Talvolta mi chiedevo se ve ne potevano essere di simili sulla terra. Intorno a me,
non lo vedevo affatto"[74].

---

[71] *Ib.*, pp. 155-156.
[72] *Ib.*, p. 159.
[73] *Ib.*, p. 161.
[74] *Ib.*, p. 179.

8. Teresa è motivo di gioia per tutti

"Teresa, l'ultima arrivata, era il sorriso e l'ornamento della casa"[75].

Mamma Zelia scrive alla cognata: "Quanto sono felice di averla! Credo di amarla più di tutte le altre, senza dubbio perché è la più piccola. (...).

Mio Dio, se perdessi questa bambina, che strazio ne avrei! E mio marito l'adora!... È incredibile la quantità di sacrifici che fa per lei di giorno e di notte"[76].

"Anche le sorelle maggiori erano prese dallo stesso fascino.

Scriveva Maria a Paolina: «Sapessi come è furba e fine! Io sono in estasi davanti a quel mazzolino. Tutti, in casa, se la divorano a baci; e lei, poverina, è la piccola martire! Ma è tanto abituata alle carezze, che non ci bada neppure. (...).

Un'intelligenza come la sua non l'ho vista in nessuna di voi"[77].

Sotto l'aspetto affettivo era molto espansiva. Aveva una sensibilità molto viva. Si commuove con facilità estrema.

"Bastava un nonnulla perché gli occhi le si imperlassero di lacrime: la partenza di una persona cara, un'ombra che oscurasse il volto della mamma, il dispiacere per una marachella recente"[78].

"È una bambina intelligentissima – scrive la mamma a Paolina – ma è molto meno quieta di sua sorella e soprattutto di una ostinazione quasi invincibile; quando dice «no» nulla può farla cedere; se si mettesse per una giornata in cantina vi dormirebbe piuttosto che dire «sì»"[79].

Santa Teresa un giorno dirà di se stessa: "Con una natura

---

[75] Ib., p. 202.
[76] Ib.
[77] Ib.
[78] Ib., p. 204.
[79] Ib., pp. 205-206.

come la mia, se fossi stata educata da genitori senza virtù (....)
sarei diventata molto cattiva e forse mi sarei persa..."[80].

Scrive Stefano Piat: "Con le belle doti che possedeva, era
fatta per l'eroismo; ma, ferita anche lei dal peccato originale,
avrebbe potuto sciupare tanta ricchezza o deviarla verso l'abis-
so. L'educazione illuminata dei genitori e delle sorelle le diede
l'orientamento sicuro verso la grandezza cristiana"[81].

"Era impossibile che si addormentasse senza aver recitato
minuziosamente le sue orazioni. Bisognava ricordargliele tutte
e non si doveva dimenticare di domandare... «la grazia». Quando qualche sera il signor Martin, che non era iniziato ai segreti di
questa liturgia infantile, doveva presiedere alla preghiera al posto della moglie, e si trovava un pò impacciato, veniva richiama-
to all'ordine dalla piccolina, che non l'aveva visto inginocchiarsi,
come era abitudine della mamma. «Perché dunque, papà, non
fai la tua preghiera? Sei stato forse in chiesa con le signore?».

Tutte le domeniche, se volevano evitarle una crisi di pianto, dovevano accompagnarla a «pregare» alla «Messa»: cioè
bisognava portarla ad assistere ad una parte dei vespri. (...).

Con l'età, il gusto per le sacre cerimonie crebbe maggiormente. Quello delle prediche venne più tardi: «È più bello del
solito, ma mi annoio lo stesso», sospirò a quattro anni, all'uscita
da una predica delle Quarantore.

La mamma stessa si stupiva di queste buone disposizioni
e ne approfittava per suggerire alla bambina quei motivi so-
prannaturali che avrebbero enormemente potenziato il suo
slancio"[82].

"Al processo di beatificazione le sorelle maggiori testimo-
niarono con giuramento fino a che punto le avesse impressionate la virtù nascente di Teresa.

---

[80]*Storia di un'Anima*, 31.
[81]S. G. PIAT, *Storia di una famiglia*, p. 207.
[82]*Ib.*, p. 208.

CAPO II. LA FAMIGLIA DI SANTA TERESA DI LISIEUX

Maria usa delle espressioni categoriche: «Mi è sembrato che fin dalla più tenera infanzia suor Teresa di Gesù Bambino fosse stata santificata nel seno materno o che fosse un angelo mandato dal Signore sulla terra a rivestire un corpo mortale. Quelle che lei chiamava le sue imperfezioni o le sue colpe non lo erano affatto: non l'ho mai vista commettere la più lieve mancanza».

Quasi a correttivo del suo elogio, che può parere a prima vista eccessivo, Maria fa vedere quanto impegno la bambina mettesse nel lavorarsi: «Non era necessario sgridarla, quando sbagliava; bastava dirle che non andava bene o che faceva dispiacere al Signore: non ci ricadeva più... Le sue pratiche consistevano nel cedere in mille circostanze alle sorelle: per questo faceva grandi sforzi su se stessa, perché allora era molto decisa».

Paolina descrive la piccina affettuosa e docile, ingenua nei pentimenti e negli sforzi per emendarsi.

Leonia la dice circondata dalle predilezioni della famiglia: «Era una bambina tanto graziosa! Dal canto suo, però, Teresa non abusava di questa affezione particolare e fu sempre più obbediente di noi tutte. Non ho mai notato che assumesse nei nostri riguardi un atteggiamento qualsiasi di superiorità».

Celina, la compagna dei suoi divertimenti e delle prime fatiche, insiste particolarmente sulla fermezza di carattere della sorella. «Prima della morte della mamma, Teresa era una bambina piena di brio, fiera e volitiva, quando non ci fosse pericolo di offendere Gesù: già da allora infatti, come affermava lei stessa, si faceva premura di piacergli in tutte le sue azioni e di non offenderlo mai»"[83].

---

[83] *Ib.*, p. 213.

Capo III

Profilo biografico di Teresa

1. L'infanzia di Teresa

1. Come si è visto, Teresa è l'ultima di 9 figli, di cui quattro morti nei primi anni o mesi di vita.

Sua madre moriva il 28 agosto 1877 quando Teresa contava appena quattro anni e mezzo. Era un'autentica santa e lasciò un'orma profonda nel cuore di tutte le sue figlie.

La morte della mamma segnò la vita di Teresa e si stampò profondamente nella sua memoria: "Tutti i particolari della malattia della nostra Madre tanto cara sono presenti al mio cuore, ricordo soprattutto l'ultima settimana che passò sulla terra; eravamo, Celina e io, come povere piccole esiliate, tutte le mattine la signora Leriche veniva a prenderci e passavamo la giornata da lei... Il rito commovente dell'Estrema Unzione mi si impresse nell'anima, vedo ancora il posto mio accanto a Celina, eravamo tutte cinque per ordine d'età e c'era il caro povero Babbo:

49

singhiozzava"[84].

2. Rimasto privo della moglie, il signor Martin decise di trasferirsi a Lisieux, accanto al cognato, Isidoro Guérin, affinché la sua sposa potesse vegliare sull'educazione delle figlie rimaste prive della madre.

Andarono ad abitare in una bella casa con un vasto giardino cui diedero il nome di *Les buissonnets* (I piccoli cespugli). Qui Teresa visse fino al suo ingresso nel Carmelo.

Tra gli otto e i nove anni Teresa trascorse un periodo dalle Benedettine di Lisieux, a mezza pensione.

A dieci anni cadde inferma di una grave e strana malattia.

3. Si ammalò dopo l'ingresso di Paolina in monastero. Paolina le aveva fatto da mamma.

Teresa ricorda la partenza della sorella: "Dicevo nel fondo di me stessa: 'Paolina è perduta per me!'. É sorprendente vedere quanto il mio spirito si sviluppò nella sofferenza; si sviluppò a tal segno che dopo breve tempo mi ammalai"[85].

Più tardi ne individuerà la provenienza: "La malattia che mi colpì veniva certamente dal demonio; furioso perché lei era entrata nel Carmelo, volle vendicarsi su me del torto che la nostra famiglia doveva fargli nell'avvenire, ma non sapeva che la dolce Regina del Cielo vegliava sul suo fiorellino fragile, che gli sorrideva dall'alto del suo trono, e si disponeva a far cessare la tempesta proprio nel momento in cui il povero fiore si sarebbe spezzato senza rimedio.

Verso la fine dell'anno fui presa da un mal di testa continuo, ma che quasi non mi faceva soffrire; ero in grado di proseguire i miei studi, e nessuno si preoccupava di me; ciò durò fino alla festa di Pasqua del 1883"[86].

---

[84] *Storia di un'Anima*, 42.

[85] *Ib.*, 85.

[86] *Ib.*, 86.

"Intanto la vestizione di Paolina si avvicinava; evitavano di parlarne in pre-

"La malattia divenne così grave che non avrei dovuto guarire, secondo le previsioni umane.

Non so come descrivere un malessere tanto strano, sono persuasa ch'era opera del demonio"[87].

"Credo che il demonio avesse ricevuto un potere esteriore su me, ma che non potesse avvicinarsi alla mia anima, al mio spirito se non per ispirarmi certi spaventi forti dinanzi a determinate cose, per esempio, di fronte a medicine molto semplici che tentavano inutilmente di farmi accettare.

Ma se Dio permetteva al demonio di avvicinarsi a me, mi mandava anche degli angeli visibili. Maria era sempre intorno al mio letto, mi curava e mi confortava con la tenerezza di una madre, senza mai manifestare il minimo senso di noia"[88].

"Un giorno vidi Papà entrare nella camera di Maria ove io ero coricata: a Maria dette parecchie monete d'oro con una espressione di grande tristezza, e le disse di scrivere a Parigi e chiedere delle Messe presso Nostra Signora delle Vittorie affinché facesse guarire la sua povera figlioletta.

Ah, come mi commossi vedendo la fede e l'amore del mio re caro! Avrei voluto dirgli: 'sono guarita!', ma gli avevo già dato

---

senza mia sapendo la pena che provavo per non poterci andare, ma io ne parlavo spesso, dicendo che sarei stata abbastanza bene per andare a vedere la mia Paolina cara.

In realtà il Signore non volle negarmi questa consolazione, o piuttosto volle confortare la sua cara fidanzata che aveva sofferto tanto per la malattia della figlioletta. *Ho notato che Gesù non vuol mettere alla prova le sue figlie nel giorno del fidanzamento, questa festa dev'essere senza nubi, un anticipo della gioia del Paradiso*, non l'ha già dimostrato cinque volte?

Potei dunque abbracciare la mia cara Mamma, sedermi sulle ginocchia di lei, e colmarla di carezze. Potei contemplarla così incantevole sotto il bianco abito di fidanzata... Ah, fu un giorno bello in mezzo alla mia prova cupa, ma passò rapido. Ben presto dovetti salire sulla carrozza che mi portò ben lungi da Paolina e ben lungi dal mio Carmelo amato" (*Ib.*, 87).

[87]*Ib.*, 88.
[88]*Ib.*, 90.

troppe gioie false, e non erano i miei desideri a poter fare un miracolo, perché un miracolo ci voleva per guarirmi. Ce ne voleva uno, e lo fece Nostra Signora delle Vittorie. Una domenica, durante la novena delle Messe (era l'ultimo giorno della novena, il 13 maggio, festa di Pentecoste), Maria uscì in giardino lasciandomi con Leonia la quale leggeva accanto alla finestra; in capo a qualche minuto mi misi a chiamare a bassa voce 'Mamma... Mamma...'. Leonia era abituata a intendermi chiamare sempre così, non ci fece caso. La cosa durò a lungo, allora chiamai più forte, e finalmente Maria tornò, ... ne soffriva forse più di me; dopo vani sforzi per dimostrarmi che era vicina a me, si mise in ginocchio accanto al mio letto con Leonia e Celina, si volse alla Vergine Santa e pregò col fervore di una madre la quale chiedesse la vita del figlio: in quel momento ottenne quello che desiderava"[89].

"Non trovando soccorso sulla terra, la povera Teresa si era rivolta anche lei alla Madre del Cielo, la pregava con tutto il cuore perché avesse finalmente pietà di lei...

A un tratto la Vergine Santa mi parve bella, tanto bella che non avevo visto mai cosa bella a tal segno, il suo viso spirava bontà e tenerezza ineffabili, ma quello che mi penetrò tutta l'anima fu 'il sorriso stupendo della Madonna'.

Allora tutte le mie sofferenze svanirono, delle grosse lacrime mi bagnarono le guance, ma erano lacrime di una gioia senza ombre.

Ah, pensai, la Vergine Santa mi ha sorriso, come sono felice! Ma non lo dirò a nessuno, perché altrimenti la mia felicità scomparirebbe.

Senz'alcuno sforzo abbassai gli occhi e vidi Maria che mi guardava con amore, pareva commossa, quasi capisse il favore che la Madonna mi aveva concesso. Ah! era proprio a lei, alle commoventi preghiere di lei, che io dovevo la grazia del sorri-

---

[89] *Ib.*, 93.

so da parte della Regina dei Cieli. Vedendo il mio sguardo fisso sulla Vergine Santa, ella pensò 'Teresa è guarita!'. Sì, il fiore umile stava per rinascere alla vita, il raggio splendido che l'aveva riscaldato non doveva interrompere i propri benefizi: agì non in modo subitaneo, bensì gradatamente, dolcemente, risollevò il fiore e lo rafforzò a tal segno che cinque anni dopo si aprì sulla montagna benedetta del Carmelo"[90].

---

[90] *Ib.*, 94.

Ecco che cosa Leonia deporrà al processo di beatificazione della sorella:

"La malattia di cui ho parlato sopra, merita di essere riferita qui con qualche particolare.

Incominciò con violenti mal di testa, che si manifestarono quasi subito dopo la partenza di Paolina per il Carmelo (ottobre 1882). A fine marzo del 1883, la malattia si rivelò con crisi di delirio e di convulsioni. Il male, come per una disposizione provvidenziale, cessò per 24 ore il giorno della vestizione di Paolina al Carmelo. Teresa era l'unica ad assicurare di essere in grado di assistere a questa cerimonia; io e la famiglia lottavamo energicamente contro questa idea che ci pareva irrealizzabile. Tuttavia si realizzò, e durante le poche ore che passammo al Carmelo Teresa fu perfettamente calma e si dimostrò molto affettuosa e tutta carezze per la «sua mammina» diventata suor Agnese di Gesù. Trascorsa questa buona giornata, il male riprese presto e durò senza remissione fino al 13 (10) maggio, giorno della sua guarigione miracolosa. Le crisi si succedevano quasi senza posa. Ci parevano come accessi quasi continui di paura delirante, accompagnati spesso da grandi movimenti disordinati. Gettava grida spaventose, con gli occhi terrorizzati e i lineamenti dolorosamente alterati. I chiodi piantati nel muro prendevano ai suoi occhi forme orribili che la gettavano nello spavento. Sovente non riconosceva i suoi; una sera, soprattutto, fu terribilmente spaventata all'avvicinarsi di nostro padre che teneva in mano il cappello: questo oggetto le sembrava una bestia orribile. Quando si manifestavano le crisi convulsive, voleva gettarsi dalla ringhiera del letto ed eravamo costrette a trattenerla. Una domenica ero rimasta sola a vegliarla durante la messa solenne. Vedendola molto calma, mi arrischiai a lasciarla per qualche minuto. Ritornando vicino a lei, la trovai distesa sul pavimento; era saltata al di sopra del capezzale del letto ed era caduta tra il letto e il muro. Avrebbe potuto uccidersi o ferirsi gravemente, ma grazie a Dio, non aveva neppure un graffio. Ella ha scritto che durante questa malattia non aveva mai perso conoscenza di quanto avveniva attorno a sé. Non ho saputo questo particolare che attraverso questa testimonianza che dà di sé. Se non l'avesse detto, avremmo creduto, a giudicare dalle apparenze, che il suo

2. La prima adolescenza

1. A undici anni fece la sua prima comunione con un fervore indicibile: "Il tempo della mia prima Comunione mi è rimasto impresso nel cuore come un ricordo sgombro da nuvole, mi pare che non avrei potuto avere disposizioni migliori, e le mie pene d'anima mi lasciarono per quasi un anno. Gesù voleva farmi gustare una gioia più perfetta che fosse possibile in questa valle di lacrime"[91].

"Si ricorda, Madre mia cara, dell'incantevole libretto che lei mi aveva composto tre mesi avanti la mia prima Comunione? Proprio quelle pagine mi aiutarono a preparare il cuore in modo conseguente e rapido, perché, se da lungo tempo già lo preparavo, bisognava ben dargli uno slancio nuovo, empirlo di fiori nuovi affinché Gesù potesse riposarsi in lui gradevolmente. Ogni giorno facevo un gran numero di 'pratiche', che formavano altrettanti fiori, facevo un numero anche più grande di aspirazioni che lei aveva scritte nel mio libricino per ogni giorno, e quegli atti d'amore formavano i bocci.

Ogni settimana lei mi scriveva una cara lettera che mi empiva l'anima di pensieri profondi e mi aiutava a praticare la virtù,

---

delirio fosse quasi completo e continuo.

Il 13 maggio 1883 ebbe una crisi forse più violenta delle altre: non riconosceva sua sorella Maria che la teneva in braccio. Questo stato penoso che nessun accorgimento del nostro affetto poteva far cessare, ci immerse nella desolazione. Fu allora che Maria ed io cademmo in ginocchio ai piedi di una statua della Vergine Santa, col cuore colmo di speranza, scongiurando la nostra Madre celeste di guarire la nostra sorellina. Improvvisamente Teresa si trovò in una calma perfetta, mentre fissava la statua con sguardo sorridente, i lineamenti distesi e in pieno possesso delle sue facoltà: era perfettamente guarita. Suor Teresa ha raccontato nella sua *Vita* che allora era stata favorita da una visione della Vergine Santa, e lo ripeté ancora sul letto di morte; ma non me ne disse niente, né al momento, né dopo" (*Suor Francesca Teresa Martin*, in *Testimoni di Teresa di Gesù Bambino*, p. 173).

[91]*Storia di un'Anima*, 101.

era una consolazione per la sua figliolina la quale faceva un sacrificio tanto grande accettando di non essere preparata sera per sera sulle ginocchia di lei, Madre mia, com'era stata preparata Celina"[92].

Era l'8 maggio 1883 il giorno in cui fece la sua prima Comunione.

"Nel pomeriggio fui io a pronunciare l'atto di consacrazione alla Madonna; era ben giusto che io parlassi a nome delle mie compagne alla mia Mamma del Cielo, io che ero rimasta priva così giovane della Mamma terrena.

Misi tutto il cuore nel parlarle, nel consacrarmi a lei, come una bambina che si getta nelle braccia di sua madre, e le chiede di vegliare su lei.

Mi pare che la Vergine Santa dovette guardare il suo fiorellino e sorridergli, non era lei che l'aveva guarito con un sorriso visibile? Non aveva proprio lei deposto nel calice dell'umile fiore il suo Gesù, il Fiore dei campi, il Giglio della valle?"[93].

A quel giorno aveva pensato già da bambina quando aveva incontrato insieme col papà un uomo che scambiò per un mendicante: "Durante le passeggiate con Papà, gli piaceva di farmi portare l'elemosina ai poveri che incontravamo; un giorno ne vedemmo uno che si trascinava a fatica sulle stampelle, mi avvicinai per dargli un soldo, ma lui non si considerò abbastanza povero da ricevere l'elemosina; mi guardò sorridendo con tristezza, e rifiutò di prendere ciò che gli offrivo. Non posso dire ciò che accadde in me, avrei voluto essergli di sollievo, consolarlo; invece mi pareva di avergli dato un dispiacere e senza dubbio quel poveretto indovinò il mio pensiero perché si voltò e mi sorrise. Papà mi aveva comprato un dolce; avevo gran voglia di darglielo, ma non osai, e tuttavia gli volli dar qualcosa che non potesse rifiutare, perché sentivo tanta simpatia verso lui.

---

[92]*Ib.*, 102.
[93]*Ib.*, 110.

Allora mi ricordai d'avere inteso dire che il giorno della prima Comunione si ottiene tutto ciò che si chiede: quel pensiero mi consolò e, benché non avessi ancora sei anni, dissi a me stessa: 'Pregherò per il mio povero nel giorno della prima Comunione'.

Mantenni la promessa cinque anni dopo, e spero che il Signore abbia esaudito la preghiera che gli avevo rivolta per uno dei suoi membri sofferenti"[94].

2. Leonia testimonierà di quel giorno: "Finalmente arrivò il giorno tanto desiderato; l'8 maggio fece la sua prima comunione. Non viveva e non respirava che per Gesù Ostia, che aveva rapito la sua anima. Era affamata del pane degli angeli e qualche giorno dopo (15 maggio) la vidi radiosa di felicità fare la sua seconda comunione tra il nostro venerato padre e Maria nostra sorella maggiore, oggi carmelitana col nome di Maria del Sacro Cuore.

Le mie sorelle carmelitane mi hanno fatto conoscere una nota, scritta dalla Serva di Dio su un libretto contenente i suoi propositi di prima comunione.

Eccoli:

«1° Non mi scoraggerò mai.

2° Dirò ogni giorno un 'Memorare'.

3° Cercherò di umiliare il mio orgoglio»"[95].

---

[94] Ib., 52.
[95] SUOR FRANCESCA TERESA MARTIN, in *Testimoni di Teresa di Gesù Bambino*, pp. 171-172.
Nella medesima circostanza Leonia aggiunse: "Questi propositi li ha proprio osservati, perché il suo carattere distintivo è la forza d'animo che le ha sempre impedito di scoraggiarsi, gettandola nel totale abbandono e nella confidenza cieca.
Ricevette il sacramento della Cresima nell'Abbazia delle Benedettine il sabato 14 giugno dello stesso anno. Più di ogni altro io sono stata in grado di valutare in questa circostanza il suo raccoglimento e il suo atteggiamento più angelico che umano. Avendo avuto l'onore di essere la sua madrina di Cresi-

3. Tra i dodici e i tredici anni, venne colpita da forti scrupoli, da cui guarì per intercessione dei fratellini prematuramente scomparsi.

Ecco il suo racconto: "L'anno che seguì la mia prima Comunione trascorse quasi tutto senza prove intime per l'anima mia, fu durante il mio ritiro per la seconda Comunione che mi vidi assalita dalla terribile malattia degli scrupoli. Bisogna essere passati attraverso questo martirio per capirlo bene: dire quanto ho sofferto per un anno e mezzo, mi sarebbe impossibile. Tutti i miei pensieri e le mie azioni più semplici divenivano per me oggetto di turbamento; non avevo riposo se non dicendoli a Maria, e ciò mi costava molto, perché mi credevo obbligata a dire i pensieri stravaganti che avevo riguardo a lei stessa.

Appena deposto il fardello, gustavo un attimo di pace, ma questa pace passava come un lampo, e ben presto il martirio ricominciava. Che pazienza è stata necessaria a Maria cara, per ascoltarmi e non dar mai segni di noia!"[96].

"Quando Maria entrò nel Carmelo ero ancora molto scrupolosa. Non potendo più confidarmi con lei, guardai verso il Cielo. Mi rivolsi ai quattro angeli che mi avevano preceduta lassù, perché pensavo che quelle anime innocenti non avendo mai conosciuto turbamenti né timori, dovevano aver pietà della loro sorellina la quale soffriva sulla terra. Parlai loro con semplicità di bambina, feci notare che, essendo l'ultima della famiglia, ero stata sempre la più amata, la più colmata di tenerezza da parte delle sorelle; che se fossero rimasti essi sulla terra, mi avrebbero

---

ma, la seguii passo passo fino all'altare, tenendo la mano sulla sua spalla. Si vedeva che era profondamente penetrata dal grande mistero che stava per compiersi nella sua anima. Ordinariamente a questa età il bambino, non comprendendo tutta l'importanza di questo sacramento, lo riceve con molta leggerezza. Invece Teresa era tutta inabissata nell'amore che già la consumava. Facevo fatica a dominare la mia emozione accompagnando all'altare questa cara bambina" (Ib.).

[96]Ib., 121.

certamente dato altrettante prove di affetto... La loro partenza per il Cielo non mi pareva una buona ragione per dimenticarmi, anzi, trovandosi essi a potere attingere dai tesori divini, dovevano prendere per me la pace, e dimostrarmi così che in Cielo si sa ancora amare!

La risposta non si fece attendere, ben presto la pace inondò l'anima mia con le sue acque deliziose, e capii che, se ero amata sulla terra, lo ero anche nel Cielo... Da quel momento in poi la devozione crebbe verso i miei fratellini e sorelline, e mi piace di conversare spesso con loro parlando delle tristezze di questo esilio... del desiderio di raggiungerli presto nella Patria celeste!"[97].

4. A quattordici anni le sue preghiere ottennero la conversione di un malfattore chiamato Pranzini.

Questo evento, di cui si parlerà più avanti, accese in lei un desiderio fortissimo di spendersi per la conversione dei più grandi peccatori.

3. Tentativi per entrare al Carmelo a 15 anni

1. A quindici anni ottenne dal padre il permesso di entrare nel Carmelo di Lisieux, dove si trovavano già le sue sorelle maggiori Paolina e Maria.

"Per fare la mia grande rivelazione scelsi il giorno di Pentecoste; per tutta la giornata supplicai i santi Apostoli di pregare per me, di ispirarmi le parole che dovevo dire... Toccava pure loro di aiutare la bambina timida che Dio destinava a divenire l'apostolo degli apostoli per mezzo della preghiera e del sacrificio!

Soltanto nel pomeriggio, tornando dai vespri, trovai l'occasione per parlare al mio Babbo carissimo; era andato a sedersi

---

[97] *Ib.*, 131.

sul bordo della vasca, e, con le mani giunte, contemplava le meraviglie della natura; il sole con la sua luce raddolcita dorava le cime dei grandi alberi ove gli uccelli cantavano gioiosi la loro preghiera della sera. Il bel volto di Papà aveva una espressione celeste, sentivo che la pace gl'inondava il cuore; senza dire una parola mi sedei accanto a lui, gli occhi pieni di pianto; mi guardò con tenerezza, mi prese la testa e l'appoggiò sul suo cuore, dicendomi: 'Che cos'hai, reginetta? Confidamelo'. Poi, alzandosi come per nascondere la propria emozione, camminò lentamente tenendomi sempre la testa appoggiata sul suo cuore.

Tra le lacrime gli confidai che desideravo entrare nel Carmelo; allora le lacrime sue si unirono alle mie, ma non disse una parola per distogliermi dalla mia vocazione; si contentò di farmi osservare che ero molto giovane per prendere una decisione tanto grave.

Ma io difesi la mia causa tanto bene che Papà, con la sua natura semplice e dritta, fu convinto ben presto che il mio desiderio era di Dio stesso, e, nella sua fede profonda, esclamò che Dio gli faceva un grande onore chiedendogli così le sue figlie.

Continuammo a lungo la nostra passeggiata, il cuore mio, sollevato dalla bontà con la quale era stata accolta la sua rivelazione dal Padre mio incomparabile, si apriva dolcemente nel cuore di lui.

Pareva che Papà godesse di quella gioia tranquilla che dà il sacrificio consumato, mi parlò come un santo, e vorrei ricordare le sue parole per scriverle qui, ma ho conservato di esse un ricordo troppo profumato perché si possa tradurlo.

Mi ricordo perfettamente l'azione simbolica che il mio Re compì senza saperlo. Si avvicinò ad un muricciolo, mi mostrò dei fiorellini bianchi che crescevano su di esso simili a gigli in miniatura, poi ne prese uno e me lo dette, spiegandomi con quanta cura il buon Dio l'aveva fatto nascere, e l'aveva custodito fino a quel giorno; ascoltando, io credevo di udire la storia mia, tanta era la somiglianza tra quello che Gesù aveva fatto per il mughetto umile e per la piccola Teresa.

Ricevetti quel fiore come una reliquia, e vidi che, cogliendolo, Papà aveva divelto tutte le radici esili senza spezzarle; quasi affinché vivesse ancora in un'altra terra più fertile del muschio tenero nel quale erano trascorsi i suoi primi giorni. Era proprio questo medesimo atto che Papà aveva fatto per me qualche istante prima, permettendomi di salire la montagna del Carmelo, e lasciare la vallata dolce nella quale avevo mosso i primi passi"[98].

2. Ma di diverso avviso erano i superiori del Monastero a motivo della troppo giovane età.

È questa però l'occasione in cui si mostra in particolare la santità di suo padre Luigi Martin, che l'accompagna in udienza dal Vescovo.

"Il 31 ottobre (1887) fu il giorno fissato per il mio viaggio a Bayeux. Partii sola con Papà, pieno il cuore di speranza, ma anche di emozione per la prospettiva di presentarmi al vescovado. Per la prima volta in vita mia avevo da fare una visita senza essere accompagnata dalle mie sorelle, e si trattava della visita a un Vescovo!

Io, che non provavo mai il bisogno di parlare se non per rispondere alle domande rivoltemi, dovevo spiegare io stessa lo scopo della mia visita, chiarire le ragioni che mi facevano chiedere l'ingresso nel Carmelo, insomma, dovevo dimostrare la solidità della mia vocazione. Quanto mi costò fare quel viaggio! Bisognò che il buon Dio mi concedesse una grazia ben particolare perché io potessi superare la mia grande timidezza. E' vero altresì che 'mai l'Amore trova impossibilità, perché si crede tutto possibile e tutto permesso'. Era davvero il solo amore di Gesù che poteva farmi vincere quelle difficoltà e quelle che seguirono,

---

[98]*Ib.*, 143.

perché egli si compiacque di farmi pagare la vocazione a prezzo di grandi prove"[99].

"Pioveva a torrenti quando arrivammo a Bayeux; Papà non voleva veder la sua reginetta entrare nel vescovado con la sua bella toilette tutta intrisa, e perciò la fece salire sopra un omnibus, fino alla cattedrale. Là cominciarono i guai: Monsignore e tutto il clero assistevano a un funerale solenne. La chiesa era piena di signore in lutto e tutti guardavano me, il mio vestito chiaro e il cappello bianco; avrei voluto uscire dalla chiesa, ma non c'era da pensarci a causa della pioggia, e per umiliarmi ancor più il buon Dio permise che Papà, nella sua semplicità patriarcale, mi facesse arrivare fino in cima alla cattedrale..."[100].

"Mons. Révérony si mostrò molto amabile, ma credo che il motivo del nostro viaggio lo meravigliò assai; dopo avermi guardata sorridendo, e avermi fatto qualche domanda, ci disse: 'Vi presenterò a Monsignor Vescovo, vogliate seguirmi'. Vedendo che avevo le lacrime agli occhi, mi disse: 'Ah!... vedo dei diamanti... non bisogna mostrarli a Monsignor Vescovo!'. Ci fece attraversare varie stanze ampie, ornate da ritratti di vescovi; vedendomi in quei saloni, mi facevo l'effetto di una formica piccina piccina, e mi domandavo cos'avrei saputo dire a Monsignor Vescovo; egli passeggiava in mezzo a due sacerdoti in una galleria, vidi Mons. Révérony che gli diceva qualche parola, poi tornarono verso noi.

Noi attendevamo nello studio; tre poltrone enormi erano collocate davanti al camino, e il fuoco era vivace ed alto. Vedemmo entrare Sua Eccellenza, Papà si inginocchiò accanto a me per ricevere la benedizione, poi Monsignor Vescovo fece accomodare Papà in una poltrona, si mise egli stesso di faccia a lui, e Mons. Révérony volle farmi occupare la poltrona in mezzo; rifiutai gentilmente, ma insisté, dicendomi di far vedere se

---

[99]*Ib.*, 150.
[100]*Ib.*, 151.

sapevo obbedire; mi sedei subito senz'altre riflessioni ed ebbi la confusione di vedere che lui prendeva una sedia, mentre io mi trovavo sprofondata in un seggio nel quale sarebbero state comodamente ben quattro come me (più comode di me, perché io ero ben lungi dal sentirmi tale!).

Speravo che Papà cominciasse a parlare, ma invece mi disse di spiegare io stessa a Monsignore lo scopo della nostra visita; lo feci con tutta la possibile eloquenza, ma 'Sa Grandeur', abituato all'eloquenza, non parve gran che commosso dai miei ragionamenti; in sostituzione di questi, una parola sola del reverendo superiore mi avrebbe giovato di più; sventuratamente non ne potevo produrre, ed anzi l'opposizione di lui non patrocinava certo la mia causa"[101].

"Monsignor Vescovo mi domandò se da lungo tempo aspiravo al Carmelo. 'Oh, sì, Eccellenza, da ben lungo tempo'. 'Vediamo – rispose ridendo Mons. Révérony – non potrà dirci che ha questo desiderio da quindici anni'. -'E' vero – risposi sorridendo anch'io – ma non ci sono molti anni da defalcare, perché ho desiderato farmi religiosa fin dal risveglio del mio intelletto, e ho desiderato il Carmelo, appena l'ho conosciuto bene, perché trovavo che, in quell'Ordine, sarebbero appagate tutte le aspirazioni dell'anima mia'. Non so, Madre mia, se dissi proprio così, credo di essermi spiegata anche peggio, ma insomma il senso era questo.

Monsignor Vescovo, credendo far piacere a Papà, cercò di farmi trattenere ancora qualche anno presso lui, e rimase non poco *stupito ed edificato* vedendo che Papà stesso abbracciava la mia causa e intercedeva affinché ottenessi il permesso di volare via a quindici anni.

Tuttavia, tutto fu vano; il Vescovo disse che, prima di decidere, gli era necessario un colloquio col Superiore del Carmelo. Io non potevo ascoltare parola più penosa, perché conoscevo

---

[101]*Ib.*, 152.

l'opposizione netta di Nostro Padre, perciò, senza tenere conto della raccomandazione di Mons. Révérony, feci ben più che mostrare i miei diamanti a Monsignor Vescovo, gliene detti e quanti! Vidi che era commosso: mi fece appoggiare la testa sulla sua spalla e mi confortò con tanta bontà come – pare – non aveva fatto mai con nessun altro.

Mi disse che tutto non era perduto, che egli era ben contento del mio viaggio a Roma: avrei potuto assodare la mia vocazione, e intanto dovevo rallegrarmi invece di piangere; aggiunse che la settimana seguente egli stesso, poiché doveva andare a Lisieux, avrebbe parlato col reverendo parroco di san Giacomo, e certamente io avrei ricevuto la sua risposta in Italia. Capii che era inutile insistere, del resto non avevo altro da dire, poiché avevo esaurito tutte le risorse della mia eloquenza"[102].

3. Proprio in quel periodo stava per partire un grande pellegrinaggio organizzato dalla diocesi di Coutances cui si era associata la diocesi di Bayeux, quella di appartenenza di santa Teresa.

Quel pellegrinaggio partì il 7 novembre 1887 e si concluse il 2 dicembre seguente. Vi parteciparono 195 persone, molte delle quali appartenevano alla nobiltà. Tra i pellegrini c'erano ben 73 ecclesiastici e sarà in riferimento a questi che Teresa un giorno scriverà: "Ho capito la mia vocazione in Italia"[103].

Il pellegrinaggio fu fatto per onorare il giubileo sacerdotale (il 50°) di Leone XIII e anche come *testimonianza di fede* di fronte alle *spoliazioni anticlericali*[104].

A questo pellegrinaggio partecipò Luigi Martin con Teresa e Celina. Le altre sorelle erano già partite di casa per il loro destino.

Ecco la narrazione del tratto riguardante la visita a Roma:

---

[102]*Ib.*, 153.

[103]*Ib.*, 157.

[104]Cfr. Santa Teresa di Gesù Bambino e del volto santo, *Opere complete, scritti e ultime parole*, p. 1260.

"Trascorremmo sei giorni visitando le principali meraviglie di Roma, e il settimo giorno vidi la più grande: 'Leone XIII'.

Quel giorno lo desideravo e lo temevo, da esso sarebbe dipesa la mia vocazione, perché la risposta che dovevo ricevere da Monsignore non era arrivata, e io avevo saputo da una lettera sua, Madre, che egli non era più molto ben disposto verso di me, così l'unica tavola di salvezza era il permesso del Santo Padre... ma per ottenerlo occorreva chiederlo, bisognava osare di parlare 'al Papa' davanti a tutti, questo pensiero mi faceva tremare; quel che ho sofferto prima dell'udienza, lo sa soltanto il buon Dio, con la mia cara Celina.

Mai dimenticherò la parte che ella prese a tutte le mie prove, pareva che la vocazione mia fosse sua.

(Il nostro affetto reciproco veniva notato dai sacerdoti del pellegrinaggio: una sera eravamo in un gruppo tanto numeroso che le sedie mancavano, allora Celina mi prese sulle ginocchia e ci guardavamo con tanto affetto, che un sacerdote esclamò: 'Come si vogliono bene! Ah queste due sorelle non potranno separarsi mai!'. Sì, è vero, ci amavamo, ma il nostro affetto era tanto puro e forte, che il pensiero di separarci non ci turbava affatto, perché sentivamo che niente, nemmeno l'oceano, avrebbe potuto allontanarci una dall'altra...

Serenamente Celina vedeva la mia navicella che gettava l'ancora sulla riva del Carmelo; lei si rassegnava a restare nel mare burrascoso del mondo per quanto tempo Dio lo volesse, sicura di arrivare anche lei alla sponda ambita...)"[105].

"Domenica 20 novembre ci vestimmo secondo il cerimoniale del Vaticano (di nero, con un velo di merletto in testa) e decorate da una grande medaglia di Leone XIII attaccata a un nastro azzurro e bianco, facemmo il nostro ingresso in Vaticano, nella cappella del Sommo Pontefice. Alle otto lo vedemmo entrare per celebrare la santa Messa: fu un'emozione profonda.

---

[105] *Storia di un'Anima*, 171.

Benedisse i pellegrini numerosi riuniti intorno a lui, salì gli scalini dell'altare, e ci mostrò, con la sua pietà degna del Vicario di Gesù, che era veramente 'il Santo Padre'. Il cuore mi batteva forte, e pregavo ardentemente mentre Gesù discendeva tra le mani del suo Pontefice; comunque, ero piena di fiducia, il Vangelo di quel giorno portava le parole splendide: 'Non temere, piccolo gregge, perché è piaciuto al Padre mio di darti il suo regno'. E io non temevo nulla, speravo che il regno del Carmelo mi appartenesse presto, non pensavo allora a quelle altre parole di Gesù: 'Vi preparo il mio regno come il Padre mio l'ha preparato a me'; cioè, vi riservo croci e prove, e in tal modo sarete degni di possedere il regno che sospirate; poiché è stato necessario che il Cristo soffrisse, ed entrasse così nella gloria, se desiderate aver posto accanto a lui, bevete il calice che egli stesso ha bevuto! Questo calice mi fu presentato dal Santo Padre, e le lacrime mie si confusero con la bevanda amara che mi veniva offerta".

"Dopo la Messa di ringraziamento che fece seguito a quella di sua Santità, ebbe inizio l'udienza.

Leone XIII era assiso sopra una grande poltrona, vestito semplicemente con una tonaca bianca, una mantellina dello stesso colore, e aveva sulla testa uno zucchetto.

Intorno a lui stavano i cardinali, gli arcivescovi, i vescovi, ma io non li vidi se non in gruppo, occupata com'ero unicamente del Santo Padre; passammo dinanzi a lui in processione, ciascun pellegrino s'inginocchiava a turno, baciava mano e piede di Leone XIII, riceveva la benedizione, e due guardie nobili gli facevano cenno secondo l'etichetta, per avvertirlo che era tempo di alzarsi (intendo dire che avvertivano il pellegrino, mi spiego così male che si potrebbe pensare che avvertissero il Papa).

Prima di penetrare nell'appartamento pontificio ero ben decisa a parlare, ma mi sentii mancare il coraggio quando vidi a destra del Santo Padre 'Monsignor Révérony!'. Quasi nel medesimo istante ci fu detto da parte sua che era proibito parlare a Leone XIII, l'udienza si sarebbe prolungata troppo. Mi voltai verso Celina cara, per sapere il suo parere: 'Parla!' mi disse. Un minuto dopo ero ai piedi del Santo Padre; baciai la pantofola, egli mi porse la mano, ma io, invece di baciarla, giunsi le mani mie e alzai verso lui gli occhi pieni di lacrime: 'Santo Padre – dissi – ho da chiedervi una grazia grande'. Allora il Sommo Pontefice abbassò la testa verso me, in modo che il mio volto quasi toccava il suo, e vidi i suoi occhi neri e profondi fissarsi su di me, parve che penetrasse in fondo all'anima. 'Santo Padre – dissi – in onore del vostro giubileo, permettetemi di entrare nel Carmelo a quindici anni!...' "[106].

"L'emozione certo mi fece tremare la voce, cosicché il Santo Padre, volgendosi a Monsignor Révérony, il quale mi guardava meravigliato e scontento, disse: 'Non capisco molto bene'. Se il buon Dio l'avesse permesso, sarebbe stato facile che Monsignor Révérony mi ottenesse ciò che desideravo, ma invece volle darmi la croce e non già la consolazione. 'Beatissimo Padre – rispose il Vicario Generale – è una bambina che desidera entrare nel Carmelo a quindici anni, ma i superiori stanno esaminando la questione'.

'Ebbene, figlia – rispose il Santo Padre guardandomi con bontà – fate ciò che vi diranno i superiori'. Allora, appoggiando-do le mani sulle sue ginocchia, tentai un ultimo sforzo e dis-si con voce supplice: 'Oh! beatissimo Padre, se voi diceste 'sì', tutti sarebbero d'accordo!...'. Mi guardò fissamente, e pronun-ciò queste parole appoggiando su ciascuna sillaba: 'Bene... be-ne... Entrerete se Dio lo vorrà!...' - (La sua espressione era così penetrante e convinta, che mi pare d'intenderlo ancora).

Poiché la bontà del Santo Padre mi dava animo, volli parlare ancora, ma le due guardie nobili mi toccarono gentilmente per farmi alzare; e vedendo che ciò non bastava, mi presero per le braccia, e Monsignor Révérony le aiutò a sollevarmi, perché io

---

[106] *Ib.*, 173.

restavo ancora con le mani giunte appoggiate alle ginocchia di Leone XIII, e mi strapparono di peso dai suoi piedi...

Nel momento in cui mi trasportarono via così, il Santo Padre posò la sua mano sulle mie labbra, poi l'alzò per benedirmi, allora gli occhi mi si empirono di lacrime, e Monsignor Révérony poté contemplare per lo meno altrettanti diamanti quanti ne aveva visti a Bayeux"[107].

Dopo quest'udienza scrisse alla sorella Paolina che stava in Monastero: "Credo di aver fatto tutto quello che voleva il buon Dio; adesso non mi resta che pregare. Ho il cuore gonfio, tuttavia il buon Dio non può darmi prove al di sopra delle mie forze. Egli mi ha dato il coraggio di sopportare questa prova. Oh, è molto grande! Ma, Paolina, sono la pallina di Gesù Bambino. Se egli vuole rompere il suo giocattolo, è libero: sì, io voglio davvero ciò che vuole lui"[108].

4. L'ingresso al Carmelo

1. Dietro suggerimento della sorella Paolina prima del Natale 1877 scrisse al vescovo di Bayeux una lettera di richiesta per entrare al Carmelo di Lisieux.

Questi rispose il 28 dicembre, concedendo il permesso tanto desiderato.

Tuttavia Teresa entrerà al Carmelo il 9 aprile del 1888[109], festa dell'Annunciazione in quell'anno, all'età di quindici anni e tre mesi.

---

[107]*Ib.*, 174.

[108]SUOR AGNESE DI GESÙ, in *Testimoni di Teresa di Gesù Bambino*, p. 36.

[109]Alla domanda: perché la Serva di Dio non è entrata in monastero appena ricevuta l'autorizzazione Suor Agnese rispose: "Il superiore immediato, mons. Delatroëtte, era così scontento di tutti i passi fatti senza consultarlo e del permesso ottenuto contro la sua volontà, che al Carmelo pensammo bene di dargli qualche soddisfazione, rinviando un pò l'entrata della postulante. Finalmente entrò al Carmelo il 9 aprile 1888. Fu accompagnata da mio padre

Qui cominciò a vivere con straordinario impegno la *Piccola via dell'infanzia spirituale.*

2. Il momento del distacco dalla casa paterna è pieno di commozione: "La sera avanti tutta la famiglia era riunita intorno alla tavola alla quale io sedevo per l'ultima volta. Ah come sono lancinanti quelle riunioni intime! Quando si vorrebbe vedersi dimenticate, ci vengono prodigate le carezze, le parole più tenere, che ci fanno sentire il sacrificio della separazione. Papà non diceva quasi nulla, ma il suo sguardo si fissava su di me con amore. La zia piangeva di quando in quando, e lo zio mi usava mille premure affettuose. Giovanna e Maria erano altrettanto piene di riguardi per me, soprattutto Maria la quale, prendendomi in disparte, mi chiese perdono dei dispiaceri che credeva di avermi dati. E infine la mia cara Leonia, tornata a casa da qualche mese dalla Visitazione, mi colmava più ancora di baci e di carezze. Soltanto di Celina non ho parlato, ma lei intuisce, Madre mia cara, in quale modo trascorse l'ultima notte che abbiamo passata insieme..."[110].

"La mattina del gran giorno, dopo aver dato un ultimo sguardo ai Buissonnets, nido grazioso della mia infanzia che non avrei rivisto mai più, partii al braccio del mio caro Re per salire la montagna del Carmelo...

Come la vigilia, tutta la famiglia si trovò riunita per ascoltare la santa Messa e ricevere la Comunione.

Appena Gesù discese nel cuore dei miei cari, intorno a me non intesi altro che singhiozzi, io sola non piansi, ma il cuore mi batteva con tanta violenza che mi parve impossibile fare un pas-

---

e da tutta la famiglia. Mons. Delatroëtte, superiore, la presentò alla comunità in questi termini: «Mia reverenda madre, può cantare il Te Deum. Come delegato del vescovo, le presento questa bambina di quindici anni. È lei che ha voluto la sua entrata. Mi auguro che non deluda le sue speranze. Ma le ricordo che sarà lei a portarne tutta la responsabilità» (*Ib.*).

[110]*Storia di un'Anima, Ib.*, 191.

so quando ci accennarono di avviarci verso la porta conventuale; mi mossi, tuttavia, pur domandandomi se non sarei morta, tanto mi martellava il cuore. Che momento fu quello! Bisogna esserci passati per sapere che cos'è"[111].

"La mia emozione non si tradì all'esterno: dopo avere abbracciato tutti i miei cari, m'inginocchiai dinanzi al mio incomparabile Padre, chiedendogli la benedizione; per darmela, si mise egli stesso in ginocchio e mi benedisse piangendo. Fu uno spettacolo che dovette far sorridere gli angeli, quel vegliardo il quale presentava al Signore la figlia ancora nella primavera della vita. Dopo qualche istante le porte dell'arca santa si chiusero dietro di me, e là ricevetti gli abbracci delle sorelle care le quali mi erano state mamme, e che da allora in poi avrei prese come modelli per le mie azioni. Finalmente i miei desideri erano compiuti, l'anima mia provava una pace così dolce e profonda che mi sarebbe impossibile esprimerla, e da sette anni e mezzo questa pace mi è rimasta, non mi ha abbandonata in mezzo alle prove più serie"[112].

"Come tutte le postulanti, appena entrata fui condotta in coro: era nella penombra, a causa del Santissimo esposto e quello che mi colpì come prima cosa furono gli occhi della nostra santa Madre Genoveffa che si fissarono su di me; rimasi per un attimo in ginocchio ai piedi di lei, ringraziando il buon Dio del favore che mi concedeva di conoscere una santa, e poi seguii Madre Maria Gonzaga nei diversi ambienti del monastero: tutto mi pareva incantevole, mi credevo trasportata in un deserto, soprattutto la nostra celletta mi affascinava, ma la gioia che provavo era calma; non un soffio, sia pur lieve, ondulava le acque sulle quali vogava la mia navicella, non c'erano nubi nel mio cielo limpido... Ah! ero pienamente ricompensata di tutte le mie prove. Con quale gioia profonda ripetevo queste parole: 'Per

---

[111]*Ib.*, 192.
[112]*Ib.*, 193.

sempre, sono qui per sempre!...' "[113].

"Felicità non effimera, che non sarebbe svanita con 'le illusioni dei primi giorni'. Le illusioni... Dio mi ha fatto la grazia di non averne *nessuna* entrando nel Carmelo; ho trovato la vita religiosa *tale e quale* me l'ero figurata, nessun sacrificio mi ha meravigliata, eppure, Madre mia cara, lei lo sa, i miei primi passi hanno incontrato più spine che rose! Sì, la sofferenza mi ha teso le braccia, e mi ci sono gettata con amore.

Quello che venivo a fare nel Carmelo, lo dichiarai ai Piedi di Gesù Ostia, nell'esame che precedette la mia professione: 'Sono venuta per salvare le anime, e soprattutto a pregare per i sacerdoti'. Quando si vuole conseguire uno scopo, occorre prendere i mezzi adeguati: Gesù mi fece capire che voleva darmi delle anime per mezzo della croce e la mia attrattiva per il dolore crebbe in proporzione con la sofferenza. Per cinque anni quella fu la mia strada; ma al di fuori niente rivelava il mio patire, tanto più doloroso in quanto lo conoscevo io sola. Ah quali sorprese avremo, alla fine del mondo, leggendo la storia delle anime! Quanti stupiranno vedendo per quale via è stata condotta l'anima mia!"[114].

3. Teresa avrebbe dovuto fare la vestizione religiosa nell'ottobre del 1888. Ma a motivo della malattia del padre venne rimandata al 10 gennaio 1889[115].

"L'attesa era stata lunga, ma pure che bella festa! Niente mancò, niente, nemmeno la neve... Non so se le ho già parlato del mio amore per la neve? Quand'ero molto piccola, il suo candore mi rapiva; uno dei piaceri più grandi era passeggiare sotto i fiocchi bianchi. Donde mi veniva quel gusto della neve? Forse dal fatto che, essendo io un fiorellino d'inverno, il primo splendore della natura che videro i miei occhi dovette essere il suo

<hr>

[113]*Ib.*, 194.

[114]*Ib.*, 195.

[115]Suor Agnese di Gesù, in *Testimoni di Teresa di Gesù Bambino*, p. 37.

manto bianco.

Avevo sempre desiderato che nel giorno della mia vestizione la natura fosse, come me, vestita di bianco.

Il giorno prima guardavo tristemente il cielo grigio dal quale sfuggiva ogni tanto un pò di pioggia fine, e la temperatura era così mite che non speravo più la neve. Il mattino dopo, il cielo non era cambiato; tuttavia la festa fu incantevole, e il fiore più bello fu il mio caro Re. Mai era stato più bello, più degno. Formò l'ammirazione di tutti, quel giorno fu il suo trionfo, l'ultima sua festa quaggiù.

Aveva dato tutti i suoi figli al buon Dio, poiché avendogli anche Celina confidato la propria vocazione, lui aveva pianto di gioia, ed era andato a ringraziare Colui che 'gli faceva l'onore di prendere tutte le sue figlie' "[116].

4. "In tal modo passò il tempo del mio fidanzamento: fu ben lungo per la povera Teresa!

Alla fine del mio anno di noviziato Nostra Madre mi disse di non chiedere la professione, ché certamente il Superiore respingerebbe la mia istanza, dovetti attendere ancora otto mesi...

Al primo momento mi fu ben difficile accogliere quel grande sacrificio, ma ben presto la luce mi si fece nell'anima; meditavo allora i 'Fondamenti della vita spirituale' del Padre Surin; un giorno, durante l'orazione, capii che il mio desiderio vivo di far professione era mescolato con un grande amor proprio; poiché mi ero data a Gesù per fargli piacere, consolarlo, non dovevo obbligarlo a fare la mia volontà invece della sua; capii allora che una fidanzata dev'essere ornata nel giorno delle nozze, e che io non avevo fatto nulla a questo scopo, allora dissi a Gesù: 'Oh Dio mio! non vi chiedo di pronunciare i miei santi voti, attenderò quanto vorrete voi, soltanto non voglio che per colpa mia

[116] *Storia di un'Anima*, 203.

la mia unione con voi sia differita, perciò mi metterò con tutto l'impegno a prepararmi una bella veste ricca di gemme; quando la troverete abbastanza ornata, sono sicura che nessuna creatura vi impedirà di scendere verso di me per unirmi con voi per sempre, oh mio Amato!' "[117].

"La Santa Vergine mi aiutava a preparare la veste dell'anima mia; appena fu compiuta, gli ostacoli svanirono da sé. Monsignor Vescovo mi mandò il permesso che avevo chiesto, la comunità mi ricevette e la mia professione fu fissata all'8 settembre"[118].

"Il mio ritiro di professione fu, dunque, come tutti quelli successivi, aridissimo; tuttavia il buon Dio mi mostrava chiaramente, senza che io me n'accorgessi, il mezzo per piacergli, e praticare le virtù più sublimi. Ho notato varie volte che Gesù non vuole darmi provviste, mi sostiene minuto per minuto, con un nutrimento affatto nuovo, lo trovo in me senza sapere come ci sia. Credo semplicemente che sia Gesù stesso nascosto in fondo al mio povero cuore che mi fa grazia di agire in me e mi fa pensare tutto quello che vuole ch'io faccia nel momento presente"[119].

"Finalmente il giorno bello delle mie nozze arrivò, fu senza nubi, ma il giorno avanti si alzò nell'anima mia una tempesta come non ne avevo mai viste.

Non mi era ancora mai venuto un solo dubbio sulla mia vocazione, bisognava che conoscessi questa prova. La sera, facendo la Via Crucis dopo mattutino, la mia vocazione mi apparve come un sogno, una chimera...

Trovavo bellissima la vita del Carmelo, ma il demonio m'ispirava la sicurezza che non era fatta per me, che avevo ingannato le superiore procedendo in una strada alla quale non ero

---

[117] *Ib.*, 208.
[118] *Ib.*, 213.
[119] *Ib.*, 216.

chiamata. Le mie tenebre erano così grandi che vedevo e capivo una cosa sola: non avevo la vocazione!... Ah come descrivere l'angoscia dell'anima mia? Mi pareva (cosa assurda, che dimostra come quella tentazione fosse dal demonio) che se avessi detto le mie paure alla Maestra, questa mi avrebbe impedito di pronunziare i santi voti; tuttavia volevo fare la volontà di Dio e ritornare nel mondo piuttosto che restare nel Carmelo facendo la mia; feci dunque uscire la mia Maestra e piena di confusione le dissi lo stato della mia anima...

Fortunatamente vide più chiaro di me e mi rassicurò completamente; d'altra parte, l'atto di umiltà che avevo fatto aveva messo in fuga il demonio, il quale pensava forse ch'io non avrei osato confessare la tentazione. Appena ebbi finito di parlare i dubbi scomparvero; per rendere più completo il mio atto di umiltà, volli ancora confidare la mia strana tentazione a Nostra Madre, la quale si contentò di ridere di me"[120].

5. "L'11 gennaio 1890, dopo un anno e un giorno di noviziato, all'età di diciassette anni, avrebbe potuto essere ammessa alla professione. Ma la madre priora, prevedendo che il superiore si sarebbe opposto per la sua giovane età, le disse che si sarebbe rinviata.

Io ero con la nostra madre priora quando le si comunicò il rifiuto, che io stessa condivisi. Ne ebbe un profondo dispiacere, ma presto comprese, durante l'orazione, che tale ritardo era voluto da Dio"[121]. A quell'epoca mi confidò quanto affidò più tardi al manoscritto della sua vita: «Ho capito che il mio così vivo desiderio di fare professione era mescolato ad un grande amor proprio.

Fa la professione l'8 settembre del 1890.

"La mattina dell'8 settembre mi sentii inondata da un fiume di pace e in questa pace 'che superava ogni sentimento' pro-

---

[120]*Ib.*, 217.

[121]SUOR AGNESE DI GESÙ, in *Testimoni di Teresa di Gesù Bambino*, p. 37.

nunciai i miei santi voti.

La mia unione con Gesù ebbe luogo non in mezzo a folgori e lampi, cioè tra grazie straordinarie, ma nel soffio di un vento lieve simile a quello che sentì sulla montagna il nostro padre Sant'Elia.

Quante grazie chiesi quel giorno! Mi sentivo veramente la Regina, profittavo del mio titolo per liberare i prigionieri, ottenere i favori del Re verso i suoi sudditi ingrati, infine volevo liberare tutte le anime del Purgatorio e convertire i peccatori.

Ho pregato molto per la mia Madre, per le mie Sorelle care, per tutta la famiglia, ma soprattutto per il mio Babbo, tanto provato e così santo. Mi sono offerta a Gesù affinché Egli compia perfettamente in me la sua volontà senza che mai le creature vi pongano ostacolo"[122].

5. Nella vita del Monastero

1. Nel 1893 sua sorella Paolina (suor Agnese di Gesù) fu eletta Priora.

In quell'occasione Teresa venne nominata collaboratrice di madre Maria Gonzaga, destinata alla formazione delle novizie.

2. Il 29 luglio 1894 moriva il padre dopo una dolorosa malattia mentale.

"Ricordo che nel giugno 1888, nel momento delle nostre prime prove, dicevo: 'Soffro molto, ma sento che posso sopportare prove più grandi'. Non pensavo allora a quelle che mi erano riservate. Non sapevo che il 12 febbraio, un mese dopo la mia vestizione, il nostro Babbo amato avrebbe bevuto alla coppa più amara e più umiliante.

Ah, quel giorno non ho detto che avrei potuto soffrire di più! Le parole non riescono ad esprimere le nostre angosce, per-

---

[122] *Storia di un'Anima*, 218.

ciò non cercherò di descriverle. Un giorno, in Cielo, ci piacerà di parlare delle nostre prove gloriose, non siamo già felici per averle sofferte? Sì, i tre anni del martirio di Papà mi sembrano i più amabili, i più fruttuosi di tutta la nostra vita, io non li darei per tutte le estasi e le rivelazioni dei Santi, il cuore mio trabocca di gratitudine pensando a quel tesoro inestimabile che deve causare una santa invidia agli Angeli della corte celeste"[123].

3. Due mesi più tardi, era ammessa al Carmelo la sorella Celina, con il nome di suor Genoveffa del Santo Volto.

Vi sono delle difficoltà per l'ingresso di Celina in monastero. Sarebbe stata la quarta sorella. Si temevano che facessero gruppo e influissero non poco sull'andamento della comunità.

"Un giorno in cui le difficoltà parevano insuperabili, dissi a Gesù durante il ringraziamento: 'Voi sapete, Dio mio, quanto desidero conoscere se Papà è andato direttamente in Cielo, io non vi chiedo di parlarmi, ma datemi un segno. Se suor A.d.G. consente che Celina entri nel Carmelo, o almeno non pone ostacoli, sarà la risposta che Papà è andato difilato da voi'. Quella consorella, lei lo sa, Madre mia cara, trovava che eravamo già troppe noi tre, e per conseguenza non voleva ammetterne un'altra, ma Dio, che tiene in mano sua il cuore delle creature e l'orienta come vuole lui, cambiò le disposizioni di questa religiosa; fu proprio la prima persona che incontrai dopo il ringraziamento: mi chiamò con tono amabile, mi disse di salire da lei, e mi parlò di Celina con le lacrime agli occhi.

Ah quante ragioni ho di ringraziare Gesù che seppe colmare tutti i miei desideri"[124].

4. Alla fine del 1894, madre Agnese di Gesù ordina a Teresa di scrivere i propri ricordi d'infanzia.

Il 9 giugno dell'anno seguente si offre come vittima all'A-

---

[123] *Ib.*, 206.
[124] *Ib.*, 234.

more misericordioso.

"Quest'anno, il 9 giugno, festa della santissima Trinità, ho ricevuto la grazia di capire più che mai quanto Gesù desideri d'essere amato.

Pensavo alle anime che si offrono come vittime alla giustizia di Dio al fine di stornare e attirare sopra se stesse i castighi riservati ai colpevoli, questa offerta mi pareva grande e generosa, ma ero lungi dal sentirmi portata a farla. 'Oh Dio mio! – dissi dal profondo del cuore – soltanto la vostra giustizia riceverà anime le quali s'immolino come vittime? Il vostro Amore misericordioso non ne ha bisogno anche lui?... Da ogni parte è misconosciuto, respinto; i cuori ai quali voi desiderate prodigarlo si volgono verso le creature chiedendo ad esse la felicità col loro miserabile affetto, invece di gettarsi tra le vostre braccia e di accettare il vostro amore infinito. Oh Dio mio! il vostro amore disprezzato resterà dentro il vostro cuore? Mi pare che se voi trovaste anime che si offrissero come vittime di olocausto al vostro amore, voi le consumereste rapidamente, mi pare che sareste felice di non comprimere le onde d'infinita tenerezza che sono in voi. Se alla vostra giustizia piace di scaricarsi, lei che si estende soltanto sulla terra, quanto più il vostro amore misericordioso desidera incendiare le anime, poiché la vostra misericordia s'innalza fino ai cieli? o Gesù mio! che sia io questa vittima felice, consumate il vostro olocausto col fuoco del vostro amore divino!...'.

Madre cara, lei che mi ha permesso di offrirmi così al buon Dio, lei sa quali fiumi, o piuttosto quali oceani di grazie, inondarono l'anima mia... Ah da quel giorno felice mi pare che l'amore mi compenetri e mi avvolga, mi pare che, ad ogni istante, questo amore misericordioso mi rinnovi, purifichi l'anima mia e non lasci alcuna traccia di peccato, perciò non posso temere il purgatorio... So che per me stessa non meriterei nemmeno di entrare in quel luogo di espiazione, poiché soltanto le anime sante possono trovare adito ad esso, ma so altresì che il fuoco dell'amore è più santificante di quello del Purgatorio, so che Gesù non può desiderare per noi sofferenze inutili, e che egli non m'ispirerebbe i desideri che sento, se non volesse colmarli...

Oh com'è dolce la via dell'amore! Come mi voglio dedicare a far sempre, col più grande abbandono, la volontà del Signore!"[125].

5. Un mese più tardi, nel fare la Via Crucis, ricevette la grazia della ferita d'amore.

Lo rivela alla sorella Madre Agnese il 7 luglio 1897: "Le chiesi di raccontarmi ancora ciò che le era successo dopo la sua offerta all'Amore. Mi disse dapprima: 'Mia piccola Madre, gliel'ho confidato il giorno stesso, ma lei non ci ha fatto caso.

(In effetti avevo avuto l'aria di non attribuirvi alcuna importanza).

Ebbene, stavo cominciando la mia Via Crucis ed ecco che improvvisamente sono stata presa da *un così violento amore per il buon Dio*, che non posso spiegare ciò se non dicendo che era come se mi avessero immersa completamente nel fuoco. Oh, che fuoco e che dolcezza insieme! Bruciavo d'amore e sentivo che non avrei potuto sopportare questo ardore un minuto, un secondo di più, senza morire. Allora ho capito ciò che i santi dicono di questi stati che loro hanno sperimentato tanto spesso.

Per me, io non l'ho provato che una volta e per un solo istante, poi sono ripiombata subito nella mia abituale aridità.

(Un po' più tardi): Dall'età di quattordici anni avevo ben provato degli impeti l'amore; ah, come amavo il buon Dio! Ma non era assolutamente come dopo la mia offerta all'Amore, non era una vera fiamma che mi bruciava"[126].

---

[125] *Ib.*, 238.
[126] *Novissima verba*, 7.7.1897.

6. Verso la fine

1. Durante la quaresima del 1896 Teresa osserva il digiuno e si ammala gravemente. Compaiono evidenti i segni della tubercolosi. Ha il viso arrossato dalla febbre, non ha appetito, ha una spossatezza che le permette appena di stare in piedi.

Nella notte del giovedì santo, il 2 aprile 1896, Teresa ebbe il primo sbocco di sangue. Inizia così il suo lungo martirio.

"L'anno scorso il Signore mi ha concesso la consolazione di osservare il digiuno di quaresima in tutto il suo rigore. Non mi ero sentita mai così forte, e questa forza si mantenne fino a Pasqua. Tuttavia, il giorno del Venerdì santo, Gesù volle darmi la speranza di andare ben presto a vederlo in Cielo. Com'è dolce questo ricordo! Dopo essere rimasta al sepolcro fino a mezzanotte, rientrai nella nostra cella, ma avevo appena posato la testa sul cuscino che sentii un fiotto salire, salire quasi bollendo fino alle mie labbra. Non sapevo cosa fosse, ma pensai che forse morivo, e l'anima era colma di gioia...

Tuttavia, la lampada era spenta, dissi a me stessa che dovevo aspettare fino al mattino per assicurarmi della mia felicità, perché mi pareva sangue quello che avevo vomitato. La mattina non si fece attendere molto, svegliandomi pensai subito che avrei avuto una notizia allegra, mi avvicinai alla finestra, costatai che non mi ero ingannata. L'anima mia fu piena di una consolazione grande, ero persuasa intimamente che Gesù nel giorno commemorativo della sua morte volesse farmi udire il primo richiamo. Era come un dolce murmure lontano che mi annunciasse l'arrivo dello Sposo... Con immenso fervore assistei a Prima e al capitolo del perdono. Avevo fretta di veder giungere il mio turno per confidarle, chiedendole perdono, Madre mia cara, la mia speranza e la mia felicità; ma aggiunsi che non soffrivo affatto (cosa verissima), e la supplicai di non concedermi alcunché di particolare. Realmente ebbi la consolazione di passare la giornata del Venerdì santo come desideravo. Mai le austerità del Carmelo mi erano sembrate così deliziose, la speranza di andare al Cielo mi faceva esultare di letizia. Quando arrivò la sera di quel giorno felice, bisognò riposarsi, ma, come la notte precedente, Gesù misericordioso mi dette lo stesso segno che il mio ingresso nella vita eterna non era lontano..."[127].

2. Il 3 giugno 1897 la nuova Madre priora, suor Maria Gonzaga, le ordina di portare a termine il suo manoscritto autobiografico.

Cinque giorni dopo Teresa lascia la propria cella e viene trasferita all'infermeria.

In monastero si fa celebrare una novena di Messe per lei.

Scrive: "La nostra buona Madre vorrebbe trattenermi sulla terra; in questo momento si fa per me una novena di Messe a Nostra Signora delle Vittorie. Essa mi ha già guarito nella mia infanzia, ma credo che l'unico miracolo che farà, sarà quello di consolare la Madre che mi ama tanto teneramente"[128].

Il 30 luglio riceve l'estrema unzione e il 19 agosto fa per l'ultima volta la Santa Comunione.

Verso le sette di sera del 30 settembre 1897 esala l'ultimo respiro in un'estasi d'amore.

3. Ecco la relazione della morte fatta dalla sorella Madre Agnese: "Verso le tre del pomeriggio, mise le braccia in croce. La Madre Priora le posò sulle ginocchia una immagine di Nostra Signora del Monte Carmelo.

Lei la guardò un istante: "Oh Madre mia, mi presenti subito alla Vergine Santa, Mi prepari a morir bene".

Nostra Madre le rispose che la sua preparazione era fatta, avendo sempre compreso e praticato l'umiltà. Rifletté un istante e pronunciò umilmente queste parole:

---

[127] *Storia di un'Anima*, 275.
[128] *Lettera* 216, a don Bellière, 9 giugno 1897.

"Tutto quello che ho scritto sui miei desideri di sofferenza. Oh, è ben vero! ... E non mi pento di essermi consegnata all'Amore".

Con insistenza: "Oh, no, non me ne pento, al contrario!"

Un pò più tardi:

"Mai avrei creduto che fosse possibile soffrire tanto! Mai! Mai! Non posso spiegarmelo se non con gli ardenti desideri che ho avuto di salvare anime".

Verso le 5, ero sola presso di lei. Il suo viso cambiò improvvisamente, capii che era l'ultima agonia.

Quando la Comunità entrò nell'infermeria, ella accolse tutte le sorelle con un dolce sorriso. Stringeva il suo Crocifisso e lo guardava continuamente.

Un terribile rantolo lacerò il suo petto per più di due ore. Il suo viso era congestionato, le mani violacee, aveva i piedi ghiacciati e tremava in tutte le sue membra. Un sudore abbondante imperlava di enormi gocce la sua fronte e grondava sulle sue gote. Era in un'oppressione sempre crescente e lanciava talvolta per respirare dei piccoli gridi involontari.

Durante questo tempo così colmo di angoscia per noi, si sentiva dalla finestra – e ne soffrivo molto – tutto un canto di pettirossi e di altri uccellini; ma così forte, così vicino e così a lungo! Pregavo il buon Dio di farli tacere, quel concerto mi straziava il cuore e avevo paura che affaticasse la nostra povera piccola Teresa.

Ad un certo momento sembrava avere la bocca così riarsa che Suor Genoveffa, pensando di darle sollievo, le pose sulle labbra un pezzetto di ghiaccio. Lo accettò facendole un sorriso che non dimenticherò mai. Era come un supremo addio. Alle 6, quando suonò l'Angelus, guardò a lungo la statua della Santa Vergine.

Infine, alle 7 e qualche minuto, avendo Nostra Madre congedato la comunità, ella sospirò:

"Madre mia! Non è ancora l'agonia? ... Non morirò?...".

– Sì, mia povera piccola, è l'agonia, ma il buon Dio vuole forse prolungarla di qualche ora.

Ella riprese con coraggio:

"Ebbene!... sù!,.. sù!...

Oh! non vorrei soffrire meno a lungo...".

E guardando il suo Crocifisso:

"Oh! lo amo! ...

Mio Dio.., ti amo! ...".

Improvvisamente, dopo aver pronunciato queste parole, cadde piano all'indietro, la testa reclinata a destra. Nostra Madre fece suonare subito la campana dell'infermeria per richiamare la Comunità. Disse nello stesso tempo: «Aprite tutte le porte». Questa parola aveva qualcosa di solenne e mi fece pensare che in Cielo anche il buon Dio la diceva ai suoi angeli.

Le sorelle ebbero il tempo di inginocchiarsi attorno al letto e furono testimoni dell'estasi della piccola santa morente. Il suo viso aveva ripreso il colore del giglio che aveva in piena salute, i suoi occhi erano fissi in alto e brillavano di pace e di gioia. Ella faceva certi bei movimenti con il capo, come se Qualcuno l'avesse divinamente ferita con una freccia d'amore, e poi ritirato la freccia per ferirla ancora...

Suor Maria dell'Eucaristia si accostò con una fiaccola per vedere più da vicino il suo sublime sguardo. Alla luce di quella fiaccola non apparve alcun movimento delle sue palpebre. Questa estasi durò circa lo spazio di un Credo, ed ella rese l'ultimo respiro.

Dopo la morte, conservò un celeste sorriso. Era di un'incantevole bellezza. Teneva così forte il suo Crocifisso che per seppellirla bisognò strapparlo dalle sue mani. Suor Maria del Sacro Cuore ed io abbiamo compiuto questo ufficio con Suor Amata di Gesù, e abbiamo notato allora che ella non dimostrava più di dodici o tredici anni.

Le sue membra restarono morbide fino alla sua inumazione, il lunedì 4 ottobre 1897"[129].

4. Esattamente l'anno dopo, il 30 settembre, viene pubblicata la prima edizione della *Storia di un'Anima*. Ha inizio quello che verrà definito «un uragano di gloria» nel mondo intero. I miracoli si succedono in maniera impressionante. Inizia la pioggia di rose annunciata dalla stessa santa prima di morire. Al termine dei previsti processi diocesano e apostolico, papa Pio XI la proclama beata il 29 marzo 1923. La nomina patrona universale delle missioni il 30 aprile dello stesso anno e la canonizza solennemente il 17 marzo 1925.

Il 19 ottobre 1997 Giovanni Paolo II la dichiara Dottore della Chiesa universale. È la più giovane tra i Dottori della Chiesa.

La sua festa, estesa all'intera Chiesa, viene celebrata tutti gli anni il 1° di ottobre.

---

[129] *Novissima verba*, 30.9.1897.

Capo IV

La centralità di Gesù nella vita di Santa Teresa

1. Il clima famigliare

1. La centralità di Gesù nella vita di Santa Teresa è il frutto più bello della santità di vita dei suoi genitori e del clima autenticamente cristiano che si respirava in quella famiglia.

I primi ad avere Cristo al centro erano i suoi amati genitori.

Ogni sera dopo cena il papà leggeva alle figlie la vita del santo del giorno dopo. Questa lettura era accompagnata da una pratica, che come una specie di *operatio* della lectio divina aveva l'obiettivo di portare il Vangelo nella propria vita.

In tal modo ognuno dei componenti della famiglia era preso da un desiderio di salire sempre più in alto, compiendo quasi una gara nella santità.

Giovanni Paolo II nell'enciclica programmatoria del suo pontificato *Redemptor hominis* inizia dicendo che "il Redentore dell'uomo, Gesù Cristo, è il centro del cosmo e della storia" (RH 1).

Si può dire che Gesù Cristo già da tempo era diventato il centro della vita di queste ragazze e del loro santo genitore.

"La pedagogia della santità" di cui il medesimo Papa avrebbe parlato nella lettera apostolica *Novo Millennio ineunte*[130] era ampiamente praticata in casa Martin.

2. Gesù diventa ancor più il centro della vita della piccola Teresa in occasione della prima Comunione della sorella Celina e poi ancor più della sua.

Nella Diocesi di Bayeux-Lisieux, quella in cui abitava la famiglia Martin, il Sinodo del 1875 aveva determinato che i bambini fossero assunti alla prima Comunione a dieci anni compiuti al 1 gennaio.

Per Teresa, che era nata il 2 gennaio, questa determinazione costò un'attesa di quindici mesi.

Vedere gli altri componenti della famiglia accedere tutti al banchetto sacro e lei vedersi esclusa era motivo di autentica sofferenza.

Al processo diocesano la sorella Maria dirà: "Un giorno incontrammo Monsignor Hugonin che si recava alla stazione: 'Oh! Maria – mi disse Teresa – vuoi che vada a domandargli il permesso di fare la prima Comunione?'. Feci fatica a trattenerla. Quando le dicevo che, ai primi tempi del cristianesimo, i bambini ricevevano la Santa Eucaristia subito dopo il Battesimo, era presa da grande meraviglia: 'Perché dunque ora non è più così?'.

A Natale, vedendoci andare a Messa di mezzanotte e lei restare a casa perché era troppo piccola, mi diceva: 'Se tu volessi portarmi con te, andrei a fare la Comunione anch'io, scivolerei

---

[130]La lettera apostolica è del 6 gennaio 2001. Al n. 32 parla della pedagogia della santità.

in mezzo agli altri e non se ne accorgerebbe nessuno. Posso far-lo?' Ed era molto triste quando le dicevo che era impossibile"[131].

2. La lunga preparazione alla Prima Comunione

1. Questo desiderio crebbe quando Celina, la sorella imme-diatamente più grande di lei, si preparò alla prima Comunione. Teresa lo visse come se lei stessa fosse assunta alla Comunione.

"Non mi trovavo ancora all'Abbazia perché avevo appena sette anni, ma ho conservato nel cuore il ricordo dolcissimo del-la preparazione che lei, Madre cara, aveva fatto fare a Celina; sera per sera la prendeva sulle ginocchia e le parlava del grande atto che stava per compiere; io ascoltavo avida di prepararmi an-ch'io, ma spesso lei mi diceva di andarmene perché ero troppo piccina, allora il cuore mi si gonfiava e io pensavo che non erano troppi quattro anni per prepararsi a ricevere il buon Dio...

Una sera la intesi che diceva: 'Dopo la prima Comunione bisogna cominciare una nuova vita'. Subito presi la risoluzio-ne di non attendere quel giorno, ma di rinnovarmi insieme a Celina. (...).

Il giorno della prima Comunione di Celina mi lasciò una impressione quasi fosse la mia; la mattina, svegliandomi da sola, mi sentii *inondata di gioia*: 'É oggi!' non mi stancavo di ripe-tere queste parole. Mi pareva d'essere io a far la prima Comu-nione. Credo d'aver ricevuto grandi grazie in quel giorno, e lo considero come *uno dei più belli della vita*"[132].

2. Da sola intuisce la grandezza dell'evento della Prima Comunione tanto da dover riconoscere che "non erano troppi quattro anni per prepararsi".

---

[131]*Processo Diocesano* 211, Suor Maria...
[132]*Storia di un'Anima*, 81.

Allora decise di non aspettare e di cominciare subito.

Paolina, che era stata per lei come la seconda mamma e che ora si trovava in Monastero, comincia a prepararla.

Già nel novembre del 1882 le scrive: "*Ciò che io domando a Teresa è di cercare ogni giorno tutti i mezzi di far piacere a Gesù Bambino, e perciò di offrirgli tutti i fiori che trova sulla strada!*

Addio, mio piccolo Beniamino, sì, cogli tutti questi piccoli fiori misteriosi di cui abbiamo parlato tante volte; *sono fiori che non appassiranno come i fiori della terra, ma saranno conservati dagli Angeli per profumare i giardini del cielo e formare un giorno la tua corona*"[133].

E così scrivendo alla Priora Madre Maria di Gonzaga nel novembre – dicembre 1882 dice: "Bisogna che le faccia la mia confessione.

Da qualche tempo rispondo sempre quando Maria mi dice di fare qualcosa... ma voglio correggermi e (al posto di ogni difetto) mettere un grazioso fiorellino che offrirò al piccolo Gesù per prepararmi alla mia prima Comunione...

Oh sì, quel bel momento verrà molto presto e come sarò felice, quando il piccolo Gesù verrà nel mio cuore, di avere tanti bei fiori da offrirgli"[134].

3. Il metodo che Paolina insegna a Teresa è uno solo: percorrere la strada dell'amore.

Anzi, dell'amore a Gesù Cristo in un crescendo continuo perché *in via Domini non progredi regredi est*. E che questo cammino si fa *gressibus amoris*.

Paolina raccomanda a Teresa non un atto di amore al giorno, ma un cesto, un *bouquet*[135].

---

[133] *Correspondance générale de sainte Thérèse de l'Enfant-Jésus e de la Sainte Face*, LC 4.

[134] Santa Teresa di Gesù bambino e del volto santo, *Opere complete*, Lettera 9.

[135] Cfr. *Correspondance générale de sainte Thérèse de l'Enfant-Jésus e de la*

E soprattutto di cogliere questi fiori "nel bel giardino della dolcezza"[136], vale a dire nella pazienza carica d'amore, in quella pazienza che secondo il dire dell'Eterno Padre a Santa Caterina da Siena è il midollo della carità, l'essenza della santità.

"Sono fiori molto belli e profumati quelli che sbocciano nel giardino della preghiera"[137].

Il metodo insegnato da Paolina si imprimerà fortemente nell'animo di Teresa tanto che a distanza di anni scriverà: "Si ricorda, Madre diletta, dell'incantevole libretto che mi aveva fatto tre mesi prima della mia prima Comunione?...

Fu quello che mi *aiutò a preparare il mio cuore in modo continuato e rapido*, perché, se da tanto tempo lo preparavo già, bisognava pur dargli un nuovo slancio, riempirlo di fiori nuovi affinché Gesù potesse riposarvi volentieri.

Ogni giorno facevo un gran numero di pratiche che formavano altrettanti fiori; facevo un numero ancora più grande di aspirazioni che lei aveva scritte sul libretto per ogni giorno e quegli atti d'amore formavano (i boccioli) il profumo dei fiori[138].

Sainte Face, LC 8.

[136] *Ib.*

[137] *Ib.*

[138] Ecco alcune di queste preghiere:

«*Preghiera al Bambino Gesù*: 'Mio piccolo Gesù, ecco che io comincio a prepararmi seriamente al grande giorno della mia Prima Comunione. Vorrei fare della mia anima un piccolo giardino di delizie, nel quale non manchi nulla, come nei giardini celesti. Voglio che il mio sia così bello, ma così bello, che Tu non pensi mai ad andartene per rientrare in Paradiso... Ma, o caro piccolo Gesù! Aiutami, sento che non posso far nulla senza il soccorso delle tue piccole mani benedette. Così sia' ».

«*Preghiera alla S. Vergine*: 'O Madre mia amatissima, dedico a te questo piccolo quadernetto, o meglio: ti affido il piccolo giardino del mio cuore! Che il Bambino Gesù, l'8 maggio, non ci trovi altro che fiori profumati, e il nido del mio amore di bambina, per sostituire la fredda grotta di Betlemme' ».

«*Preghiera a S. Giuseppe*: 'Non piangere più, mio buon San Giuseppe, l'ho trovata io una dimora per il tuo piccolino: non è più il tempo della paglia e del freddo, non più la stalla... Gesù nascerà nel mio piccolo cuore in mezzo a

Ogni settimana lei mi scriveva una bella letterina, che mi riempiva l'anima di pensieri profondi e mi aiutava a praticare la virtù"[139].

4. A casa "Maria sostituiva Paolina per me: mi sedevo in grembo a lei e ascoltavo avidamente ciò che mi diceva, mi pare che tutto il cuore di lei, tanto grande, tanto generoso, si versasse in me.

Come i guerrieri illustri insegnano ai loro figli il mestiere delle armi, così Maria mi parlava dei combattimenti della vita e della palma riservata ai vittoriosi.

E ancora mi parlava delle ricchezze immortali che è facile ammassare ogni giorno, e della sciagura che è passare senz'allungare la mano per cogliere quei tesori, poi m'indicava il modo per essere santa per mezzo della fedeltà alle cose minime; mi dette il foglietto 'Della rinuncia'[140] che io meditavo con delizia.

Com'era eloquente, la mia Madrina cara! Avrei voluto non essere sola per ascoltare i suoi insegnamenti profondi, mi sentivo così commossa da credere, nella mia ingenuità, che i più grandi peccatori si sarebbero commossi come me e che, abbandonando le ricchezze caduche, avrebbero cercato soltanto quelle del Cielo"[141].

5. Ed ecco ancora qualche stralcio delle lettere che ogni settimana Paolina mandava a Teresa:

gigli e rose! Oh, benedici e realizza il mio sogno di bambina!...' ».

«*Preghiera all'Angelo custode*: 'Angelo buono, sii tu il mio giardiniere! Io dono a te la mia piccola terra che occorre vangare, innaffiare, seminare. Io ti aiuterò, e tu dirigersi i lavori e io dirò dial a tutto! Così sia' ».

[139] *Storia di un'Anima*, 102.

[140] Il foglietto '*Della Rinuncia*' (o '*Massime dei Santi e che hanno fatto i Santi*') conteneva 38 massime per imparare a 'vincere se stessi', e le prime due erano: 'In generale sappiate rifiutare alla natura ciò che la natura vi domanda senza bisogno' e 'sappiate far donare alla natura ciò che essa rifiuterebbe senza ragione'.

[141] *Storia di un'Anima*, 103.

Lettera del 14 febbraio 1884:

"Quando penso che fra tre mesi Gesù verrà a riposarsi nel tuo piccolo cuore di bambina, nel cuore della mia Teresita!...

Bisogna, mia cara, non risparmiare niente per *fare della tua anima un piccolo cielo che il Bambino Gesù desideri abitare per sempre.*

Che sia già da ora questo dolce Bambino *il re*, l'amore *del tuo cuore.*

Che c'è sulla terra di più affascinante di Gesù! Gesù nella culla, Gesù il 29 maggio nel cuore di Teresita, che sonnecchia tra i fiori"[142].

Lettera del 21 febbraio 1884:

"Ti penso *sempre occupata a lavorare la piccola terra del tuo cuore.*

Tra poco inizieremo a piantare i fiori.

O mia Teresa, ma ci pensi? Tra appena tre mesi il piccolo Gesù verrà per la prima volta nel tuo cuore! E chi è questo piccolo Gesù? È lo stesso, sì lo stesso che la Santa Vergine ha tenuto tra le braccia, che Ella ha fasciato, deposto nella mangiatoia, cullato sulle sue ginocchia... E proprio Lui!...

O mia cara, *il giorno della prima comunione è il più bello della vita, un giorno di cielo.*

Ma per gustarne le infinite dolcezze, bisogna fare del proprio cuore un piccolo cuore d'angelo... Come sei fortunata!"[143].

Lettera del 28 febbraio:

"*Se il tuo giardino è ben fiorito*, se tutto è pronto, quando il grande giorno verrà, *stà sicura che Lui non verrà a mani vuote!*

Ah *se tu sapessi i tesori preziosi nascosti nella piccola Ostia di una prima Comunione ben preparata!*"[144].

6. Il giorno della prima Comunione viene fissato per l'8

---

[142] *Correspondance générale...* LC 21.

[143] *Ib.*, LC 22.

[144] *Ib.*, LC 23.

maggio 1884, lo stesso giorno in cui Paolina farà la sua professione religiosa al Carmelo.

A due giorni dalla Prima Comunione Paolina scrive ancora:
"Solo qualche ora ci separa ambedue dal Grande Giorno.

Ancora domani e poi Gesù verrà ad abitare l'aiuola fiorita della mia Teresita e la povera aiuola di Agnese...

Un ritiro di prima Comunione è in qualche modo simile a un ritiro di Professione: accadono una sola volta in vita, ed è dolce metterci tutto il cuore e tutti i pensieri (...).

Io mi raffiguro Gesù che finalmente apre la sua prigione d'amore...; vedo il Ciborio pieno di bianche ostie, e mi dico: tra queste piccole ostie ce n'è una per la mia Teresita! E, in questa piccola ostia, vedo con gli occhi dell'anima un bel Bambino dal sorriso ineffabile, dallo sguardo dolce, con le mani piene di grazie. E allora domando a questo bel Bambino il perché della sua presenza in quella bianca Ostia e sento una voce... che mi risponde: 'Sono il Gesù di Teresita, ho lasciato il cielo per visitare l'aiuola di fiori che ella mi prepara da tre mesi... Il cuore di Teresita diventerà il mio Cielo, e mi piacerà di più del trono d'oro e di pietre preziose che ho lassù... Non lo lascerò più...'.

Questo è quello che dice a me..., ma chissà cosa dirà a te...!

Piccola mia ascoltalo attentamente, perché parlerà proprio al tuo cuore..."[145].

7. "Il risultato di questa così attenta preparazione è rimasto segnato nel quadernetto di Teresa, dalle sue stesse mani.

Così sappiamo che dal 1 marzo fino al 7 maggio 1884, ella ha compiuto 1949 atti di virtù e ha ripetuto per 2773 volte le giaculatorie suggerite dalla sorella Carmelitana.

Le invocazioni, più utilizzate, sono: «Mio piccolo Gesù io ti amo» (50 volte); «Piccolo Gesù ti abbraccio» (50 volte); «Per te, o Gesù, tutti i pensieri del mio cuore» (50 volte); «Mio pic-

---

[145] *Ib.*, LC 31.

colo Gesù, ti amo sempre di più» (50 volte); «Piccolo Gesù, io darei per te tutto il mio sangue» (50 volte); «O Maria, prepara il mio cuore» (50 volte); «Maria, sii la regina del mio cuore» (50 volte); «Mio piccolo Gesù fa' che io sia sempre semplice e docile» (35 volte); «Mio piccolo Gesù fa' che io non sia più orgogliosa» (30 volte)..."[146].

3. La prima Comunione di Teresa

1. Come si è visto, la preparazione alla prima Comunione fu ben fatta.

Quei trattamenti di purificazione e di cosmesi cui furono sottoposte le ragazze tra le quali il re Assuero avrebbe scelto la sua sposa[147] e che tanti autori spirituali, come ad esempio Luigi di Granata, hanno visto come prefigurazione di ciò che si deve fare come preparazione della Santa Comunione, furono rivissuti alla perfezione da Teresa nel suo combattimento e nel suo impegno spirituale.

C'erano certi modi bruschi da eliminare e soprattutto c'erano ceste di atti amore di riempire per portarli a Gesù perché venisse a fissare in lei la sua dimora e divenisse così il Re del suo cuore.

Mancava solo la preparazione immediata. E questa fu attuata nel ritiro spirituale che fece dal 4 all'8 maggio 1884 nella cosiddetta Abbazia, nel monastero delle benedettine.

"I tre mesi di preparazione passarono rapidi, ben presto dovetti entrare in ritiro e per questo diventare collegiale interna, dormendo all'Abbazia.

---

[146] A. SICARI, *La teologia di Santa Teresa di Lisieux*, pp. 98-99.

[147] "Il momento di andare dal re giungeva per una fanciulla alla fine di dodici mesi, quando terminavano i giorni della preparazione. Il periodo della preparazione si svolgeva così: sei mesi per essere unta con olio di mirra e sei con spezie e unguenti femminili" (Est 2,12).

Non posso dire il ricordo dolce che mi ha lasciato quel ritiro; veramente, se ho molto sofferto in collegio, sono stata largamente compensata dalla felicità ineffabile di quei pochi giorni passati nell'attesa di Gesù.

Non credo che si possa gustare quella gioia fuori dalle comunità religiose; essendo poche le bambine, era facile occuparsi di ciascuna in particolare, e veramente le nostre maestre ci prodigavano in quel momento delle cure materne.

Si occupavano ancor più di me che delle altre, ogni sera la prima maestra veniva, con la sua lucernetta, ad abbracciarmi nel mio letto, mostrandomi grande affetto.

Una sera, commossa per la bontà di lei, le dissi che le avrei confidato un segreto, e tirando fuori misteriosamente il mio libretto prezioso che era sotto il guanciale, glielo mostrai con gli occhi che brillavano di gioia.

La mattina, trovavo bello di veder tutte le scolare che si alzavano appena sveglie, e di fare anch'io come loro, ma non ero abituata a vestirmi e sistemarmi da sola. Maria non era lì per farmi i riccioli, perciò ero costretta a presentare timidamente il mio pettine alla maestra della stanza ove ci si vestiva che rideva vedendo una figliolona di undici anni che non sapeva sbrogliarsi, tuttavia mi pettinava, ma non con la dolcezza di Maria, e io non osavo gridare, ciò che mi accadeva tutti i giorni sotto la mano delicata della mia madrina.

Ebbi modo di costatare, durante il ritiro, che ero una bambina carezzata e curata come ce ne sono poche sulla terra, soprattutto fra quelle rimaste prive di mamma!

Ogni giorno Maria e Leonia venivano a trovarmi con Papà, il quale mi colmava di pensierini cari, cosicché non soffersi per la privazione della famiglia, e niente oscurò il cielo bello del mio ritiro"[148].

"Ascoltavo con grande attenzione gli insegnamenti che ci

---

[148] *Storia di un'Anima*, 105.

dava il reverendo Don Domin, ed anche li riassumevo scrivendoli; riguardo ai miei pensieri non ne volli scrivere alcuno pensando che me li sarei ricordati bene, ciò che fu vero.

Era per me gran felicità di andare con le suore a tutte le funzioni; mi facevo notare in mezzo alle compagne per un grande crocifisso che Leonia mi aveva regalato, e che io passavo nella mia cintola come fanno i missionari; quel crocifisso suscitava ammirazione nelle buone religiose le quali pensavano che io, portandolo, volessi imitare la mia sorella carmelitana.

Era ben verso lei che sciamavano i miei pensieri, sapevo che la mia Paolina era in ritiro com'ero io, non già perché Gesù si desse a lei, bensì perché lei si dava a Gesù, perciò questa solitudine passata nell'attesa mi era doppiamente cara"[149].

"La vigilia del gran giorno ricevetti l'assoluzione per la seconda volta, *la mia confessione generale mi lasciò una grande pace nell'anima*, e il buon Dio permise che nessuna nube venisse a turbarla.

Nel pomeriggio chiesi perdono a tutta la famiglia che venne a trovarmi, ma riuscii a parlare soltanto con le lacrime, ero troppo commossa...

Paolina non c'era, tuttavia sentivo ch'era vicina a me col cuore; m'aveva mandato una bella immagine per mezzo di Maria, non mi stancavo d'ammirarla e farla ammirare da tutti"[150].

In quel tempo aveva scritto al Padre spirituale delle Carmelitane per raccomandarsi alle sue preghiere dicendogli anche che ben presto sarebbe stata carmelitana e che allora sarebbe stato pure il suo direttore.

Questi le rispose con una frase che la riempì di gioia: "'Domani salirò all'altare per lei e per la sua Paolina!'. Paolina e Teresa furono l'8 maggio più che mai unite, poiché Gesù pareva

---

[149] *Ib.*, 106.
[150] *Ib.*, 108.

le confondesse inondandole con le sue grazie..."[151].

2. Poi: "Il 'giorno bello tra tutti' arrivò finalmente. Quali ricordi intraducibili mi hanno lasciati nell'anima i particolari minimi di quella giornata di Cielo! Il risveglio gioioso dell'aurora, i baci rispettosi e teneri delle maestre e delle compagne grandi. La stanza piena di fiocchi di neve di cui ciascuna bimba veniva rivestita a turno.

Soprattutto l'entrata nella cappella e il canto mattinale dell'inno tanto bello 'oh santo Altare che gli Angeli circondano!'.

Ma non voglio entrare nei particolari, ci sono cose che perdono il loro profumo appena esposte all'aria, ci sono pensieri dell'anima che non si possono tradurre in linguaggio terreno senza perdere il loro senso intimo e celeste; sono come quella 'Pietra bianca che sarà data al vincitore, e sulla quale è scritto un nome che nessuno conosce se non colui che la riceve'. Ah, *come fu dolce il primo bacio di Gesù all'anima mia!*

Fu un bacio d'amore, mi sentivo amata, e dicevo anche: '*Vi amo, mi do a Voi per sempre*'.

Non ci furono domande, non lotte, non sacrifici; da lungo tempo Gesù e la povera piccola Teresa si erano guardati e si erano capiti...

Quel giorno *non era più uno sguardo, ma una fusione, non erano più due, Teresa era scomparsa come la goccia d'acqua nell'oceano.*

Gesù restava solo, era il padrone, il re.

Teresa gli aveva pur chiesto di toglierle la libertà, perché la libertà le faceva paura, lei si sentiva così debole, così fragile, che voleva unirsi per sempre alla Forza divina!

La sua gioia era troppo grande, troppo profonda perché lei potesse contenerla, lacrime deliziose la inondarono ben presto,

---

[151] *Ib.*

con grande stupore delle compagne le quali più tardi dicevano una all'altra: 'Perché ha pianto? Aveva qualche cosa che le dispiaceva?'. 'No, era piuttosto per non avere la Mamma con sé, o la sorella che lei ama tanto e che è carmelitana'. Non capivano che tutta la gioia del Cielo venendo in un cuore, questo cuore esiliato non poteva sopportarla senza spargere lacrime.

Oh no, *l'assenza di Mamma non mi dava dolore nel giorno della prima Comunione, non c'era forse il Cielo nell'anima mia?*

E Mamma non aveva lì il suo posto da gran tempo?

Non piangevo l'assenza di Paolina: senza dubbio sarei stata felice di vedermela accanto, ma da lungo tempo il mio sacrificio era accettato; in quel giorno, soltanto la gioia mi empiva il cuore, io mi univo a colei che si dava irrevocabilmente a Gesù: e Gesù si dava a me con tanto amore!"[152].

3. Tra le grazie che Teresa ricevette il giorno della sua prima comunione ve n'è una che non può essere dimenticata. Una grazia – si direbbe umanamente – strana e incomprensibile.

Lo si può capire solo alla luce della "fusione" avvenuta tra lei e Gesù. Teresa era scomparsa ed era rimasto solo Gesù.

Ora Gesù nel corso della sua vita aveva detto: "Ho un battesimo nel quale sarò battezzato, e come sono angosciato finché non sia compiuto!" (Lc 12,50).

Certo questo Battesimo lo sgomentava e tuttavia era venuto per questo: "Adesso l'anima mia è turbata; che cosa dirò? Padre, salvami da quest'ora? Ma proprio per questo sono giunto a quest'ora!" (Gv 12,27).

Santa Caterina da Siena dice che Gesù fin dal primo istante della sua esistenza aveva lo sguardo fisso sul Calvario e *correva verso la croce*, tale era il suo desiderio della gloria di Dio, dell'espiazione dei peccati, di ridonare agli uomini il Paradiso perduto, di colmarli dei meriti della sua passione.

---

[152] *Ib.,* 109.

Nessuno stupore che Teresa proprio dopo quella "fusione" abbia cominciato a sentire il desiderio della sofferenza[153].

4. Ma ecco che cosa Teresa ha scritto: "Il giorno dopo la comunione, mi tornarono in mente le parole di Maria[154]; *mi sentii in cuore un grande desiderio della sofferenza* e nello stesso tempo *ebbi l'intima certezza che Gesù mi riservava un gran numero di croci*.

Mi sentii inondata di consolazioni così grandi che le considero come una delle grazie più grandi della mia vita.

La sofferenza cominciò ad attirarmi, aveva un fascino che mi incantava pur non conoscendola bene.

Fino ad allora avevo sofferto senza amare la sofferenza: da quel giorno sentii per essa un vero amore. Sentivo anche il desiderio di amare soltanto il Buon Dio, di trovare gioia solo in Lui.

Spesso durante le mie comunioni, ripetevo queste parole dell'Imitazione: 'O Gesù! dolcezza ineffabile, cambia per me in amarezza tutte le consolazioni della terra!...'.

Questa preghiera mi usciva dalle labbra senza sforzo, senza costrizione, mi sembrava di ripeterla, non per mia volontà, ma come una bambina che ripete le parole che una persona amica le ispira"[155].

5. La forza di soffrire la ricevette dalla grazia ricevuta con il

---

[153]Qualcosa di simile sarebbe avvenuto anche in Giacinta di Fatima dopo aver ricevuto la santa Comunione dall'Angelo.
Lucia disse che dopo quella prima Comunione in Francesco avvenne un desiderio grande di "stare con Gesù nascosto" e in Giacinta di pregare e soffrire per la conversione dei peccatori e per il Papa.

[154]Teresa l'aveva ricordato così: "La vigilia di quei giorni felici Maria mi prendeva la sera sulle ginocchia e mi preparava come l'aveva fatto per la prima Comunione; ricordo una volta in cui mi parlò del dolore, dicendomi che forse non avrei camminato su quella via, ma che Dio mi avrebbe sempre portato come un bambino" (*Storia di un'Anima*, 112).

[155]*Ib.*, 113.

Sacramento della Confermazione.

"Poco tempo dopo la prima Comunione entrai nuovamente in ritiro per la Cresima.

Mi ero preparata con grande cura a ricevere la visita dello Spirito Santo, non capivo che non si desse grande importanza a ricevere questo sacramento d'Amore.

Comunemente si praticava un solo giorno di ritiro per la Cresima, ma poiché Monsignore non poté venire nel giorno stabilito, ebbi la consolazione di due giorni in solitudine. Per distrarci la nostra maestra ci condusse a Monte Cassino, e là colsi a piene mani le grandi margherite per la festa del Corpus Domini. Come era gioiosa l'anima mia!

A somiglianza degli apostoli attendevo con felicità la visita dello Spirito Santo.

Mi rallegravo al pensiero di essere ben presto perfetta cristiana, e soprattutto di avere sulla fronte eternamente la croce misteriosa che il Vescovo traccia dando il sacramento.

Finalmente arrivò il momento felice, non sentii un vento impetuoso nella discesa dello Spirito Santo, ma piuttosto quella brezza lieve, della quale il profeta Elia intese il murmure sul monte Horeb.

In quel giorno ricevetti la forza per soffrire, perché ben presto il martirio dell'anima mia doveva cominciare"[156].

Di quei giorni Celina lascerà questa testimonianza: "I giorni che precedettero (la Cresima) si sono particolarmente impressi nella mia memoria. Teresa, ordinariamente così calma, non era più la stessa: una sorta di entusiasmo, di ebbrezza, trasparivano all'esterno.

Un giorno del suo ritiro preparatorio, in cui le manifestai il mio stupore di vederla in quelle disposizioni, mi spiegò ciò che ella capiva della forza di quel sacramento, del fatto che lo Spirito d'amore avrebbe preso possesso di tutto il suo essere. E c'era

---

[156] *Ib.*, 114.

nelle sue parole una tale veemenza e una tale fiamma nel suo sguardo, che io stessa – tutta penetrata di una soprannaturale emozione – la lasciai profondamente scossa"[157].

4. La grazia del Natale 1886

1. Vi fu un evento imprevisto che cambiò la vita di Teresa. È quanto successe la notte di Natale del 1886. È Teresa stessa che lo descrive. Tutto fu provocato da parole sfuggite dalla bocca del papà che sul momento la ferirono.

Se avesse seguito l'istinto la notte di quel Natale avrebbe preso una piega senza dubbio triste e l'avrebbe chiusa in se stessa.

Invece reagì da grande così che la vittoria che riportò su se stessa è analoga a quella riportata da San Francesco quando incontrò il lebbroso di Gubbio e ne cambiò la vita.

2. Ecco come Teresa ne descrive la provvidenzialità:

"Non so come io mi cullassi nel pensiero caro di entrare nel Carmelo, trovandomi ancora nelle fasce dell'infanzia!

Bisognò che il buon Dio facesse un piccolo miracolo per farmi crescere in un momento, e questo miracolo lo compì nel giorno indimenticabile di Natale; in quella notte luminosa che rischiara le delizie della Trinità Santa, *Gesù, il Bambino piccolo e dolce di un'ora, trasformò la notte dell'anima mia in torrenti di luce...*

In quella notte nella quale egli si fece debole e sofferente per amor mio, mi rese forte e coraggiosa, mi rivestì delle sue armi, e *da quella notte benedetta in poi, non fui vinta in alcuna battaglia*, anzi, *camminai di vittoria in vittoria, e cominciai*, per così dire,

---

[157] *Processo diocesano*, 266.

una 'corsa da gigante'[158].

La sorgente delle mie lacrime fu asciugata e non si aprì se non raramente e difficilmente (...).

Fu il 25 dicembre 1886 che ricevetti la grazia di uscire dall'infanzia, in una parola *la grazia della mia conversione completa*[159].

Tornavamo dalla Messa di mezzanotte *durante la quale avevo avuto la felicità di ricevere il Dio forte e potente.*

Arrivando ai Buissonnets mi rallegravo di andare a prendere le mie scarpette nel camino, quest'antica usanza ci aveva dato tante gioie nella nostra infanzia, che Celina voleva continuare a trattarmi come una piccolina, essendo io la più piccola della famiglia...

A Papà piaceva vedere la mia felicità, udire i miei gridi di gioia mentre tiravo fuori sorpresa su sorpresa dalle 'scarpe incantate' e la gaiezza del mio Re caro aumentava molto la mia contentezza, ma *Gesù, volendomi mostrare che dovevo liberarmi dai difetti della infanzia, mi tolse anche le gioie innocenti di essa*; permise che Papà, stanco dalla Messa di mezzanotte, provasse un senso di noia vedendo le mie scarpe nel camino, e dicesse

---

[158]In una lettera del 1 dicembre 1896 Teresa descrive questa grazia nei seguenti termini: "La notte del Natale 1886, è vero, fu decisiva per la mia vocazione, ma per chiamarla più esattamente devo definirla: *la notte della mia conversione.*

In quella notte benedetta, di cui è scritto che illumina le delizie di Dio stesso, Gesù, che si faceva Bambino per amor mio, si degnò farmi uscire dalle fasce e dalle imperfezioni dell'infanzia.

Mi trasformò in tal modo che io stessa non mi riconoscevo più.

Senza tale cambiamento sarei dovuta restare ancora molti anni nel mondo. Santa Teresa, che diceva alle sue figlie: 'Voglio che non siate in nulla come donnicciole, ma che in tutto eguagliate gli uomini forti', non avrebbe voluto riconoscermi come sua figlia, se il Signore non mi avesse rivestito della sua forza divina, se Lui stesso non mi avesse armata per la guerra".

[159]È interessante osservare che quel Natale del 1886, oltre ad operare la trasformazione di Teresa, segna anche la conversione di Paul Claudel e il primo Natale cristiano di Charles de Foucald. Quell'anno il Natale cadeva di sabato.

delle parole che mi ferirono il cuore: 'Bene, per fortuna che è l'ultimo anno!...'.

Io salivo in quel momento la scala per togliermi il cappello, Celina, conoscendo la mia sensibilità, e vedendo le lacrime nei miei occhi, ebbe voglia di piangere anche lei, perché mi amava molto, e capiva il mio dispiacere. 'Oh Teresa! – disse non discendere, ti farebbe troppa pena guardare subito nelle tue scarpe'.
Ma Teresa non era più la stessa, Gesù le aveva cambiato il cuore!

Reprimendo le lacrime, discesi rapidamente la scala, e comprimendo i battiti del cuore presi le scarpe, le posai dinanzi a Papà, e tirai fuori gioiosamente tutti gli oggetti, con l'aria beata di una regina.

Papà rideva, era ridiventato gaio anche lui, e Celina credeva di sognare!

Fortunatamente era una dolce realtà, la piccola Teresa aveva ritrovato la forza d'animo che aveva perduta a quattro anni e mezzo, e da ora in poi l'avrebbe conservata per sempre!"[160].

"In quella notte di luce cominciò il terzo periodo della mia vita, più bello degli altri, più colmo di grazie del Cielo.

In un istante l'opera che non avevo potuto compiere in dieci anni, Gesù la fece contentandosi della mia buona volontà che non mi mancò mai.

Come i suoi apostoli avrei potuto dirgli: 'Signore, ho pescato tutta la notte senza prendere nulla'; più misericordioso ancora per me che non per i suoi discepoli, Gesù prese egli stesso la rete, la gettò e la tirò su piena di pesci.

Fece di me un pescatore di uomini (anime), io *sentii un desiderio grande di lavorare alla conversione dei peccatori,* un desiderio che non avevo mai provato così vivamente...

Sentii che la carità mi entrava nel cuore, col bisogno di dimenticare me stessa per far piacere agli altri, e da allora fui feli-

---

[160] *Storia di un'Anima,* 133.

ce!"[161].

Questo desiderio fu ulteriormente acuito dalla vista di un'immaginetta: "Una domenica[162] guardando una immagine di Nostro Signore in Croce, fui colpita dal sangue che cadeva da una mano sua divina, provai un dolore grande pensando che quel sangue cadeva a terra senza che alcuno si desse premura di raccoglierlo; e risolsi di tenermi in ispirito a piè della Croce per ricevere la divina rugiada, comprendendo che avrei dovuto, in seguito, spargerla sulle anime...

Il grido di Gesù sulla Croce mi echeggiava continuamente nel cuore: 'Ho sete!'.

Queste parole accendevano in me un ardore sconosciuto e vivissimo...

Volli dare da bere all'Amato, e mi sentii io stessa divorata dalla sete delle anime.

Non erano ancora le anime dei sacerdoti che mi attraevano, ma quelle dei grandi peccatori, bruciavo dal desiderio di strapparli alle fiamme eterne..."[163].

5. L'ardente desiderio di salvare le anime

1. L'amore per il Signore non può essere disgiunto dalla carità verso il prossimo.

San Gregorio Magno afferma che *l'amore di Dio genera l'amore del prossimo* e *l'amore del prossimo conserva l'amore di Dio*[164].

E aggiunge che "non c'è vera carità per il prossimo se non si ama il proprio amico in Dio e il proprio nemico a causa di

---

[161] *Ib.*, 134.

[162] È una domenica del luglio 1887.

[163] *Storia di un'Anima*, 134

[164] S. GREGORIO MAGNO, *Moralia*, 7,24; PL 75,780.

Dio"[165].

Prima di lui Sant'Agostino aveva detto che "non si ama il prossimo con una carità diversa da quella con cui si ama Dio"[166]. In altre parole: la nostra carità verso Dio si misura dalla carità per il prossimo. Non si tratta di due amore diversi, ma dello stesso amore, della medesima maniera divina di amare.

2. San Tommaso dice che "*il motivo di amare il prossimo è Dio*: infatti *nel prossimo dobbiamo amare il suo inserimento in Dio*: dal che si deduce che l'atto col quale si ama Dio è il medesimo di quello con cui si ama il prossimo"[167]. E ancora: "*Il prossimo viene amato d'amore di carità per il fatto che in lui vive Dio e perché in lui viva Dio*. Di conseguenza è chiaro che *con lo stesso abito di carità amiamo Dio e il prossimo*. Però se amassimo il prossimo per se stesso e non per amore di Dio, il nostro amore apparterrebbe a un altro ordine: per esempio all'amore naturale o politico"[168].

Amare il prossimo con amore di carità significa dunque volergli il bene soprannaturale: che aderisca e sia fisso in Dio come nel suo fine ultimo, e lo possegga, lo ami e lo lodi in eterno.

3. Questo fu l'amore che Teresa, ragazza di 14 anni, prova per un criminale condannato a morte e di cui teme la perdizione eterna.

Ecco come lei stessa descrive quest'evento: "Per eccitare il mio zelo, Dio mi mostrò che i miei desideri gli piacevano.

---

[165] *Ib., Hom. 38 in Evang.,* 11.

[166] "Non alia caritate diligit proximum quam illa qua diligit Deum" (S. AGOSTINO, *Sermo* 285,8,9).

[167] "Ratio diligendi proximum Deus est"; "hoc enim in proximo debemus diligere, ut in Deo sit" (S. TOMMASO, *Somma teologica,* II-II, 25, 1).

"Così infatti il prossimo è amato di carità: perché Dio è in lui oppure perché Dio sia in lui" (S. TOMMASO, *De caritate,* a.4).

[168] S. TOMMASO, *Quaest. disp. de caritate,* a. 4.

Intesi parlare d'un grande criminale, ch'era stato condannato a morte per dei delitti orribili[169], tutto faceva prevedere ch'egli
morisse nell'impenitenza.

Volli a qualunque costo impedirgli di cadere nell'inferno,
e per arrivarci usai tutti i mezzi immaginabili; consapevole che
da me stessa non potevo nulla, offersi al buon Dio tutti i meriti
infiniti di Nostro Signore, i tesori della santa Chiesa, finalmente pregai Celina di far dire una Messa secondo la mia intenzione, non osando chiederla io stessa per timore d'essere costretta
a confessare ch'era per Pranzini, il grande criminale.

Non volevo dirlo nemmeno a Celina, ma lei mi fece domande così tenere e pressanti, che le confidai il mio segreto; ben lungi dal prendermi in giro, mi chiese di aiutarmi a convertire il
mio peccatore; accettai con riconoscenza, perché avrei voluto
che tutte le creature si unissero con me per implorare la grazia a
favore del colpevole.

Sentivo in fondo al cuore la certezza che i desideri nostri
sarebbero stati appagati; ma, per darmi coraggio e continuare
a pregare per i peccatori, dissi al buon Dio che ero sicura del
suo perdono per lo sciagurato Pranzini: e che avrei creduto ciò
anche se quegli non si fosse confessato e non avesse dato segno
di pentimento, tanta fiducia avevo nella misericordia infinita di
Gesù, ma che gli chiedevo solamente un 'segno' di pentimento
per mia semplice consolazione...

La mia preghiera fu esaudita alla lettera!

Nonostante la proibizione che Papà ci aveva posta di leggere giornali, non credetti di disobbedire leggendo le notizie su
Pranzini.

---

[169]Si tratta di Enrico Pranzini, di trentun anni, alessandrino. Aveva sgozzato
due donne e una ragazzina per rubare. Il fatto avvenne il 17 marzo 1887. Il
suo processo terminò il 13 luglio dello stesso anno con la condanna a morte.
Fu ghigliottinato il 31 agosto successivo.

La vicenda del Pranzini si verificava a due mesi di distanza dalla richiesta di
Teresa a suo papà di entrare nel Carmelo.

Il giorno seguente alla sua esecuzione capitale mi trovo in mano il giornale: 'La Croix'. L'apro con ansia, e che vedo? Ah, le mie lacrime tradirono la mia emozione, e fui costretta a nascondermi. Pranzini non si era confessato, era salito sul patibolo e stava per passare la testa nel lugubre foro, quando a un tratto, preso da una ispirazione subitanea, si volta, afferra un Crocifisso che il sacerdote gli presentava[170], e bacia per tre volte le piaghe divine! Poi l'anima sua va a ricevere la sentenza misericordiosa di Colui che dice: 'Ci sarà più gioia in Cielo per un solo peccatore il quale faccia penitenza che per novantanove giusti i quali non ne hanno bisogno...' "[171].

"Avevo ottenuto 'il segno' richiesto, e quel segno era la riproduzione fedele delle grazie che Gesù mi aveva fatte per attirarmi a pregare in favore dei peccatori.

Non era davanti alle piaghe di Gesù, vedendo cadere il suo Sangue divino, che la sete delle anime mi era entrata nel cuore?

Volevo dar loro da bere quel Sangue immacolato che avrebbe purificato le loro macchie, e le labbra del '*mio primo figlio*' andarono a posarsi sulle piaghe sante!!!

Quale risposta dolcissima! Ah, *dopo quella grazia unica, il mio desiderio di salvare anime crebbe giorno per giorno*; mi pareva udire Gesù che mi dicesse, come alla Samaritana: 'Dammi da bere'.

Era un vero scambio di amore; alle anime davo il Sangue di Gesù, a Gesù offrivo quelle anime stesse rinfrescate dalla rugiada divina; mi pareva così di dissetarlo, e più gli davo da bere più la sete della mia povera anima cresceva, ed era quella sete ardente che egli mi dava come la bevanda più deliziosa del suo amore"[172].

---

[170]Avendo le mani legate il Pranzini chiese semplicemente di baciare il crocifisso.

[171]*Storia di un'Anima*, 135.

[172]*Ib.*, 136.

"In poco tempo il Signore aveva saputo trarmi fuori dal circolo angusto entro il quale mi dibattevo senza sapere come uscirne"[173].

Teresa anche in seguito non dimenticò il Pranzini e più tardi, al Carmelo, quando aveva qualche possibilità faceva celebrare una Messa per colui che chiamava 'il mio primo figlio' "[174].

---

[173]*Ib.*, 137.
[174]Cfr. SANTA TERESA DI GESÙ BAMBINO E DEL VOLTO SANTO, *Opere complete*, Manoscritto A, nota 196, p. 1257.

Capo V

Maria nella vita di Santa Teresa di Lisieux

1. La devozione a Maria l'ha ricevuta in casa

Santa Teresa ha ricevuto dalla sua famiglia, e in particolare da sua madre, anche la devozione a Maria.

Come non ricordare la novena all'Immacolata del 1851 e la locuzione *Fà eseguire punto di Alençon?*

La sorella Maria al Processo Apostolico testimonierà che Teresa "nella sua prima infanzia invocava la Madonna davanti ad un piccolo altare preparato da lei stessa. Le piaceva ornare di ghirlande e di corone di fiori le immagini della Santa Vergine"[175].

2. Teresa stessa ci informa nella sua autobiografia che sebbene molto piccola sapeva che cos'era il *Memorare*[176] e comandava all'inserviente di intonarlo: "Ero troppo piccola per andare al mese di Maria, perciò restavo con Vittoria e facevo con lei le

---

[175] *Processo Apostolico*, 780.
[176] È la preghiera di San Bernardo alla Madonna.

mie devozioni davanti al piccolo mese di Maria che accomodavo a modo mio; erano tanto piccoli i candelieri, i vasi da fiori... che due fiammiferi funzionanti da candele illuminavano tutto perfettamente; qualche volta Vittoria mi faceva la sorpresa di darmi due mozziconi di lucignolo, ma di rado.

Una sera era tutto pronto per iniziare la preghiera; le dissi: 'Vittoria, per favore, cominciate il *Memorare*, io accendo"[177].

3. Ricorda anche che la devozione a Maria le fu raccomandata durante la sua prima confessione. Era ancora molto piccola, probabilmente prima dei sei anni.

Scrive: "Madre mia cara, con quanta cura lei mi aveva preparata!

Mi aveva detto che non a un uomo avrei rivelato i miei peccati, bensì al buon Dio; ne ero veramente convinta, e perciò feci la mia confessione con grande spirito di fede, e domandai a lei perfino se dovevo dire a Don Ducellier: 'Padre, io la amo con tutto il cuore', visto che avrei parlato col Signore nella persona di lui.

Bene istruita di tutto quello che dovevo dire e fare, entrai nel confessionale e m'inginocchiai; ma Don Ducellier aprì la grata e non vide nessuno; ero tanto piccina che la mia testa si trovava sotto la tavoletta su cui si appoggiano le mani; allora mi disse di stare in piedi.

Ubbidii subito, mi alzai e volgendomi proprio a lui per vederlo bene in faccia, gli feci la mia confessione come una ragazza grande e ricevetti la benedizione con molta devozione, perché lei mi aveva detto che in quel momento le lacrime di Gesù Bambino avrebbero purificato l'anima mia.

Ricordo che la prima esortazione che mi fu rivolta fu l'invito soprattutto alla devozione della Vergine Santa, e io mi promisi di raddoppiare di tenerezza per lei.

---

[177] *Storia di un'Anima*, 53.

Uscendo dal confessionale ero tanto contenta e leggera, che mai avevo provato una gioia così grande nell'anima mia. Dopo tornai a confessarmi per tutte le feste grandi, ed era una vera festa per me ogni volta che ci andavo"[178].

4. È impressionante quanto scrive in un quaderno di scuola all'età di sette anni: "La Santa Vergine è mia madre e ordinariamente i bambini piccoli assomigliano alle loro mamme"[179].

Impressionante perché è indice della consapevolezza di un dovere morale.

Qualche tempo dopo, in seguito all'entrata della sorella Paolina in monastero, fu colpita da quella misteriosa malattia che avrebbe dovuto portarla alla tomba. Fu prodigiosamente guarita dalla Madonna che lei vide venirle incontro e sorriderle.

Aveva intuito l'origine di quel male: "*La malattia che mi colpì veniva certamente dal demonio*" che voleva vendicarsi "*del torto che la nostra famiglia doveva fargli nell'avvenire*".

Teresa però è certa che non avrebbe potuto vincere su di lei perché "*la dolce Regina del Cielo vegliava* sul suo fiorellino fragile. (...).

Ma quella malattia non era perché morissi, era piuttosto come quella di Lazzaro, affinché Dio fosse glorificato"[180].

All'interno di quella malattia sta bene solo un giorno: quello che le dà la possibilità di partecipare alla vestizione monastica della Sorella Paolina.

5. "La mia consolazione più grande quand'ero malata era di ricevere una lettera di Paolina. La leggevo e rileggevo fino a saperla a memoria. Una volta, Madre cara, lei mi mando una clessidra e una delle mie bambole vestita da carmelitana; dire la mia gioia è cosa impossibile.

---

[178]*Ib.*, 57.

[179]Cfr. FRANÇOIS DE L'IMMACULÉE CONCEPTION, *Mieux connaitre Sainte Thérese de Lisieux*, p. 287.

[180]*Storia di un'Anima*, 86.

Lo zio non era contento, diceva che, invece di farmi pensare al Carmelo, bisognava allontanarlo dal mio spirito, ma io sentivo, al contrario, che era la speranza di essere carmelitana a farmi vivere.

Il mio piacere era lavorare per Paolina, le facevo delle cosine in carta bristol, e l'occupazione mia più grande era intrecciare corone di margherite e di myosotis per la Vergine Santa, eravamo nel mese bello di maggio, tutta la natura si ornava di fiori e spirava letizia, soltanto il 'fiorellino' languiva, e pareva appassito per sempre.

Eppure avevo un sole presso di me, *e quel sole era la statua miracolosa della Santa Vergine che aveva parlato per due volte a Mamma*, e spesso, molto spesso, mi volgevo a lei"[181].

---

[181]*Ib.*, 93.
Sarà costretta a raccontare prima alla sorella Maria e poi alle monache del Carmelo la grazia che aveva ricevuto. Lo farà proprio per forza, per obbedienza. E anche questo secondo i teologi è un segno della veridicità dell'evento.

"Come ho detto, Maria aveva intuito che la Santa Vergine mi aveva concesso qualche grazia nascosta, perciò, appena fui sola con lei, mi chiese che cosa avevo visto e io non potei resistere alle sue domande così tenere e premurose; stupita vedendo il mio segreto scoperto senza che io l'avessi rivelato, lo confidai tutto intero a Maria. Ahimé! Come avevo presentito, la mia felicità scomparve e si mutò in amarezza; per quattro anni il ricordo della grazia ineffabile che avevo ricevuta fu per me una vera pena d'animo, dovevo ritrovare la mia gioia soltanto ai piedi di Nostra Signora delle Vittorie, allora mi venne restituita in tutta la sua pienezza... riparlerò più tardi di questa seconda grazia della Santa Vergine Maria. Ora debbo dirle, Madre mia cara, in qual modo la gioia si cambiò in tristezza. Maria dopo aver inteso il racconto ingenuo e sincero della 'mia grazia', mi chiese il permesso di dirlo al Carmelo, io non potevo dire di no.

Alla mia prima visita all'amato Carmelo, fui piena di gioia vedendo la mia Paolina con l'abito della vergine: che momento bello e dolce per noi due! C'erano tante cose da dire che non riuscivo a dir nulla, avevo il cuore troppo pieno. La buona Madre Maria Gonzaga c'era anche lei, e mi dimostrò mille prove d'affetto; vidi ancora altre religiose e in presenza loro fui interrogata riguardo alla grazia che avevo avuta, e se la Vergine portava il Bambino Gesù, se c'era

2. Si affida a Maria

1. In seguito al sorriso di Maria con cui fu liberata da quella strana malattia si ritenne obbligata verso Nostra Signora delle Vittorie.

Da Lei tornerà in occasione del pellegrinaggio in Italia che sarebbe partito da Parigi.

Il papà aveva portato le figlie nella capitale qualche giorno prima per far loro vedere le meraviglie di quella città.

"Arrivati a Parigi nella mattinata, cominciammo subito a visitarla. Il Babbo nostro caro si stancò per farci piacere, e così *in quattro e quattr'otto avemmo visto tutte le meraviglie della capitale. Per me ne trovai una sola che mi rapisse, e fu 'Nostra Signora delle Vittorie'.*

Ah, quello che ho provato ai piedi di lei, non lo saprei dire...

Le grazie che mi concedette mi commossero tanto profondamente che soltanto le lacrime espressero la mia felicità, come nel giorno della prima Comunione...

La Santa Vergine mi fece sentire che era stata proprio lei a sorridermi e guarirmi.

Ho capito che vegliava su me, che ero sua figlia, e così potevo chiamarla soltanto 'Mamma', perché questo nome mi pareva ancor più tenero che quello di 'Madre'.

---

molta luce, e così via.

Tutte quelle domande mi turbarono e mi fecero dispiacere, io potevo dire una cosa sola: 'la Vergine Santa mi era sembrata bellissima, e l'avevo vista che mi sorrideva'. Soltanto il volto di lei mi aveva colpita, così, vedendo che le carmelitane s'immaginavano tutt'altra cosa (e d'altra parte già cominciavano le mie sofferenze d'animo riguardo alla mia malattia), mi figurai d'aver mentito. Senza dubbio, se avessi custodito il mio segreto, avrei anche conservato la mia felicità, ma la Vergine Santa ha permesso questo tormento per il bene dell'anima mia; forse avrei avuto, altrimenti, qualche pensiero di vanità, mentre così, trovandomi nella umiliazione; non potevo guardarmi senza un sentimento di profondo orrore. Ah! quello che ho sofferto, lo potrò dire soltanto in Cielo!" (*Ib.*, 95).

Con quanto fervore l'ho pregata di custodirmi sempre e di attuare presto il mio sogno nascondendomi all'ombra del suo manto verginale. Era questo uno dei primi desideri di bambina.

Crescendo, avevo capito che nel Carmelo avrei potuto trovare davvero il mantello della Santa Vergine, e verso quella montagna fertile tendevano tutti i miei desideri"[182].

2. Altri due eventi segnano l'incremento della devozione a Maria.

Il primo è legato all'atto di consacrazione alla Madonna che lei aveva letto al posto di tutti.

Da sottolineare l'espressione già riportata dalla Storia di un'Anima: "Mi pare che la Vergine Santa dovette guardare il suo fiorellino e *sorridergli*, non era lei che l'aveva guarito con un sorriso visibile?

Non aveva proprio lei deposto nel calice dell'umile fiore il suo Gesù, il Fiore dei campi, il Giglio della valle?"[183].

Sentiva di aver ricevuto Gesù dalle mani della Madonna e sempre lo riceverà dalle sue mani.

"Si preparava alla Comunione in unione con la Santissima Vergine, chiedendole che la rivestisse delle sue disposizioni e la presentasse al suo divin Figlio"[184].

È singolare il suo ringraziamento alla Comunione: "Non posso dire d'avere ricevuto spesso delle consolazioni durante i miei ringraziamenti, forse è il momento in cui ne ho meno. Ma questo lo trovo naturale perché mi sono offerta a Gesù come una persona che desidera ricevere la sua visita non già per propria consolazione, bensì per il piacere di Colui che si dà a me.

Mi figuro l'anima mia come un terreno libero, e prego la Vergine Santa di sgombrare i detriti che potrebbero impedirle di essere libera, poi la supplico di alzare ella stessa una tenda vasta,

---

[182]*Ib.*, 158.
[183]*Ib.*, 110.
[184]*Processo Apostolico* 1053, deposizione di Suor Teresa di Sant'Agostino.

degna del Cielo di abbellirla con i suoi ornamenti, e invito tutti i Santi e gli Angeli affinché vengano a fare un magnifico concerto. *Mi pare, quando Gesù discende nel mio cuore, che sia contento di vedersi ricevuto così bene,* ed anch'io sono contenta. Tutto ciò non impedisce alle distrazioni e al sonno di venire a farmi visita, ma, uscendo dal ringraziamento e vedendo che l'ho fatto tanto male, risolvo di stare tutto il resto della giornata in azione di grazie"[185].

3. L'altro evento è quella della sua affiliazione tra le figlie di Maria.

"Quasi subito dopo il mio ingresso nell'Abbazia, ero stata ricevuta nell'Associazione dei santi Angeli; mi piacevano molto le pratiche di devozione ch'essa imponeva, poiché provavo un'attrattiva particolare a pregare gli spiriti beati del Cielo e soprattutto quello che il buon Dio mi ha dato come compagno nel mio esilio.

Qualche tempo dopo la mia prima Comunione, il nastro d'aspirante alle Figlie di Maria sostituì quello dei santi Angeli[186], ma io lasciai l'Abbazia quando ancora non ero stata accolta nell'associazione della Santa Vergine.

Essendo uscita prima di aver compiuto i miei studi, non avevo il permesso di entrare come ex-allieva; confesso che questo privilegio non eccitava il mio desiderio, ma pensando che tutte

---

[185] *Storia di un'Anima*, 225.

[186] "L'Associazione dei Santi Angeli, che si prolungava poi nell'Associazione delle Figlie di Maria, impegnava ad una condotta di vita cristiana e a compiere certi atti di pietà. Ognuna delle due Associazioni aveva due gradi: rispettivamente aspirante ai Santi Angeli e Angelo, aspirante Figlia di Maria e Figlia di Maria. I diversi colori dei nastri distinguevano i diversi gradi. Teresa bambina fece parte successivamente delle due associazioni; per questo si firma a volte «enf. des. Ss. Anges», vale a dire «enfant des Saints Anges», che abbiamo tradotto con «figlia dei Santi Angeli», o, più tardi, «enf. de Marie», e cioè «Figlia di Maria» (cfr. Mss II, p. 28)" (SANTA TERESA DI GESÙ BAMBINO E DEL VOLTO SANTO, *Opere complete*, Manoscritto A, nota 162 bis).

le mie sorelle erano state 'Figlie di Maria', temetti di essere meno di loro figlia della mia Madre dei Cieli, e andai molto umilmente (benché mi costasse), a chiedere di essere ricevuta nell'associazione della Santa Vergine all'Abbazia. La prima maestra non volle rifiutarmi, ma mise come condizione che io rientrassi due giorni per settimana nel pomeriggio per dimostrare se ero degna di essere ammessa. Ben lungi da farmi piacere questo permesso mi costò moltissimo; non avevo come le altre ex-allieve, una maestra amica con la quale passare varie ore; così mi contentavo di andare a salutare la maestra, poi lavoravo in silenzio per tutta la lezione di cucito o ricamo.

Nessuno faceva attenzione a me, e così salivo alla tribuna della cappella, e rimanevo davanti al Santissimo fino al momento in cui Papà veniva a prendermi; era la sola consolazione: Gesù non era forse il mio unico amico?

Non sapevo parlare che a lui, le conversazioni con le creature, perfino le conversazioni pie, mi stancavano l'anima.

Sentivo che è meglio parlare a Dio che di Dio, perché si mescola tanto amor proprio nelle conversazioni spirituali!

Ah, proprio per la Santa Vergine soltanto venivo all'Abbazia... (...).

Quando penso a queste cose, l'anima mia s'immerge nell'infinito, mi sembra già di toccare la riva eterna. Mi pare di ricevere l'abbraccio di Gesù, di vedere la mia Madre del Cielo venirmi incontro con Papà... Mamma... i quattro angeli... Credo di godere finalmente e per sempre della vera, dell'eterna vita in famiglia..."[187].

4. Nel corso del pellegrinaggio a Roma è prevista una tappa a Loreto, dove è custodita la Santa Casa della Madonna.

Scrive: "Con gioia lasciai Bologna, la quale mi era diventata insopportabile a causa degli studenti di cui è piena e che forma-

---

[187] *Storia di un'Anima*, 125.

vano siepe quando avevamo la sventura di uscire a piedi (...) fui felice di prendere la via di Loreto.

Non sono sorpresa che la Vergine Santa abbia scelto quel luogo per trapiantarvi la sua casa benedetta; la pace, la gioia, la povertà vi regnano sovrane; tutto è semplice e primitivo, le donne hanno conservato il loro garbato costume italiano e non hanno, come quelle di altre città, adottato la moda di Parigi; insomma, Loreto mi rapì!"[188].

"Che dirò della santa Casa? La mia emozione era profonda mentre mi trovavo sotto il tetto medesimo della sacra Famiglia, contemplando i muri sui quali Gesù aveva posati i suoi sguardi divini, mentre camminavo sulla terra che san Giuseppe aveva bagnato col suo sudore, ove Maria aveva portato Gesù tra le braccia dopo averlo portato nel suo seno virginale. Ho visto la cameretta ove l'angelo discese presso la Vergine Santa... Ho deposto il mio rosario nella scodella di Gesù Bambino... Come sono incantevoli questi ricordi!

Ma la nostra consolazione più grande fu ricevere Gesù stesso nella sua casa ed essere il tempio vivo di lui nel luogo che egli aveva onorato con la sua presenza. Secondo un'usanza italiana, il ciborio si conserva in ciascuna chiesa sopra un altare solo, e lì soltanto si può ricevere la Comunione; quell'altare era nella basilica stessa ove si trova la santa Casa, racchiusa come un diamante prezioso in uno scrigno di marmo bianco. Ciò non bastò per la nostra felicità.

Noi volevamo ricevere la Comunione nel diamante stesso e non già nello scrigno...

Papà, con la sua consueta dolcezza fece come gli altri, ma Celina e io andammo a trovare un sacerdote che ci accompagnava dovunque e che proprio allora si preparava a celebrare la Messa nella Santa Casa, per un privilegio speciale.

Chiese due piccole ostie che depose sulla patena con la sua

---

[188] Ib., 166.

grande ostia, e lei capisce, Madre mia cara, quale fu il nostro rapimento di far tutte due la santa Comunione in quella Casa benedetta!

Fu una felicità celestiale che le parole non possono tradurre. Che sarà dunque quando riceveremo la Comunione nella dimora eterna del Re dei Cieli?"[189].

5. Avrà la grazia di entrare al Carmelo nel giorno dell'Annunciazione, che quell'anno venne celebrata lunedì 9 aprile 1888.

Farà la sua professione l'8 settembre del 1890, festa della natività di Maria.

"Che festa bella la natività di Maria per divenire la sposa di Gesù!

Era la Santa Vergine bambinella di un giorno che presentava il suo fiore piccino a Gesù Bambino.

Quel giorno lì tutto era piccolo, eccettuate le grazie e la pace che io ricevetti, eccettuata la gioia serena che provai la sera, guardando scintillare le stelle, e pensando che ben presto il cielo bello si sarebbe aperto ai miei occhi rapiti, e che avrei potuto unirmi al mio Sposo in una letizia eterna"[190].

3. La presenza di Maria nella vita di Teresa

1. Ha qualche problema con il Rosario, al quale peraltro è fedele.

---

[189] *Ib.*, 167.

Prosegue: "Allora non vedremo più finire la gioia nostra, non ci sarà più la tristezza della partenza, e per portare via un ricordo non sarà necessario grattare furtivamente i muri santificati dalla presenza divina, poiché la casa sua sarà nostra per l'eternità. Egli non vuole darci la casa terrena, si contenta di mostrarcela per farci amare la povertà e la vita nascosta; quella che ci riserva è il suo Palazzo di gloria ove non lo vedremo più nascosto sotto l'apparenza di un bambino o di una ostia bianca, ma tale quale è, nel suo splendore infinito".

[190] *Ib.*, 218.

Scrive: "Amo molto le preghiere in comune, perché Gesù ha promesso di 'trovarsi in mezzo a coloro che si riuniscono nel suo nome'; sento allora che il fervore delle mie sorelle supplisce al mio.

Ma *da sola* (ho vergogna di confessarlo), *la recita del rosario mi costa più che mettermi un strumento di penitenza.*

Sento che lo dico così male!

Ho un bell'impegnarmi nel meditare i misteri del rosario, non arrivo a fissare il mio spirito.

Per lungo tempo mi sono afflitta per questa mancanza di devozione che mi meravigliava, *perché amo tanto la Vergine Santa*, tanto che mi dovrebbe esser facile fare in onor suo le preghiere che le piacciono.

Ora me ne cruccio meno, penso che la Regina dei Cieli è mia madre, vede certo la mia buona volontà e se ne contenta"[191].

Qualche volta, se il mio spirito è in un'aridità così grande che mi è impossibile trarne un pensiero per unirmi al buon Dio, recito molto lentamente un 'Padre nostro' e poi il saluto angelico; allora queste preghiere mi rapiscono, nutrono l'anima mia ben più che se le avessi recitate precipitosamente un centinaio di volte.

La Santa Vergine mi mostra che non è affatto sdegnata con me, non manca mai di proteggermi appena l'invoco. Se mi sopravviene una preoccupazione, una difficoltà, subito mi volgo a lei, e sempre, come la più tenera delle madri, ella prende cura dei miei interessi. Quante volte parlando alle novizie mi è accaduto di invocarla e sentire i benefizi della sua protezione materna!"[192].

2. Anche nel trattare con le novizie stava sempre alla presenza della Beata Vergine.

A chi si mostrava meravigliato della puntualità e della dolcezza delle sue osservazioni rispondeva: "Ecco il mio segreto:

---

[191] *Ib.*, 318.
[192] *Ib.*

non faccio mai una osservazione senza invocare la Santa Vergine e le chiedo di ispirarmi ciò che più vi deve far bene"[193].

Suor Maria della Trinità testimonia: "Quando, sotto la sua guida, il dire certe cose mi riusciva penoso, essa stessa mi conduceva davanti alla statua miracolosa che le aveva sorriso nell'infanzia (l'aveva fatta mettere vicina alla sua cella) e mi diceva: «non è a me che lei dirà queste cose ma alla Santa Vergine». Io mi inducevo a farlo, essa ascoltava la mia confidenza, poi mi faceva baciare la mano di Maria, mi dava i suoi consigli e nella mia anima tornava la pace"[194].

3. Il 4 luglio 1897 sul letto di morte dice: *"Chiedere alla Santa Vergine non è la stessa cosa come chiederla al Signore. Lei lo sa bene cosa deve fare dei miei piccoli desideri, se li deve dire oppure no: insomma, sta a lei vedere di non forzare il buon Dio ad esaudirmi, per lasciar fare a lui in tutto e per tutto la sua volontà"*[195].

Quando l'8 luglio 1897 Teresa andò all'infermeria volle che si collocasse vicino a lei la «Vergine del sorriso».

"Tu sei venuta a sorridermi al mattino della vita, vieni a sorridermi ancora, Madre mia; ecco, è la sera"[196].

"Durante la sua ultima malattia, non cessava di parlare della Santa Vergine"[197].

"Spesso chiedo alla Vergine Santa di dire al Signore che non deve fare complimenti con me. È lei che fa bene le mie commissioni!"[198].

L'8 settembre 1897 dopo aver chiesto di vedere l'immagine della Madonna delle Vittorie vi scrisse dietro con mano treman-

[193] *Processo Diocesano* 2364, deposizione di Suor Maria della Trinità.

[194] Processo Apostolico 1327, deposizione di Suor Maria della Trinità.

[195] *Novissima verba*, 4 luglio 1897.

[196] Poesia, *Perché t'amo, o Maria*, maggio 1897.

[197] *Processo Apostolico* 2426, deposizione di Suor Genoveffa.

[198] *Novissima verba*, 10 giugno 1897.

te: "Oh! Maria, se fossi la Regina del Cielo e tu fossi Teresa, vorrei essere Teresa perché tu fossi la Regina del Cielo". Furono le ultime parole che scrisse[199].

Il giorno della sua morte "verso le tre del pomeriggio, mise le braccia in croce.

La Madre Priora le posò sulle ginocchia una immagine di Nostra Signora del Monte Carmelo. Lei la guardò un istante: *Oh Madre mia, mi presenti subito alla Vergine Santa*. Mi prepari a morir bene"[200].

4. Perché t'amo Maria

1. Teresa esprime la sua venerazione alla Madonna nella composizione poetica *Perché t'amo Maria* dove percorre tutta la vita della Madonna, mettendone in risalto le virtù che lei stessa imita.

È del maggio del 1897.

2. Anche se lunga, vale la pena riportarla per intero.

"1- *Vorrei cantare, Madre, perchè t'amo*; e perchè il dolce tuo nome mi fa trasalire il cuore. E perchè il pensiero della tua suprema grandezza non saprebbe ispirarmi spavento nell'anima. Se ti contemplassi nella sublime tua gloria che di tanto sorpassa la luce degli eletti, ah non potrei credere che sono la tua bambina, Maria, e davanti a te abbasserei gli occhi.

2- Perchè una creatura possa darsi tutta alla mamma bisogna che questa pianga con lei, divida i suoi dolori. Regina del mio cuore, quanto piangesti quaggiù per attirarmi a te! Ben meditando la tua vita nel Vangelo, io oso guardarti e avvicinarmi a te: non m'è difficile credermi tua creatura, perchè ti vedo mortale e sofferente come me.

---

[199] *Processo Apostolico* 2426, deposizione di Suor Genoveffa.
[200] *Novissima verba*, 30 settembre 1897.

3- All'angelico annunzio del mistero divino, che ti fa Madre di un Dio regnante per tutta l'eternità, l'altro stupendo mistero, eleggesti, del tesoro ineffabile della tua verginità. E comprendo che la tua anima, Vergine Immacolata, sia più cara al Signore del Suo bel Paradiso: comprendo che essa, umile valle dolcissima, contiene il mio Gesù, l'Oceano dell'Amore.

4- Io t'amo, chiamandoti la piccola serva del Dio che rapisci con la tua umiltà. Questa grande virtù ti rende onnipotente e invoglia del tuo cuore la Santissima Trinità. E' allora che, coprendoti con la Sua ombra lo Spirito d'Amore, il Figlio eguale al Padre s'è incarnato in te. E tanti saranno i suoi fratelli peccatori, tanti che Egli dovrà essere chiamato: Gesù, il tuo primogenito.

5- Piccola come sono, Maria, lo sai bene, anch'io, come te, accolgo in me l'Onnipotente. Né la mia debolezza me ne spaventa, se i tesori della madre appartengono anche alla creatura. Chè io sono la tua bambina, Madre amatissima! Le tue virtù, il tuo Amore, non sono forse i miei? Così, quando la Santa Particola mi scende nel cuore, il dolce tuo Agnello, Gesù, crede di riposare in te.

6- O Regina degli eletti, tu mi fai sentire che, passo passo, non è impossibile seguirti per lo stretto sentiero del Cielo: tu l'hai reso visibile con la pratica fitta delle più umili virtù. Dietro di te, Maria, voglio restar piccola come sono; vedo anche troppo la vanità delle terrestri grandezze. E imparo ad esercitare l'ardente carità da santa Elisabetta, che ricevette la tua visita.

7- Là presso inginocchiata, dolce Regina degli Angeli, io ascolto il cantico sacro che sgorgò dal tuo cuore; tu m'insegni a cantare le lodi divine, a gioire in Gesù mio Salvatore. Balsamo ai secoli futuri è la mistica rosa delle tue parole d'amore. Grandi cose ha fatto in me l'Onnipotente. Mediterò su di questo, per benedirlo.

8- Quando il buon Giuseppe ignora ancora il miracolo che nella tua umiltà vorresti nascondere, tu lo lasci al suo pianto, vicino al tabernacolo che vela la divina beltà del Salvatore. Quanto m'è sempre più caro il tuo eloquente silenzio! Esso è per me un dolce, melodico concerto, che mi dice la grandezza e onnipotenza d'un'anima che non attende altro aiuto che quello dei Cieli...

9- Poi a Betlemme, o Giuseppe e Maria, io vi vedo respinti da tutti; non c'è chi voglia ospitare nella sua locanda dei poveri forestieri ...c'è posto solo per i grandi; e la Regina del Cielo deve partorire un Dio in una stalla; Madre del Salvatore, quanto sei cara! E come ti vedo grande nella povertà di quel luogo!

10- Quando vedo l'Eterno avvolto nelle fasce, e quando sento il debole grido del Verbo divino... Maria, credi che invidi gli Angeli? Il loro adorabil Signore è mio fratello dilettissimo. Come ti benedico, tu che su queste rive hai fatto sbocciare un tal fiore divino! E come t'amo, mentre ascolti i pastori e i Re Magi, e custodisci in cuor tuo tutte queste cose.

11- E t'amo quando vai tra le donne che volgono i loro passi al Tempio; t'amo quando presenti il Salvatore delle nostre anime all'avventurato vegliardo che se lo stringe fra le braccia: prima ascolto sorridendo il tuo inno, ma presto esso è tale che mi desta il pianto. E Simeone fissando uno sguardo profetico nel futuro, t'annunzia una spada di dolore!

12- Regina dei martiri, è la spada che trapasserà il tuo cuore finché avrai vita. Ma già devi lasciare la tua terra per sfuggire al geloso furore di un re. Gesù dorme in pace tra i lini del tuo seno, ed ecco Giuseppe avvertirti che bisogna partire senza indugio. Si rivela la tua obbedienza, tu ti avvii in tutta fretta, senza un motto.

13- Anche in terra d'Egitto, e nella povertà, sembra a me o Maria che il tuo cuore resti pieno di letizia: Gesù è con te, e quale patria più bella di Lui? Che ti importa l'esilio? Possiedi i Cieli... ma a Gerusalemme un oceano d'amara tristezza inonda il tuo cuore...; Gesù, per tre giorni, si cela alla tua tenerezza; oh, allora sì che conosci tutti i rigori dell'esilio!

14- Con gran trasporto d'amore, alla fine lo rivedi: e dici al bel Fanciullo che confonde i Dottori: Figlio, perchè hai fatto questo? Vedi, tuo padre ed io, addolorati, andavamo in cerca di te! E il divino Fanciullo, alla Madre che gli tende le braccia risponde (che profondo mistero!): Perchè mi cercavate? Non sapete che io mi devo occupare di quanto riguarda il Padre mio?

15- Il Vangelo mi insegna che crescendo in saggezza, Gesù restò sottomesso a Maria, a Giuseppe. Ed il mio cuore dice con che tenerezza Egli sempre obbedì ai genitori amatissimi. Ma ora capisco il mistero del Tempio, la risposta del dolce mio Re, ed il suo tono. Maria, questo caro Fanciullo vuole che tu sia l'esempio dell'anima che Lo cerca nella notte della fede....

16- Se il Re dei Cieli volle che anche Sua Madre subisse la notte, l'angoscia del cuore, è dunque allora un bene soffrire qui in terra? Sì...Patire amando è la più pura delle gioie. Gesù può riprendersi tutto quel che mi ha dato, digli pure di non ricordarsi di me. Può ben nascondermisi; io sono pronta ad attenderlo fino al giorno senza tramonto quando la mia fede si spegnerà.

17- Vergine piena di grazia, io so bene che a Nazareth vivesti poveramente, senza chiedere nulla di più: né estasi, né miracoli, né rapimenti, abbellirono la tua vita, o Regina degli eletti. I poveri, gli umili, son tanti su questa terra; essi possono, senza timore, alzare gli occhi a te. Tu sei l'incomparabile Madre che va con loro per la strada comune, per guidarli al Cielo.

18- Voglio vivere con te, Madre diletta, in questo crudo esilio, e seguirti ogni giorno. Mi tuffo rapita nella tua contemplazione, e scopro gli abissi d'amore del tuo Cuore! Tutti i miei timori svaniscono nel tuo sguardo materno, che m'insegna a piangere e a gioire. Tu non disprezzi i giorni delle sante feste, li dividi con noi, li benedici.

19- Scopristi la pena nascosta degli sposi di Cana, cui scarso era il vino, e nella tua sollecitudine e speranza del Suo potere divino, la rivelasti al Salvatore. Gesù parve dapprima respingere la tua preghiera. Ti rispose: Che importa, donna, questo, a te come a me? (Gv 2,4). Ma nel fondo del cuore ti chiama Sua Madre, e fa per te il Suo primo miracolo.

20- Un dì che i peccatori ascoltano la dottrina di Colui che è venuto per condurli al Cielo, io ti trovo con loro, Madre, in attesa. C'è chi avverte Gesù che tu vorresti vederlo ed allora, davanti alla gran folla, ecco il tuo divin Figlio esprime l'immensità del Suo amore per noi, dicendo: Chi mi è fratello, e sorella, e madre, se non colui che fa la mia volontà?

21- Vergine Immacolata, tenerissima Madre! Tu che ascoltando Gesù non t'attristi, ma ti rallegri che Egli ci faccia capire che la nostra anima è la Sua famiglia quaggiù. Sì, ti rallegri che ci dia la Sua vita, e gli infiniti tesori della Sua divinità. Come non amarti, e non benedirti, Maria, per questa tua grande generosità verso di noi?

22- Tu davvero ci ami come ci ama Gesù, e per noi consentì ad allontanarti da Lui. Amare è dare tutto, anche se stesso, e tu volesti provarlo restando il nostro sostegno. Il Salvatore sapeva i segreti del tuo Cuore materno, l'immensa tua tenerezza... Gesù ci lascia a te, *Refugium peccatorum*, quando lascia la croce per attenderci in Cielo.

23- Tu m'appari, Maria, in vetta al Calvario, dritta presso la croce come un sacerdote all'altare; offrendo, per saziare la giustizia del Padre, il dolce Emmanuele, il tuo diletto Gesù. Madre desolata, di te disse un profeta: Non c'è altro dolore simile al tuo dolore (Lam 1,12). O Regina dei martiri, restando abbandonata, tu prodighi per noi tutto il sangue del cuore!

24- La casa di San Giuseppe diventa il tuo asilo, il figlio di Zebedeo rimpiazza Gesù; son l'ultime vicende che leggo sul Vangelo, che poi non parla più della Vergine Maria...ma il suo profondo silenzio, dilettissima Madre, non forse rivela che l'Eterno Verbo vuol Lui stesso cantare i segreti della tua vita per allietarne i Suoi figli, gli eletti del Cielo?

25- E presto ascolterò quella dolce armonia, tra poco verrò a vederti in Cielo! Tu che mi sorridesti nel mattino della vita, vieni a sorridermi ancora...Madre, si fa sera! Ma io non temo più lo splendore della tua gloria suprema; ho sofferto con te... e voglio, oramai, cantare sulle tue ginocchia, Vergine, perchè ti amo... e ripeter per sempre che sono la tua creatura!".

Capo VI

La via dell'umiltà

1. L'umiltà è virtù tipicamente cristiana

1. L'essenza o l'edificio della vita cristiana consiste nella carità.

Di questo edificio l'umiltà ne è il fondamento.

San Girolamo dice che "l'umiltà è il fondamento e la salvaguardia di ogni virtù"[201].

Gesù ha chiesto di imparare da lui l'umiltà.

Quest'affermazione è tanto più singolare se si tiene presente che per Aristotele come per la cultura greca l'umiltà non era una virtù.

2. Gesù ha compendiato tutto il suo insegnamento dicendo: "*Imparate da me, che sono mite e umile di cuore*" (Mt 11,29).

"Imparate da me": Gesù avoca a sé l'insegnamento dell'umiltà. Questa virtù si impara da lui, non dai maestri pagani per alcuni dei quali era sintomo di debolezza.

3. Per questo Sant'Agostino dice che "*Gesù è il dottore del-*

---

[201] *Lettera ad Eustochia.*

l'umiltà" (doctor humilitatis Christus)[202].

Egli la insegna con la sua vita. La sua incarnazione è l'immagine più eloquente dell'«incredibile umiltà» di Dio[203].

L'umiltà è una virtù essenzialmente cristiana: è Cristo che l'ha portata nel mondo: "la via dell'umiltà viene da Cristo"[204].

Osserva ancora Sant'Agostino: "Cristo non ha detto: imparate da me a costruire il mondo o a risuscitare i morti; ma imparate da me che sono mite ed umile di cuore"[205].

San Tommaso dice che Aristotele non ha trattato dell'umiltà perché l'umiltà è principalmente verso Dio, mentre il Filosofo ha trattato delle virtù rispetto alla vita civile[206].

---

[202]S. Agostino, *De sancta virginitate liber unus*, 31.

[203]S. Agostino, *De Trinitate*, 4, 2, 4.

[204]S. Agostino, *Enarratio in Psalmos* 31, s.2, 18.

[205]S. Agostino, *De sancta virginitate liber unus*, 35.
E prosegue: "O dottrina salutare! O Maestro e Signore dei mortali, ai quali la morte è stata offerta e versata nella coppa della superbia! Non volle, il Maestro, insegnare se non quanto egli stesso era, né, il Signore, comandare se non quanto egli stesso faceva. Ti vedo, o buon Gesù, con quegli occhi della fede che tu stesso mi hai aperto, gridare al genere umano quasi riunito in grande assemblea: Venite ed imparate da me. O tu, Figlio di Dio, per mezzo del quale tutto è stato fatto, e insieme Figlio dell'uomo, creato come tutto il resto, ti prego: che cosa veniamo ad imparare da te? Ed egli risponde: perché sono mite ed umile di cuore. Sono dunque raccolti qui tutti i tesori di sapienza e di scienza nascosti in te, da dover imparare da te come cosa sublime, che tu sei mite ed umile di cuore? È cosa così grande l'essere piccoli, da non poterla assolutamente imparare, se non l'avessi realizzata tu stesso che sei così grande? Senz'altro! L'anima infatti non può trovare la sua quiete per altra via se non dissolvendo quel turbolento tumore per cui si credeva grande anche quando per te non era che inferma".

[206]"Il Filosofo intendeva considerare le virtù in quanto sono ordinate alla vita civile, nella quale la sottomissione di un uomo all'altro è determinata secondo la legge, e quindi rientra nella giustizia legale. L'umiltà invece, in quanto virtù specificamente distinta riguarda la sottomissione dell'uomo a Dio, che detta anche l'umile sottomissione ad altre creature" (*Ib.*, II-II 161, ad 5).
Il massimo della perfezione per il filosofo pagano consisteva nella magnanimità, la virtù che inclina ad avere un animo grande, che volge lo sguardo sempre verso il bene comune e divino, e quindi anche a compiere opere grandi

3. Ma che cos'è l'umiltà?

"È quella virtù che propriamente riguarda la riverenza con la quale l'uomo si sottomette a Dio non solo in se stesso, ma anche per quanto di divino c'è in ogni creatura"[207].

Proprio per questo motivo "l'umiltà è una virtù vicinissima alle virtù teologali"[208].

E "tra le virtù morali tiene il primo posto, perché *scaccia la superbia*, a cui Dio resiste, e *rende l'uomo sottomesso e aperto a ricevere l'infusione della grazia divina*, secondo le parole di Giacomo: Dio resiste ai superbi, ma dà la grazia agli umili (Gc 4,6)"[209].

Queste dunque sono le due funzioni dell'umiltà: caccia la superbia e rende l'uomo sottomesso e aperto a ricevere l'infusione della grazia divina.

4. Umiliarsi davanti a Dio significa riconoscere non solo teoricamente ma anche praticamente la nostra totale indigenza tanto nell'ordine della natura quanto in quello della grazia.

– *Nell'ordine della natura.* Siamo stati creati dal nulla. San Paolo ricorda: "Che cosa mai possiedi che tu non abbia ricevuto?" (1 Cor 4,7).

Tenendo lo sguardo fisso in Dio l'umiltà fa comprendere che l'uomo da se stesso è un nulla: *"Ogni creatura è in rapporto a Dio come l'aria in rapporto al sole che la illumina (...)*

(ARISTOTELE, *Etica a Nicomaco*, IV, 7).

Secondo S. Tommaso "magnanimità e umiltà non sono virtù contrarie. Sebbene sembrino tendere a cose opposte, partono tuttavia da considerazioni diverse" (S. TOMMASO, *Somma teologica*, II-II, 129, 3, ad 4). Infatti la magnanimità "fa sì che l'uomo si consideri degno di grandi onori in base ai doni ricevuti da Dio. (...). L'umiltà invece fa sì che uno si disprezzi in considerazione dei propri difetti" (*Ib.*).

[207] *Ib.*, II-II, 161, 3, ad 1.

[208] S. TOMMASO, *In IV Sent.*, d, 33, q. 3, a. 3.

[209] S. TOMMASO, *Somma teologica*, II-II, 162, 5; 161, 1, ad 5; 161, 2, ad 3; 161, 6.

Per questo motivo Sant'Agostino scrive che 'se, per ipotesi, la potenza di Dio cessasse di sostenere le cose create, cesserebbe all'istante anche la loro specie, e ogni natura verrebbe meno' [210]. E ancora [211]: 'Come l'aria diventa luminosa alla presenza della luce, così l'uomo s'illumina, quando Dio gli è presente; mentre di subito si ottenebra quando Dio si ritrae' "[212].

E come "al cessare dell'azione del sole, cessa anche la luce che non ha nell'aria la sua radice"[213], così al cessare dell'azione divina la creatura svanisce nel nulla da cui è stata tratta.

Siamo stati creati dal nulla con una parola di Dio sovranamente libero e siamo mantenuti nell'esistenza per un atto del suo amore di benevolenza, senza del quale saremmo annichiliti all'istante.

Osserva Reginaldo Garrigou Lagrange: "Se nel nostro migliore atto libero si togliesse tutto ciò che viene da Dio, rigorosamente parlando non resterebbe più nulla, poiché quest'atto non è in parte prodotto da noi e in parte da Dio, ma è tutto intero di Dio in quanto egli ne è la causa prima e tutto intero nostro in quanto noi ne siamo la causa seconda. Alla stessa maniera che il frutto dell'albero è tutto intero di Dio come causa prima e tutto intero dell'albero come causa seconda"[214].

"Dopo il peccato noi dobbiamo riconoscere praticamente non solo la nostra indigenza, ma anche la miseria: miseria del nostro cuore meschino ed egoista, della nostra volontà incostante, del nostro carattere ineguale, violento, capriccioso; miseria del nostro spirito, che ha delle dimenticanze imperdonabili e cade in contraddizioni che potrebbe e dovrebbe evitare; miseria dell'orgoglio e della concupiscenza, che conduce all'indifferenza riguardo alla gloria di Dio e alla salvezza delle anime.

---

[210]S. AGOSTINO, *De Genesi ad litteram*, IV,12.

[211]*Ib.*, VIII, 12.

[212]S. TOMMASO, I, 104, 1.

[213]*Ib.*

[214]R. GARRIGOU-LAGRANGE, *Vita spirituale*, p. 116.

Questa miseria è inferiore al nulla stesso, poiché costituisce un disordine, e talvolta getta l'anima nostra in uno stato di abiezione che la rende degna di disprezzo"[215].

Secondo san Tommaso la creazione a motivo del peccato originale avrebbe dovuto essere annientata[216]. Se è rimasta nell'esistenza, lo deve alla misericordia di Dio: "Misericordiae Domini, quia non sumus consumpti" (Lam 3,22). La stessa cosa si deve dire per i peccati mortali attuali.

– *Nell'ordine della grazia.* L'umiltà si radica nel convincimento che da noi stessi non possiamo fare il più piccolo atto salutare e meritorio. Gesù ha detto: "Senza di me non potete far nulla" (Gv 15,5).

San Paolo ricorda che "da noi stessi non siamo capaci di pensare qualcosa come proveniente da noi, ma la nostra capacità viene da Dio" (2 Cor 3,5) e che "nessuno può dire 'Gesù è il Signore' se non sotto l'azione dello Spirito Santo" (1 Cor 12,3).

5. È necessario umiliarsi davanti al prossimo perché nel *nostro prossimo* c'è sempre qualcosa di divino, c'è l'*imago Dei* e c'è la chiamata alla figliolanza divina.

Inoltre tutto il bene che c'è nel nostro prossimo viene da Dio.

San Tommaso, partendo da quanto afferma San Paolo: "Ciascuno di voi, con tutta umiltà, consideri gli altri superiori a se stesso" (Fil 2,3), scrive: "In ogni individuo si possono considerare due cose: ciò che appartiene a Dio e ciò che appartiene all'uomo. All'uomo appartiene ogni difetto, a Dio invece tutto ciò che vale per la salvezza e la perfezione.

Ora l'umiltà riguarda propriamente la riverenza con la quale l'uomo si sottomette a Dio. Quindi ciascun uomo, secondo ciò che gli appartiene, deve mettersi al di sotto di qualsiasi altra

---

[215] *Ib.*, p. 119.
[216] S. Tommaso, *In IV Sent.*, d. 46, a 2.

persona rispetto ai doni di Dio che sono in essa"[217].

6. L'umiltà non richiede che uno non riconosca i doni ricevuti dal Signore. Sarebbe un'offesa per il Signore.

Nel Magnificat la Madonna riconosce la propria nullità e proclama che Dio ha guardato alla miseria della sua serva e ha compiuto in Lei opere così grandi che d'ora innanzi tutti la proclameranno benedetta, beata).

La Madonna nella sua umiltà non cerca di negare le grazie straordinarie che ha ricevuto. Ma di esse dà tutta la gloria Dio. La loro origine è tutta in Lui: "L'anima mia magnifica il Signore e il mio spirito esulta in Dio, mio salvatore, perché ha guardato l'umiltà della sua serva. (...) Grandi cose ha fatto per me l'Onnipotente e Santo è il suo nome" (Lc 1,46-48).

San Paolo ha riconosciuto di essere stato un privilegiato per le rivelazioni e per la chiamata ricevuta.

Perciò "senza pregiudizio per l'umiltà si possono preferire i doni ricevuti da noi a quelli che hanno ricevuto gli altri; come fa l'Apostolo scrivendo agli Efesini: 'Questo mistero non è stato manifestato agli uomini delle precedenti generazioni come al presente è stato rivelato ai suoi santi Apostoli' (Ef 3,5)"[218].

Ugualmente, sempre secondo San Tommaso, "l'umiltà non esige che uno metta se stesso, quanto a ciò che è suo, al di sotto di ciò che è umano nel prossimo. Altrimenti bisognerebbe che ognuno si considerasse più peccatore di ogni altra persona, mentre l'Apostolo (Gal 2,15), senza mancare di umiltà, affermava: 'Noi per nascita siamo Giudei, e non pagani peccatori'.

Tuttavia uno può pensare che nel prossimo c'è del bene che egli non ha, oppure che in se stesso c'è del male che non si trova negli altri: e così può sempre mettersi al disotto del prossimo"[219].

---

[217]S. TOMMASO, *Somma teologica*, II-II, 161, 3.
[218]*Ib.*
[219]*Ib.*

2. L'umiltà consiste nel restare piccoli davanti a Dio

1. Sulla strada dell'umiltà ha camminato Santa Teresa di Lisieux.

Il 6 agosto 1897 alla Madre Priora che le chiedeva che cosa significasse *«restare bambino piccolo dinanzi a Dio»* rispose: "È riconoscere il proprio nulla, sperare tutto da Dio misericordioso, come un bambinello attende tutto dal suo babbo; è non inquietarsi di alcunché, non guadagnare ricchezze. Anche i poveri danno al bambino quanto gli è necessario, ma appena egli cresce, il padre non vuole più mantenerlo, e gli dice: Lavora! Ora puoi bastare a te stesso.

È per non sentirmi dire così che ho preferito non crescere; mi sentivo incapace di guadagnarmi la vita, la vita eterna del Cielo! Perciò, sono rimasta sempre piccola, senz'altra occupazione che di cogliere fiori, i fiori dell'amore e del sacrificio, e offrirli al Signore, per suo piacere.

Essere piccoli, vuol dire anche non attribuire affatto a noi stessi le virtù che pratichiamo, non crederci capaci di nulla, ma riconoscere che Dio misericordioso pone il tesoro della virtù in mano al suo bimbo, perché questi se ne serva quando ne ha bisogno; ma il tesoro è sempre di Dio. Infine, è non perdersi d'animo per le proprie mancanze, perché i bimbi cadono spesso, ma sono troppo piccini per farsi molto male"[220].

E ancora: "Se preferiamo ciò che vi è di divino nel prossimo a ciò che è umano in noi non possiamo incorrere nella falsità. Per questo nel commentare le parole di S. Paolo: 'Considerate gli altri superiori a voi stessi' (Fil 2,3), la Glossa afferma: 'Una simile stima non deve essere una menzogna, ma si deve pensare sinceramente che ci può essere negli altri del bene nascosto per cui essi sono superiori a noi, malgrado il bene evidente che è in noi, e che sembra metter disopra di essi" (*Ib.*, ad 2).

[220]*Novissima verba*, 6 agosto 1897.

2. Prima di Lei Sant'Agostino aveva coniato quella grande
espressione in cui è racchiuso tutto il segreto della vita umana
e della sua riuscita: "*Noverim te, noverim me (ch'io conosca Te, o
Signore, e ch'io conosca me)*".
E soggiungeva: "*Conoscerti per amarti e conoscere me per di-
sprezzarmi*".

Il medesimo insegnamento Gesù Cristo aveva dato a Santa
Caterina da Siena: "Raccontava dunque la santa vergine ai suoi
confessori, tra i quali, senza merito, sono stato anch'io, che al-
l'inizio delle visioni di Dio, cioè quando il Signore Gesù Cristo
cominciò ad apparirle, una volta, mentre pregava, le comparve
davanti e le disse: «Sai, figliola, chi sei tu e chi sono io? Se sa-
prai queste due cose, sarai beata. Tu sei quella che non è; io,
invece, Colui che sono. Se avrai nell'anima tua tale cognizione,
il nemico non potrà ingannarti e sfuggirai da tutte le sue insidie;
non acconsentirai mai ad alcuna cosa contraria ai miei comandamenti, e acquisterai senza difficoltà ogni grazia, ogni verità e
ogni lume».
Oh, parola piccolina e grande! Oh, breve dottrina e in certo
qual modo infinita! Oh sapienza racchiusa in così poche silla-
be!"[221]

Confesserà Santa Teresa: "Restare piccoli fanciulli: è riconoscere il proprio nulla e aspettare tutto dal buon Dio come il
bimbo che aspetta tutto da suo padre"[222].

E ancora: "Da un anno e mezzo Gesù ha voluto cambiare
il modo per dar vita al suo fiore, l'ha trovato senza dubbio abbastanza annaffiato, perché ora è il sole che lo rende rigoglioso,
Gesù dà a lui soltanto il suo sorriso, e per mezzo suo, Madre
amata.
Il fiore, anziché appassire, sotto questo sole dolce prende

---

[221]RAIMONDO DA CAPUA, *Legenda Maior, vita di Santa Caterina da
Siena*, n. 92.
[222]*Processo diocesano* 2639, deposizione di Madre Agnese di Gesù.

forza meravigliosamente, in fondo al calice conserva le gocce preziose di rugiada che ha ricevute, e queste gocce gli ricordano sempre che è piccolo e debole. Tutte le creature possono ben curvarsi verso lui, ammirarlo, soffocarlo di lodi: non so perché, ma questo non saprebbe aggiungere una sola goccia di falsa gioia alla gioia verace che esso gusta intimamente, vedendosi quello che è agli occhi di Dio: un povero piccolo nulla"[223].

3. Fatta Maestra delle novizie, sentendo l'incarico superiore alle sue forze, si rifugia in Dio: "Quando mi fu dato di penetrare nel santuario delle anime, capii subito che l'impegno era superiore alle mie forze; allora mi misi nelle braccia del Signore, come un bambinello, e nascondendo il mio viso tra i suoi capelli, gli dissi: 'Signore, sono troppo piccola per nutrire le vostre figlie: se volete dare per mezzo mio ciò che conviene a ciascuna, empite la mia povera mano, ed io, senza abbandonare le vostre braccia, senza nemmeno voltarmi, darò i vostri tesori all'anima che mi chiederà il cibo. Se lo troverà di suo gusto, saprò bene che ciò non sarà dovuto a me, bensì a voi. Al contrario, se si lamenterà e troverà amaro ciò che le presento, la pace mia non sarà turbata, e cercherò di convincerla che questo cibo viene da voi, e mi guarderò bene dal cercarne un altro per lei'[224].

"Madre mia, quando capii che mi era impossibile far qualcosa con le mie forze, il compito datomi da lei non mi parve più difficile, sentii che la sola cosa necessaria era di unirmi sempre più intimamente col Signore, e 'il resto mi verrà dato per soprappiù'.

In realtà, la mia speranza non è stata mai delusa, il buon Dio si è degnato di colmare la mia piccola mano quante volte ciò è stato necessario per nutrire l'anima delle mie sorelle.

Le confesso, Madre cara, che se mi fossi appoggiata sia pur pochissimo alle mie proprie forze, avrei ben presto reso le armi.

---

[223] *Storia di un'Anima*, 269.
[224] *Ib.*, 310.

Da lontano pare tutto rosa far del bene alle anime, far loro amare Dio più e meglio, insomma, modellarle secondo le nostre vedute e secondo i nostri pensieri personali.

Da vicino, è tutto il contrario, la tinta rosa è scomparsa, *si sente che far del bene è tanto impossibile senza il soccorso del Signore* quanto far brillare il sole in piena notte"[225].

4. "Stimava gli altri molto al di sopra di lei per intelligenza e virtù"[226].

Non è un'impresa impossibile questa se si mette a confronto il proprio nulla con ciò che di divino c'è negli altri.

"Era persuasa che senza un aiuto particolare di Dio non avrebbe potuto salvarsi"[227].

Santa Teresa di Gesù Bambino riconosce: "Con una natura come la mia, se fossi stata educata da genitori non virtuosi, sarei diventata molto cattiva, forse avrei rischiato addirittura la dannazione eterna"[228].

"Ah, lo sento, Gesù mi sapeva troppo debole per espormi alla tentazione. Forse mi sarei lasciata bruciare tutta dalla luce ingannatrice se l'avessi vista brillare ai miei occhi... Non è stato così, ho incontrato solamente amarezza là dove anime più forti incontrano la gioia e se ne distaccano per fedeltà. Io non ho dunque alcun merito per non essermi abbandonata all'amore delle creature, poiché da esso fui preservata per grande misericordia del Signore! Riconosco che senza lui avrei potuto cadere in basso quanto santa Maddalena, e la profonda parola di Nostro Signore a Simone mi echeggia nell'anima con grande dolcezza"[229].

"Lo so, 'colui al quale si rimette meno, ama meno' ma so

---

[225] *Ib.*, 311.
[226] *Processo Apostolico*, 1041, deposizione di Suor Genoveffa.
[227] *Ib.*, 1039, deposizione di Suor Genoveffa.
[228] *Id.*, 1039, Suor Genoveffa.
[229] *Storia di un'Anima*, 119.

anche che Gesù mi ha rimesso più che a santa Maddalena perché mi ha rimesso in anticipo, impedendomi di cadere. Ah, come vorrei poter chiarire ciò che sento!"[230].

Il 9 agosto 1897 sentendo che qualcuna dice che è una santa reagisce così: "No, non sono una Santa, non ho mai compiuto le azioni dei Santi. Sono una piccolissima anima che Dio ha colmato di grazie. Ciò che dico è la verità, la vedrete in Cielo"[231].

3. Il desiderio di essere dimenticata

1. Secondo san Benedetto, che dedica il capitolo settimo della sua regola all'umiltà e ne presenta la consistenza in 12 gradi o scalini[232], l'umiltà trova il suo principio nel tenere lo sguardo fisso in Dio, così come si legge in Gn 17,1: "cammina davanti a me e sii integro".

Lo stare alla presenza di Dio è il segreto dalla riuscita della virtù dell'umiltà e di tutte le altre virtù.

---

[230]*Ib.*, 120.

[231]*Novissima verba*, 9 agosto 1897.

[232]San Tommaso si domanda "se i dodici gradi dell'umiltà posti nella Regola di S. Benedetto siano giustificati". Da oblato benedettino, li aveva imparati. Li espone partendo dal fondo, come aveva fatto San Bernardo. Eccoli:

1. temere Dio, e nel ricordare tutto quello che ha comandato.
2. non assecondare la propria volontà.
3. regolandola ad arbitrio del superiore.
4. non desistere a motivo delle cose dure e difficili che possono capitare.
5. riconoscere e confessare i propri difetti.
6. stimarsi incapace di cose importanti in considerazione delle proprie deficienze.
7. non mettersi al di sopra degli altri.
8. non discostarsi dalla regola comune.
9. non si parli prima del tempo.
10. parlare brevemente non oltrepassando la misura.
11. la modestia degli occhi.
12. la repressione del riso e degli altri segni di gioia spensierata" (SAN TOMMASO, *Somma teologica*, II-II, 161, 6).

È dell'Autore dell'*Imitazione di Cristo* l'aureo principio: "*Ama nesciri et pro nihilo computari*" (cerca di essere ignorato e di essere considerato un nulla)[233].

Gesù è vissuto gran parte della sua vita in maniera nascosta.

E quando ha iniziato il suo ministero ha pure dato dimostrazione di umiltà mescolandosi con i peccatori che andavano a chiedere al Battista il Battesimo di penitenza.

Nel momento dell'arresto nell'orto degli ulivi con un solo soffio della sua bocca avrebbe potuto stendere a terra tutti i suoi avversari, come avvenne quando disse: "Sono io" (Gv 18,6).

Ma ha accettato di essere umiliato fino in fondo.

Non sorprende che coloro che amano di più il Signore e gli sono amici desiderino la stessa cosa.

Per questo l'Autore dell'*Imitazione di Cristo* dopo aver detto "cerca di essere ignorato e di essere considerato un nulla" va avanti così: "È questo l'insegnamento più profondo e più utile, conoscersi veramente e disprezzarsi.

Non tenere se stessi in alcun conto e avere sempre buona e alta considerazione degli altri; in questo sta grande sapienza e perfezione.

Anche se tu vedessi un altro cadere manifestamente in peccato, o commettere alcunché di grave, pur tuttavia non dovresti crederti migliore di lui; infatti non sai per quanto tempo tu possa persistere nel bene.

Tutti siamo fragili; ma tu non devi ritenere nessuno più fragile di te"[234].

2. Teresa scopre nel desiderio di nascondersi l'espediente più efficace per combattere il proprio orgoglio e permettere a Gesù di donarsi totalmente a Lei.

Tutte le testimonianze delle sue consorelle sono concordi.

---

[233]TOMMASO DA KEMPIS, *Imitazione di Cristo*, Cap. 2, 3.
[234]*Ib.*

"Vivere sconosciuta e tenuta in nessun conto fu il programma della sua perfezione"[235].

"Suor Teresa di Gesù Bambino Gesù amò sempre di restare nell'ombra. Come la Santa Vergine, essa «conservava tutto nel suo cuore» e nessuno, neanche al Carmelo, sospettava i tesori nascosti in lei"[236].

"Ciò che più mi ha colpito nella vita della serva di Dio è la sua umiltà e modestia.

Suor Teresa ha saputo passare inavvertita e tenere nascoste le grazie e i doni di Dio, sicché molte come me non li hanno conosciuti che dopo la sua morte"[237].

"Suor Teresa non cercava gli sguardi né la stima né le lodi di alcuno: Dio solo"[238].

Questo del resto era stato un suo preciso intendimento: "Le creature non vedranno i miei sforzi.

Cercando di farmi dimenticare non vorrei altro sguardo che quello di Gesù.

Che importa se sono povera, priva di spirito e di talento?

Voglio mettere in pratica questo consiglio dell'*Imitazione*: «Volete imparare qualche cosa che vi sia utile? Amate di essere ignorati e tenuti in nessun conto»"[239].

3. In particolare fu la malattia dal padre ad incrementare questo desiderio.

"Fu al Carmelo durante le nostre terribili angosce per la malattia del babbo che essa si aggrappò maggiormente al mistero della Passione ed ottenne di aggiungere al suo nome quello del Volto Santo"[240].

---

[235] *Processo Apostolico* 749, deposizione di Madre Agnese di Gesù.
[236] *Ib.* 842, deposizione di Suor Maria del Sacro Cuore.
[237] *Ib.* 1232, deposizione di Suor Amata di Gesù.
[238] *Ib.* 1232, deposizione di Suor Maria degli Angeli.
[239] *Processo diocesano* 1910, deposizione di Suor Francesca Teresa.
[240] *Processo Apostolico* 580, deposizione di Madre Agnese di Gesù.

Scrive alla sorella Celina: "Il nostro diletto padre!... Ah il mio cuore è lacerato! Ma come possiamo lamentarci se Nostro Signore stesso fu come «un uomo colpito da Dio e umiliato»?"[241].

Lo confesserà lei stessa: "Queste parole di Isaia: «Egli è senza splendore, senza bellezza, il suo viso era nascosto, e nessuno l'ha riconosciuto» hanno costituito l'essenza della mia devozione al Volto Santo, o, per dir meglio, l'essenza di tutta la mia pietà.

Anch'io desideravo di essere senza splendore, senza bellezza, sola a pigiare l'uva nel torchio, sconosciuta ad ogni creatura"[242].

"Fino allora non avevo sondato la profondità dei tesori racchiusi nel Volto Santo. La mia mammina (...) me li ha scoperti ed io ho capito.

Ho capito come non mai che questa è la vera gloria.

Colui «il cui Regno non è di questo mondo» mi ha mostrato che la sola regalità degna di invidia è nel «voler essere ignorati e tenuti in nessun conto», è trovare la propria gioia nel disprezzo di sé. Ah! volevo che il mio viso, come quello di Gesù, fosse nascosto agli occhi di tutti, che nessuno, sopra la terra, mi riconoscesse. Avevo sete di soffrire e di essere dimenticata"[243].

4. Si definisce *granello di sabbia* che non desidera che una cosa: di essere dimenticato. "Sì, desidero essere dimenticata e non solo dalle creature, ma anche da se stessa... La gloria del mio Gesù, ecco tutto. Per la mia l'abbandono a lui e se accade che mi dimentichi, non importa. È libero di farlo, perché non appartengo più a me stessa, ma a lui"[244].

"Quale felicità, essere così ben nascosti, che nessuno pen-

[241] *Lettera* 88, *a Celina*, 18 luglio 1890.

[242] *Processo Apostolico* 580, deposizione di Madre Agnese di Gesù.

[243] *Storia di un'Anima*, 200.

[244] *Lettera* 81, *a Madre Agnese*, senza data, fine aprile o inizio maggio 1890.

si a noi; essere sconosciuti, anche alle persone che vivono con noi!"[245].

Su questo fondamento santa Teresa costruisce la sua unione con lo Sposo, proprio come Sant'Agostino diceva ai suoi fedeli: "Il fine a cui tendiamo è molto elevato, è Dio che cerchiamo, Dio che vogliamo raggiungere, perché in Lui è la nostra felicità eterna. Non possiamo arrivare a questa meta sublime che attraverso l'umiltà. Desideri di elevarti? Comincia con l'abbassarti. Sogni di costruire un edificio che si innalzi fino al cielo? Prima abbi cura di gettare le fondamenta sull'umiltà"[246].

5. Teresa ringrazia il Signore per averle mostrato le sue debolezze.

È lei stessa che lo racconta. Era un giorno in cui soffriva per una febbre molto alta che le dava nausea di tutto. In quel mentre una suora andò a chiederle un consiglio per un dipinto da eseguire. Una leggera emozione tradì la sua contrarietà interiore. Era presente anche la Priora, Madre Agnese di Gesù.

Giunta la sera, Teresa le scrisse un biglietto: "Madre mia dilettissima, poc'anzi ho versato dolci lacrime, lacrime di pentimento, ma più ancora di riconoscenza e di amore.

Oggi, le ho mostrato la mia virtù, i miei tesori di pazienza!

E io che predico così bene alle altre!

Sono contenta che lei abbia visto le mie imperfezioni.

Lei non mi ha rimproverato ma io lo meritavo.

E in ogni circostanza la sua dolcezza è più significativa di ogni parola severa. Lei è per me l'immagine della divina misericordia.

Rientrando nella nostra cella, mi domandavo che cosa Gesù pensasse di me. Immediatamente mi sono ricordata ciò che egli disse un giorno alla donna adultera: «Chi vi ha condannato?» e anch'io con le lagrime agli occhi, gli ho risposto «nessu-

---

[245]*Lettera* 85, *a Madre Agnese*, senza data, maggio 1890.
[246]Sant'Agostino, *Sermo 10 de Verbis Domini*.

no, Signore, e sento che posso bene andarmene in pace, perché neppure tu mi condannerai».

Le confesso: sono molto più felice di essere stata imperfetta che se, con l'aiuto della grazia, fossi stata un modello di pazienza.

Mi fa così bene vedere che Gesù è sempre tanto dolce, tanto tenero con me. Veramente, c'è da morire di riconoscenza e d'amore. Lei vede come stasera il vaso della divina misericordia ha traboccato sulla sua figlia"[247].

6. Suor Agnese testimonierà ancora: "Nel culmine della sua ultima malattia una suora conversa venne ad offrirle del sugo di carne che ella rifiutò con dolcezza, dicendo che era impossibile berlo perché le avrebbe procurato vomito.

Non ricordo se poi lo bevve, so soltanto che chiese umilmente perdono alla suora.

Tuttavia questa, scandalizzata per quella resistenza, andò a dire ad un'altra suora: «Suor Teresa di Gesù Bambino non solo non è una santa, ma non è nemmeno una buona religiosa». Queste parole furono riferite alla Serva di Dio che *ne fu così santamente contenta* da confidare la sua gioia ad una suora da cui si sapeva compresa e che mi ha detto: «È il ricordo più edificante che ho conservato della Serva di Dio».

Durante la sua malattia aveva occasioni continue di suscettibilità e di impazienza. A malapena qualche volta lasciava trasparire una leggera emozione. Allora riconosceva la sua debolezza e chiedeva perdono, raccomando di pregare per lei. Qualche tempo dopo mi diceva: «Provo una gioia vivissima non soltanto che mi trovino imperfetta, ma soprattutto di sentirmi tale io stessa e di aver bisogno della misericordia del buon Dio al momento della morte»"[248].

---

[247]*Lettera* 206, *a Madre Agnese*, 28 maggio 1897.
[248]SUOR AGNESE DI GESÙ, in *Testimoni di Teresa di Gesù Bambino*, p. 61.

Capo VII

La carità

1. Che cosa s'intende per carità

Il teologo incaricato di preparare il giudizio della Chiesa sull'eroicità delle virtù di Teresa di Lisieux giustamente nota: "Tra le diverse virtù dei servi di Dio non è difficile scoprirne una in particolare che appare come la nota distintiva della loro fisionomia spirituale: così la carità (l'amore di Dio) nella nostra Teresa"[249].

Giova ricordare che cosa sia la carità.

Il grande biblista domenicano Ceslas Spicq amava definirla così: "È il modo di amare tipico di Dio, e il modo di amare di coloro che sono stati gratificati di questo dono da parte di Dio (Rm 5,5; 1 Gv 4,7)"[250].

Questa definizione, di sapore biblico, riecheggia quanto dice San Paolo: "La speranza poi non delude, perché l'amore di Dio è stato riversato nei nostri cuori per mezzo dello Spirito Santo che ci è stato dato" (Rm 5,5).

---

[249]M.M. PHILIPON, *Santa Teresa di Lisieux*, p. 96.
[250]C. SPICQ, *Théologie morale du Nouveau Testament*, II, p. 482.

E anche quanto scrive San Giovanni: "Carissimi, amiamoci gli uni gli altri, perché la carità (l'amore) è da Dio: chiunque ama (con la carità) è stato generato da Dio e conosce Dio" (1 Gv 4,7). C. Spicq ricorda anche che gli agiografi avevano una certa abbondanza di termini nel vocabolario greco, come ad esempio storghé, eros e filìa, ma non ne trovano nessuno adatto per esprimere quest'amore che è veramente nuovo, perché è divino.

Ricorrono allora ad un verbo greco "agapào, agapàn" che era però senza sostantivo e prendono proprio questo sostantivo "agàpe" – coniato nella stesura dei LXX – per designare tale tipo di amore. C. Spicq dice che quattro sono i significati di agàpe.

Primo, indica anzitutto *amore di predilezione, preferenziale*. Significa "tenere qualcuno in maggiore considerazione che un altro"[251].

Secondo, a differenza di εραν (eràn), che indica un'attrazione istintuale, αγαπαν esprime un amore che è *atto di libera scelta*. Tale è, ad esempio, l'amore del potente che solleva l'umile e lo innalza al di sopra degli altri[252]. Secondo C. Spicq, αγαπη designa un amore di profondo rispetto (1 Pt 2,17), che spesso si combina con l'ammirazione e culmina nell'adorazione.

Terzo, indica un amore che *non si contenta di essere nel cuore*, ma che tende ad *esprimersi con parole e gesti* convenienti. All'αγαπη è essenziale il manifestarsi, il mostrarsi, il fornire prove, l'esibirsi. Questo è così vero che nel Nuovo Testamento bisognerebbe quasi sempre tradurre αγαπη con 'manifestazione di amore'. Nella nuova Alleanza l'osservanza dei comandamenti ha valore solo come prova d'amore (Gv 14,15.21).

Quarto, trattandosi di un amore divino che proviene dal cielo (Rm 5,5), αγαπη indica un *sentimento gioioso*, che quasi *pregusta la beatitudine*. Si esprime nei confronti di tutti in ac-

---

[251]E. STAUFFER, *Grande lessico del NT*, I, cl. 97.
[252]*Ib.*, cl. 98.

clamazioni, plauso, segni di rispetto, felicitazioni, lodi e perfino venerazione. In questo senso in Ap 1,5-6 si legge: "A Colui che ci ama... a lui la gloria e il potere nei secoli dei secoli"[253]. Non sarà difficile scorgere in Santa Teresa tutte e quattro queste caratteristiche.

2. L'amore preferenziale

1. "L'amore del buon Dio animava veramente tutte le sue azioni: essa non pensava che a Lui, non respirava che per Lui"[254].

"L'amore di Dio fu veramente la nota dominante della sua dottrina e della sua vita, la caratteristica» della sua santità. Suor Teresa di Gesù Bambino avrebbe voluto «amare il buon Dio come non è stato mai amato». Essa scelse l'amore come centro della sua vita spirituale»"[255].

2. "Durante la sua vita religiosa le capitò a più riprese di aver da soffrire antipatia, difetti di carattere, contrasti di umore, anche gelosia e comportamenti offensivi da parte di certe religiose. Non solo sopportava tutto con pazienza sempre uguale, ma si studiava di scusare questa cattiva condotta, cercava quelle religiose piuttosto che altre e aveva per esse le attenzioni più delicate"[256].

3. La sorella Madre Agnese dirà che "accettò con eroismo tutti i sacrifici della vita religiosa *per provare al Signore il suo amore.*

Non la colse di sorpresa alcun sacrificio, poiché essa aveva tutto previsto, tutto accettato in anticipo, all'unico scopo di

---

[253]C. SPICQ, *op. cit.*, pp. 55-58.
[254]*Processo diocesano* 1730, deposizione di Suor Genoveffa.
[255]*Processo apostolico* 936, deposizione di Suor Genoveffa.
[256]SUOR AGNESE DI GESÙ, in *Testimoni di Teresa di Gesù Bambino*, p. 60.

amare e di far amare il buon Dio"[257].

Suor Teresa di Gesù Bambino sapeva trasformare tutte le sue occupazioni (visite in parlatorio, ricreazioni, incarichi diversi che ebbe al Carmelo, ore di silenzio e di orazione) e anche le sue ricreazioni in un continuo esercizio d'amore.

Scriveva a Celina: "C'è una sola cosa da fare quaggiù: amare Gesù con tutte le forze del nostro cuore e salvare le anime affinché Egli sia amato. Non rifiutiamogli niente: Egli ha tanto bisogno d'amore"[258].

Aveva scritto sul perlinato di assi della sua cella: "Gesù è il mio unico amore"[259].

"Che importano le opere? L'amore può supplire ad una lunga vita. Gesù non guarda al tempo, perché egli è eterno. Non guarda che all'amore. Gesù, vorrei tanto amarlo! Amarlo come non è stato amato mai. A qualunque prezzo voglio cogliere la palma di Agnese; se non sarà con il sangue è necessario che sia con l'amore"[260].

"Con l'amore non solo io cammino, ma volo"[261].

4. Entrando al Carmelo ebbe l'opportunità di leggere le opere di San Giovanni della croce *La salita al monte Carmelo*, *La notte oscura*, il *Cantico spirituale* e *Viva fiamma d'amore*.

Soprattutto quest'ultimo per due anni fu il suo libro preferito riempiendo la memoria, il cuore della descrizione delle meravigliose operazioni dell'amore divino nelle anime.

"Con quale desiderio e quale consolazione mi sono ripetuta, fin dall'inizio della mia vita religiosa, queste parole di San Giovanni della Croce: «È della più grande importanza che l'a-

---

[257] *Processo apostolico* 633, deposizione di Madre Agnese di Gesù.

[258] *Lettera* 73, *a Celina*, 14 luglio 1889.

[259] M.M. PHILIPON, *Santa Teresa di Lisieux*, p. 97.

[260] *Lettera* 92, *a Madre Agnese di Gesù*, settembre 1890.

[261] "Sono di una natura tale che la paura mi fa indietreggiare, con l'amore non soltanto vado avanti, ma volo" (*Storia di un'Anima*, 228).

nima si eserciti molto nell'amore, affinché consumandosi rapidamente, essa non si arresti quaggiù, ma ben presto giunga a vedere il suo Dio faccia a faccia"[262].

5. Fu la pratica dell'amore di Dio ad aiutarla a stare sempre alla sua presenza. Tutti la percepivano in lei.

"Il raccoglimento si rifletteva sulla sua fisionomia, impressionando vivamente le sue sorelle anche all'ora della ricreazione"[263] di cui essa era l'anima.

"Noi la vedemmo in sacrestia, in guardaroba, alla ruota, in refettorio, eseguire sempre il suo compito con un grande spirito di fede ed un'attenzione costante alla presenza di Dio"[264], "non lasciandosi mai distrarre in mezzo alle occupazioni più assillanti, non lasciandosi mai sfuggire il più piccolo segno di dissipazione"[265].

Durante il noviziato rimase in questo stato interiormente sprofondata nell'amore per una intera settimana[266].

Lei stessa spiegherà sul letto di morte: "C'era come un velo gettato per me su tutte le cose della terra. Io mi sentivo interamente nascosta sotto il velo della Santa Vergine. In quel tempo ero incaricata del refettorio; mi ricordo che facevo le cose, come se non le facessi, era come agire con un corpo imprestato... Stato soprannaturale, ben difficile da spiegare. Solo Dio può metterci in esso ed è sufficiente a distaccare un'anima dalla terra per sempre"[267].

6. Con tutte queste premesse si può comprendere l'offerta all'amore misericordioso che farà di se stessa il 9 giugno 1895, festa della SS. Trinità.

---

[262] *Novissima verba*, 27 luglio 1897.

[263] *Processo apostolico* 1074, deposizione di Suor Teresa di sant'Agostino.

[264] *Processo diocesano* 465, deposizione di Suor Maria del Sacro Cuore.

[265] *Processo apostolico* 1271, Suor Marta di Gesù.

[266] M.M. PHILIPON, *Santa Teresa di Lisieux*, p. 99.

[267] *Novissima verba*, 11 luglio 1897.

"Madre cara, lei che mi ha permesso di offrirmi così al buon Dio, lei sa quali fiumi, o piuttosto quali oceani di grazie, inondarono l'anima mia... Ah da quel giorno felice mi pare che l'amore mi compenetri e mi avvolga, mi pare che, ad ogni istante, questo amore misericordioso mi rinnovi, purifichi l'anima mia e non lasci alcuna traccia di peccato"[268].

3. L'amore puro

1. Si domanda Santa Teresa se il suo amore per il Signore fosse un amore puro.

"Gesù mio, ti amo, amo la Chiesa mia Madre, mi ricordo che 'il minimo moto di amor puro le è più utile che non tutte le altre opere riunite insieme', ma l'amore puro esiste nel mio cuore?"[269].

"I grandi Santi hanno lavorato per la gloria del Signore, ma io che sono un'anima piccola piccola, lavoro soltanto per fargli piacere, e sarei felice di sopportare i patimenti più grandi se anche fosse per farlo sorridere una volta sola"[270].

2. Non arrivò subito ad amare in maniera disinteressata.

Ci arrivò dopo aver ricevuto un'illuminazione del Signore.

Scrive: "Quest'anno, cara Madre, il Signore mi ha concesso la grazia di capire che cosa è la carità; prima lo capivo, è vero, ma in un modo imperfetto, non avevo approfondito queste parole di Gesù: 'Il secondo comandamento è simile al primo:

---

[268]*Storia di un'Anima* 238.

Scrive p. Philipon: "Qualche giorno dopo Dio rispondeva a questa donazione totale con "la grande ferita d'amore". Questa grazia straordinaria dello «strale di fuoco» indica con esattezza dove porti la spiritualità teresiana: nelle anime eroicamente fedeli, tutto è rapidamente purificato e consumato dall'Amore" (*Santa Teresa di Lisieux*, p. 101).

[269]*Storia di un'Anima*, 259.

[270]*Novissima verba*, 30 agosto 1897

amerai il prossimo tuo come te stesso'. Mi dedicavo soprattutto ad amare Dio, e amandolo ho capito che l'amore deve tradursi non soltanto in parole, perché: 'Non coloro che dicono: Signore, Signore! entreranno nel regno dei Cieli, bensì coloro che fanno la volontà di Dio'. Questa volontà Gesù l'ha fatta conoscere varie volte, dovrei dire quasi in ciascuna pagina del suo Vangelo; ma nell'ultima cena, quand'egli sa che il cuore dei suoi discepoli brucia ancor più di amore per lui che si è dato ad essi nell'ineffabile mistero della Eucaristia, questo dolce cuore vuole dare un comandamento nuovo. Dice loro con tenerezza inesprimibile: 'Vi do un comandamento nuovo di amarvi reciprocamente; come io ho amato voi, amatevi uno l'altro. Il segno dal quale tutti conosceranno che siete miei discepoli sarà che vi amate scambievolmente'.

In qual modo Gesù ha amato i suoi discepoli e perché li ha amati? Ah non erano le loro qualità naturali che potevano attirarlo, c'era tra loro e lui una distanza infinita. Egli era la Scienza, la Saggezza eterna; essi erano dei poveri pescatori ignoranti e pieni di pensieri terrestri. Tuttavia Gesù li chiama suoi amici, suoi fratelli. Vuole vederli regnare con lui nel regno di suo Padre, e per aprire loro questo regno vuole morire sopra una croce, perché ha detto: 'Non c'è amore più grande che dare la vita per coloro che amiamo'[271].

E ancora: "Madre amata, meditando su queste parole di Gesù ho capito quanto l'amore mio per le mie sorelle era imperfetto, ho visto che non le amavo come le ama Dio. Capisco ora che la carità perfetta consiste nel sopportare i difetti degli altri, non stupirsi delle loro debolezze, edificarsi dei minimi atti di virtù che essi praticano, ma soprattutto ho capito che la carità non deve restare affatto chiusa nel fondo del cuore: 'Nessuno – ha detto Gesù -accende una fiaccola per metterla sotto il moggio, ma la mette sul candeliere affinché rischiari tutti coloro che so-

---

[271]*Storia di un'Anima*, 288.

no in casa'. Mi pare che questa fiaccola rappresenti la carità la quale deve illuminare, rallegrare, non soltanto coloro che mi sono più cari, ma tutti coloro che sono nella casa, senza eccettuare nessuno"[272].

3. Bisogna riconoscere però che giunse ad un punto in cui non guardava più al guadagno che avrebbe fatto con l'amare.

Le bastava amare per fare piacere a Dio.

Confidò ad una consorella: "A Sesta c'è un versetto che recito sempre mal volentieri. È questo: *Inclinavi cor meum ad faciendas justificationes tuas propter retributionem* (il mio cuore si è indotto all'adempimento dei tuoi comandamenti a causa della ricompensa)[273]. Interiormente mi affretto a dire: «Gesù mio, tu sai bene che non per la ricompensa io ti servo, ma unicamente perché ti amo, e per salvare delle anime"[274].

4. Ama anche se in tante cose non ci trova gusto.

In occasione della professione scrive alla sorella: "Gesù non mi dice niente, e io pure non gli dico niente, se non che l'amo più di me stessa; e sento in fondo al cuore che è vero; perché appartengo a Lui più che a me stessa...

Mi vergognerei se il mio cuore assomigliasse a quello dei fidanzati della terra, che sempre guardano le mani dei loro promessi, per vedere se non portano loro qualche regalo oppure guardano il loro viso per cogliervi un sorriso di amore che li inebri"[275].

---

[272] *Ib.*, 289.

[273] È il salmo 118,112. L'attuale traduzione dice: "Ho piegato il mio cuore a compiere i tuoi decreti, in eterno, senza fine". È scomparso il *propter retributionem*.

[274] *Processo apostolico* 1338, deposizione di Suor Maria della Trinità.

[275] *Lettera 93, a Madre Agnese di Gesù*, settembre 1890.
Nella *Storia di un'Anima* descrive più diffusamente lo stato di aridità e di abbandono che provava: "Prima di parlarle di questa prova, avrei dovuto, Madre mia cara, parlarle del ritiro che precedette la mia professione; lungi dal portarmi consolazioni, mi recò l'aridità più assoluta e quasi l'abbandono. Ge-

Il suo amore per il Signore è così puro che giunge a dire che "per fargli piacere consentirebbe a essere gettata nell'inferno, ma solo perché sia amato anche in quel luogo di maledizione". E soggiunge: "Sapevo bene che questo non poteva glorificarlo, ma quando si ama si sente il bisogno di dire mille follie"[276].

Madre Agnese testimonierà di lei che avrebbe detto: "Se per assurdo il Signore non vedesse le mie buone azioni, non me ne affliggerei affatto. L'amo tanto che vorrei fargli piacere col mio amore ed i miei piccoli sacrifici, senza che Egli neanche sappia che sono io"[277].

E anche: "Un giorno, vedendola deporre fiori al Calvario, le chiesi: «è per ottenere qualche grazia?». «No, mi rispose, è per fargli piacere. Non voglio dare per ricevere. Non sono egoista.

sù dormiva come sempre nella mia navicella; ah vedo bene che di rado le anime lo lasciano dormire tranquillamente in loro stesse. Gesù è così stanco di sollecitare sempre con favori e di prendere le iniziative, che si affretta a profittare del riposo che io gli offro. Non si sveglierà certamente prima del mio grande ritiro dell'eternità, ma, invece di addolorarmi, ciò mi fa un piacere immenso. In verità, sono ben lungi da essere una santa, già questo di per sé ne è prova; invece di rallegrarmi per la mia aridità, dovrei attribuirla al mio poco fervore e alla mia scarsa fedeltà, dovrei sentirmi desolata perché dormo (da sette anni) durante le mie orazioni e i miei ringraziamenti; ebbene, non mi affanno per questo; penso che i bimbi piccoli piacciano ai loro genitori quando dormono come quando sono svegli, penso che per fare delle operazioni i medici addormentano i malati. Infine, penso che 'il Signore vede la nostra fragilità, e si ricorda che noi siamo soltanto polvere' (Storia di un'Anima, 215).

"Il mio ritiro di professione fu, dunque, come tutti quelli successivi, aridissimo; tuttavia il buon Dio mi mostrava chiaramente, senza che io me n'accorgessi, il mezzo per piacergli, e praticare le virtù più sublimi. Ho notato varie volte che Gesù non vuole darmi provviste, mi sostiene minuto per minuto, con un nutrimento affatto nuovo, lo trovo in me senza sapere come ci sia. Credo semplicemente che sia Gesù stesso nascosto in fondo al mio povero cuore che mi fa grazia di agire in me e mi fa pensare tutto quello che vuole ch'io faccia nel momento presente" (Ib., 216).

[276] Processo diocesano 2348, deposizione di Madre Agnese di Gesù.
[277] Processo apostolico 641, deposizione di Madre Agnese di Gesù.

E il buon Dio che amo, non me stessa"[278].

"Durante la sua malattia, perché soffriva molto e io le facevo notare che Dio le avrebbe dato una più grande ricompensa, «oh, no, rispose, non per la ricompensa: ma per far piacere al Signore»"[279].

5. Tuttavia il cuore umano non può fare a meno di qualche consolazione.

Sebbene poter amare sia già una grande retribuzione, ci sono momenti in cui anche Teresa guarda al termine della sofferenza e attende la consolazione.

"Benché naturalmente portata alla pratica dell'amore disinteressato, essa non cessava di meditare la ricompensa per aiutarsi nelle sofferenze della vita"[280].

Durante la malattia del papà scriveva alla sorella: "Il buon Dio ci dice che un giorno asciugherà tutte le lagrime dei nostri occhi. Più avremo pianto, più la consolazione sarà grande"[281].

4. L'amore che vuole visibilizzarsi

1. Scrive nella *Storia di un'Anima*: "Ma in quale modo testimonierà il suo amore poiché l'amore si prova con le opere? Ebbene, il fanciullo getterà fiori, profumerà il trono reale, canterà con la sua voce argentina il cantico dell'amore..."[282].

"Sì, mio Amato, la mia vita si consumerà così. Non ho altri mezzi per provarti il mio amore, se non gettare dei fiori, cioè non lasciar sfuggire alcun piccolo sacrificio, alcuna premura, alcuna parola, e profittare di tutte le cose piccole, e farlo per amore...

Voglio soffrire per amore e perfino gioire per amore, così

---

[278] *Ib.*

[279] *Ib.*

[280] *Ib.* 811, deposizione di Suor Maria del Sacro Cuore.

[281] *Ib.*

[282] *Storia di un'Anima*, 257.

getterò fiori davanti al tuo trono; non ne incontrerò uno senza sfogliarlo per te... poi, gettando fiori, canterò (sarebbe possibile piangere compiendo un'azione di tanta gioia?) canterò, anche quando dovrò cogliere i miei fiori in mezzo alle spine, e il canto sarà tanto più melodioso quanto più le spine saranno lunghe e pungenti.

Gesù, a che ti serviranno i miei fiori e i miei canti? Lo so bene, questa pioggia profumata, questi petali fragili senz'alcun valore, questi canti d'amore del cuore piccolo tra i piccoli, ti saranno cari, questi nulla ti faranno piacere, faranno sorridere la Chiesa trionfante, ella raccoglierà i miei fiori sfogliati per amore, e facendoli passare per le tue mani divine, Gesù, questa Chiesa del Cielo vorrà giocare col suo bimbo piccolo, e getterà anch'essa quei fiori i quali avranno acquisito sotto il tuo tocco divino un valore infinito, e li getterà sulla Chiesa dolorante per spegnere le fiamme di essa, li getterà sulla Chiesa militante per farle avere la vittoria!"[283].

Testimonierà di lei Suor Maria della Trinità: "Il 29 luglio 1894, la Comunità sorteggiò alcune pie sentenze. Il biglietto che toccò a Suor Teresa fu questo: «Se in qualsiasi momento ti si chiedesse: che cosa fai? la tua risposta dovrebbe essere: amo. Al refettorio? Amo. Al lavoro? Amo...». E questo biglietto che la Santa conservò fino alla morte le diede tanta gioia. Mi disse: *è l'eco della mia anima*"[284].

La sorella Celina: "Vedendola così perfetta e così fedele nel cercare in tutte le cose la gloria di Dio, le dissi un giorno: «ciò che invidio sono le sue opere. Anch'io vorrei fare del bene e delle belle opere, scritti, quadri, ecc... che facciano amare il buon Dio». «Ah, mi rispose, non bisogna mettere in ciò il proprio cuore. Oh! no, non bisogna rattristarsi della propria impotenza,

---

[283] *Ib.*, 258.
[284] *Processo apostolico* 136, deposizione di Suor Maria della Trinità.

ma cercare unicamente l'amore»"[285].

Ecco la sua dottrina: amare. Amare indipendentemente dal successo.

Nella *Storia di un'Anima* scrive: "L'amore si nutre di sacrifici: più l'anima si priva di soddisfazioni naturali, più la sua tenerezza diventa forte e disinteressata"[286].

2. Anche alle novizie insegnava ad amare così, ad esternare la carità verso tutte.

"Mi diceva di andare alla ricreazione, non per divertirmi, ma per rallegrare gli altri.

Sì, qui più che altrove, forse troviamo occasione di rinuncia e di esercizio della carità.

Rendetevi simpatiche a tutte. Non ci riuscirete, è vero, se non rinunciando a voi stesse"[287].

Diceva: "Non bisogna mai rifiutare niente a nessuno quando anche ciò dovesse costarci molto.

Pensate che è Gesù che vi chiede questo piccolo servizio, allora vi affretterete a renderlo con viso sempre amabile"[288].

Dirà Suor Genoveffa: "Amava rendere servizio e far piacere pagando di persona. I suoi «silenzi» e le sue «domeniche» (tempo libero al Carmelo, di cui ciascuno è molto avaro) essa li passava per lo più a comporre poesie, secondo la richiesta e il gusto delle sue consorelle. Non si rifiutava mai. Il suo tempo fu talmente preso da questi atti di carità che non ne trovava più per se stessa"[289].

"Noi, le sue novizie, la disturbavamo a proposito ed a sproposito, frastornandola e moltiplicando le domande indiscrete.

---

[285] *Processo diocesano* 1706, deposizione di Suor Genoveffa.
[286] *Storia di un'Anima*, 308.
[287] *Processo Apostolico* 1347, deposizione di Suor Maria della Trinità.
[288] *Processo Diocesano* 1059 e 2060, deposizione di Suor Marta di Gesù.
[289] *Processo Apostolico* 1739, deposizione di Suor Genoveffa.

Era sempre calma e dolce"[290].

"Alla fine della sua vita, quando, malatissima, lavorava al suo manoscritto nel giardino, mi accorsi un giorno che essa era continuamente interrotta dalle sorelle. Invece di spazientirsi o di pregare semplicemente che la lasciassero tranquilla, ogni volta Suor Teresa posava la penna e chiudeva il quaderno con un dolce sorriso. Le chiesi come in queste condizioni poteva metter giù due idee di seguito. Mi rispose: «scrivo della carità fraterna, ed è l'occasione di praticarla. Oh! madre mia, *la carità fraterna è tutto sulla terra.*

Si ama il buon Dio nella misura in cui essa si esercita»[291].

In *Storia di un'anima* scrive: "Madre mia, Gesù mi ha concesso la grazia di farmi penetrare i misteri profondi della carità; se potessi esprimere ciò che sento, voi sentireste una celeste melodia"[292].

5. L'amore gioioso

1. Proprio perché gioiosa, questa maniera divina di amare genera pace, elimina le conflittualità, rafforza la concordia vicendevole.

Non soltanto desidera amare, ma vuole incrementare la carità nella vita comune, nel monastero, ben consapevole che dove i fratelli si vogliono bene là c'è la vita e la benedizione per sempre (Sal 133,39).

Ne dà testimonianza in *Storia di un'Anima* ove scrive: "Ecco la conclusione che ne traggo: debbo ricercare in ricreazione, in 'licenza', la compagnia delle sorelle che mi sono meno gradevoli, fare presso queste anime ferite l'ufficio del buon Samaritano. Una parola, un sorriso amabile, bastano spesso perché

---

[290]*Ib.*, 1809, deposizione di Suor Genoveffa
[291]*Ib.*, 653, deposizione di Madre Agnese di Gesù.
[292]*Storia di un'Anima*, 302.

un'anima triste si espanda"[293].

"Così per non perdere tempo, *voglio essere amabile con tutte* (e in modo particolare con le sorelle meno amabili) *per rallegrare Gesù* e *rispondere al consiglio che egli dà nel Vangelo* su per giù in questi termini: '*Quando fate un festino, non invitate soltanto i vostro parenti e amici,* per timore che essi vi invitino a loro volta, e così abbiate ricevuto la vostra ricompensa; ma invitate i poveri, gli zoppi, i paralitici, e sarete felici che essi non possano ricambiarvi perché il Padre vostro che vede nel segreto ve ne compenserà'.

Quale festa potrebbe offrire una carmelitana alle sue sorelle se non *un'àgape spirituale composta di carità amabile e gioiosa?* Per me, non ne conosco altra e voglio imitare san Paolo il quale si rallegrava con coloro che trovava nella gioia; è vero altresì che piangeva con gli afflitti, e le lacrime debbono esserci qualche volta nel festino che io voglio imbandire, ma sempre cercherò che alla fine quelle lacrime si mutino in gioia, poiché il Signore ama coloro che danno con gioia"[294].

2. Le piace ricordare come motivo di edificazione comune "un atto di carità che il Signore m'ispirò quand'ero ancora novizia"[295].

Dice: "Fu poca cosa, tuttavia il Padre nostro, il quale vede nel segreto e guarda più all'intenzione che alla grandezza dell'atto, me ne ha già compensata, senza attendere l'altra vita"[296].

Riguardava una religiosa anziana e inferma, una certa Suor San Pietro che aveva bisogno di essere condotta qua e là. Tale monaca voleva che la prendessero e la facessero girare sempre in un determinato modo, secondo quanto a lei pareva meno faticoso.

---

[293] *Storia di un'Anima*, 323.
[294] *Ib.*, 324.
[295] *Ib.*, 325.
[296] *Ib.*

Dal momento che le infermiere in quel periodo avevano molte malate da accudire era necessario che qualcuna si offrisse per tale suora.

Santa Teresa confessa: "Mi costava molto offrirmi per questo piccolo servizio, perché sapevo che non era facile contentare questa buona suor San Pietro, la quale soffriva tanto che non gradiva cambiamenti di accompagnatrice.

Eppure non volevo perdere un'occasione tanto bella per esercitare la carità, ricordandomi che Gesù ha detto: 'Quello che farete al più piccolo dei miei l'avrete fatto a me'.

Mi offrii perciò umilmente per condurla e ci volle del bello e del buono per fare accettare i miei servizi! Finalmente mi misi all'opera e con tanta buona volontà che riuscii perfettamente.

Ogni sera, quando vedevo Suor San Pietro scuotere la sua clessidra, sapevo che quel gesto voleva dire: Partiamo! È incredibile come mi costava scomodarmi, specie all'inizio, tuttavia lo facevo immediatamente, e poi cominciava tutta una cerimonia...". Non era facile accontentarla sia che si prendesse in un modo sia in un altro. Non di rado capitava di essere sgridata: "Ma faccia attenzione, mi segua! Non sento più la sua mano, m'ha lasciata andare, casco; ah, lo dicevo io che lei è troppo giovane!".

Dopo aver raggiunto il refettorio "bisognava tirarle su le maniche (anche questo, in un certo modo), e dopo ero libera, potevo andare. Con le sue povere mani storpiate sistemava il pane nella ciotola, come poteva. Me ne accorsi, e ogni sera, prima di lasciarla, le facevo anche questo piccolo servizio.

Siccome lei non me l'aveva chiesto, fu molto commossa per la mia premura, e con questo mezzo che io non avevo cercato, guadagnai del tutto le sue buone grazie e soprattutto (l'ho saputo più tardi) perché, dopo averle tagliato il pane, *le facevo il mio più bel sorriso* prima di andar via"[297].

---

[297] *Ib.*

Santa Teresa racconta anche che la pratica della carità all'inizio le costò, ma Gesù le "volle far sentire quanto è dolce vederlo nell'anima delle sue spose; così quando conducevo Suor San Pietro, lo facevo con tanto amore che mi sarebbe stato impossibile far meglio se avessi dovuto condurre Gesù stesso. La pratica della carità non mi è sempre stata così dolce"[298].

3. Racconta alcuni episodi come il seguente: "Per lungo tempo, all'orazione della sera, mi trovavo davanti a una consorella la quale aveva una buffa mania, e penso... molti lumi, perché raramente si serviva di un libro. Ecco in qual modo me ne accorgevo: appena la consorella era arrivata, si metteva a fare uno strano rumore che somigliava a quello di due conchiglie sfregate una contro l'altra. Me ne accorgevo io sola perché ho l'orecchio finissimo (un po' troppo, qualche volta).

Impossibile dire, Madre mia, fino a che punto quel rumorino mi stancava: avevo gran voglia di voltare la testa e guardar la colpevole, la quale, sicuramente, non si accorgeva del suo tic, sarebbe stato l'unico modo per richiamarla alla realtà; ma *in fondo al cuore sentivo che era meglio sopportare la cosa per amor di Dio e per non far dispiacere alla consorella.*

Me ne stavo perciò buona buona, *cercavo di unirmi al buon Dio,* dimenticare il rumorino... tutto inutile, sentivo il sudore che m'inondava ed ero costretta a fare soltanto un'orazione di sofferenza, ma, pur soffrendo, *cercavo il modo di farlo senza irritazione, bensì in pace e gioia, almeno nel profondo dell'anima.*

Allora mi sforzavo d'amare il rumorino tanto sgradevole; non cercavo più di non udirlo (cosa impossibile), ma facevo attenzione ad ascoltarlo bene come se fosse stato un concerto fascinoso e *tutta l'orazione mia* (che non era certo quella di quiete) *trascorreva nell'offerta di quel concertino a Gesù*"[299].

---

[298] *Ib.,* 327.
[299] *Ib.*

4. "Un'altra volta ero alla lavanderia, davanti ad una consorella la quale mi lanciava schizzi d'acqua sporca sul viso ogni volta che sollevava i fazzoletti sul lavatoio; il mio primo moto fu di fare un passo indietro e asciugarmi la faccia: così la consorella che mi aspergeva avrebbe capito quanto mi avrebbe giovato se fosse stata un po' più calma e attenta ma pensai subito come sarei stata sciocca a rifiutare diamanti e gemme che mi venivano offerti così generosamente e mi guardai bene dal far trasparire il mio conflitto. Feci tutti i miei sforzi per desiderare di ricevere tant'acqua sporca, in modo che da ultimo avevo preso gusto davvero a quel nuovo genere di aspersione e promisi a me stessa di tornare un'altra volta a un posticino così felice ove si ricevevano tanti tesori.

Madre cara, lei vede che sono una piccolissima anima e non posso offrire al buon Dio che piccolissime cose. Ancora mi succede spesso di lasciarmi sfuggire quei sacrifici minuti che danno tanta pace all'anima; non me ne scoraggio, sopporto di avere un po' meno pace, e cerco di essere più vigilante un'altra volta"[300].

5. È rimasto famoso un altro episodio di carità eroica compiuta con letizia cristiana da Santa Teresa.

Si trattava di una suora di cui scrive: "ha il talento di dispiacermi in tutte le cose; le sue maniere, le sue parole, il suo carattere mi sembrano molto sgradevoli.

Tuttavia è una santa religiosa che deve essere graditissima al Signore, perciò io, non volendo cedere all'antipatia naturale che provavo, mi son detta che la carità *non deve consistere nei sentimenti, bensì nelle opere*; allora mi sono dedicata a fare per questa consorella ciò che avrei fatto per la persona più cara.

Ogni volta che la incontravo pregavo il buon Dio per lei, offrendogli tutte le sue virtù e i suoi meriti.

Sentivo che ciò era bene accetto a Gesù perché non c'è artista

---

[300] *Ib.*, 328.

al quale non piaccia ricevere lodi per le sue opere, e Gesù, l'artista delle anime, è felice quando non ci si ferma all'esterno, e invece, penetrando fino al santuario intimo che egli si è scelto come dimora, se ne ammira la bellezza.

Non mi contentavo di pregare molto per la sorella che mi suscitava tanti conflitti interni, cercavo di farle tutti i favori possibili, e quando avevo la tentazione di risponderle sgarbatamente, mi limitavo a farle il più amabile dei miei sorrisi, e cercavo di stornare la conversazione, perché è detto nell'*Imitazione*: 'È meglio lasciar ciascuno nel suo sentimento piuttosto che fermarsi a contestare' [301].

Spesso anche, quando non ero in ricreazione (voglio dire durante le ore di lavoro), avendo a che fare per ufficio con questa consorella, quando i miei contrasti intimi erano troppo violenti, *fuggivo come un disertore*.

Poiché ignorava assolutamente quello che sentivo per lei, mai ha supposto i motivi della mia condotta, e rimane persuasa che il suo carattere mi è piacevole.

Un giorno in ricreazione mi ha detto press'a poco queste parole, tutta contenta: 'Mi potrebbero dire, suor Teresa di Gesù Bambino, che cosa l'attira verso di me, perché ogni volta che mi guarda, la vedo sorridere?'. Ah, *quello che mi attirava, era Gesù nascosto in fondo all'anima di lei... Gesù che rende dolce quello che c'è di più amaro.*

Le risposi che le sorridevo perché ero contenta di vederla (beninteso non aggiunsi che era dal punto di vista spirituale)"[302].

---

[301]*Imitazione di Cristo*, III, 44, 1.
[302]*Storia di un'Anima*, 292.

Capo VIII

Confidenza e abbandono

1. Chi sono i poveri che confidano nel Signore

1. Confidenza in Dio e abbandono nelle sue mani sono espressioni che rimandano alle virtù teologali della fede e della speranza.

Queste due virtù sono intimamente connesse tanto che la fede nelle Sacre Scritture viene definita come il "fondamento delle cose sperate" (Eb 11,1).

D'altra parte accettare il Vangelo e seguire Gesù significa vivere "nell'attesa della beata speranza e della manifestazione della gloria del nostro grande Dio e salvatore Gesù Cristo" (Tt 2,13).

La vita cristiana è fondata sulla prima manifestazione o epifania di Gesù Cristo (2 Tm 1,10).

E sotto la guida di Gesù e dello Spirito Santo è nello stesso tempo tutta proiettata verso la seconda manifestazione, contrassegnata dalla gloria.

Questa speranza non è ingannevole e non delude perché

"perché l'amore di Dio è stato riversato nei nostri cuori per mezzo dello Spirito Santo che ci è stato dato" (Rm 5,5) e già "gusta la buona parola di Dio e le meraviglie del mondo futuro" (Eb 6,5).

2. Animata e portata alla massima espansione dal dono del timore filiale di Dio che le fa sentire l'infinita gratuità dell'amore di predilezione da parte del Padre fruttifica nell'esperienza della beatitudine dei poveri in spirito.

Questa beatitudine consiste nello sperimentare in quale maniera Dio salvi da ogni male quando ci si preoccupa di camminare nella rettitudine e nella santità di vita.

È la beatitudine di coloro che constatano quotidianamente quanto sia vera la promessa fatta da Gesù per coloro che cercano innanzitutto il Regno di Dio e la sua giustizia perché tutto il resto viene dato in sopraggiunta (Mt 6,33).

3. Il biblista francese Fernand Prat a proposito della promessa fatta ai poveri in spirito scrive: "Il povero di cui qui si parla non è l'indigente, il miserabile: la Bibbia, per indicare la miseria, come la conosciamo noi, usa altri vocaboli.

Il povero della Bibbia – specie nei salmi e nei profeti – è l'uomo senza difesa, vittima e ludibrio della tirannide dei potenti, l'uomo inerme che accetta, in silenzio, la sua lagrimevole sorte, che volge solo a Dio il proprio sguardo e ripone soltanto in Lui la propria speranza.

E Dio protegge il povero: Egli è il suo unico rifugio, il suo unico sostegno... Le parole in spirito sono aggiunte dall'evangelista o dal suo traduttore greco, per indicare queste disposizioni morali"[303].

4. La buona novella annunciata ai poveri (Mt 11,5) consiste in questo: che Dio non li farà a lungo attendere, ma verrà subito in loro soccorso (Lc 18,7).

---

[303]F. PRAT, *Gesù Cristo*, vol I, p. 280.

In tal modo si realizzano gli oracoli di Isaia: "Gli umili si rallegreranno di nuovo nel Signore, i più poveri gioiranno nel Santo di Israele" (Is 29,19).

5. Tipica dei poveri in spirito pertanto è la confidenza in Dio, il mettersi nelle sue mani in tutto e per tutto.

È un atteggiamento che richiede l'esercizio di molte virtù perché si tratta di fede obbediente e pura come quella di Abramo, di speranza fiduciosa nei confronti del Padre che ha promesso di provvedere più ai suoi figli che agli uccelli del cielo, di amore vero e puro per il Signore che si manifesta nella rettitudine della vita, frutto dell'osservanza dei comandamenti di Dio.

San Francesco di Sales dice che la confidenza in Dio è "la virtù delle virtù", "la crema della carità, il profumo dell'umiltà, il merito della pazienza e il fiat della perseveranza"[304].

Ma nell'esercizio di tutte queste virtù ciò che sostiene è la speranza teologale, la fiducia nell'aiuto di Dio.

2. La confidenza in Dio in Santa Teresa

1. Se è vero che il Signore ci parla anche attraverso la vita dei Santi[305] è bello notare come nel nostro tempo lo Spirito Santo abbia voluto mettere in risalto attraverso la vita e la dottrina spirituale di Santa Teresa di Lisieux la virtù della speranza e l'atteggiamento della confidenza in Dio.

All'uomo di oggi che assomiglia spesso all'emorroissa evangelica che cerca la propria salute e la propria felicità volgendo l'attenzione solo ai medici della terra "spendendo tutti i suoi

---

[304]S. Francesco di Sales, *Conversazioni spirituali*, II conversazione.

[305]La vita dei Santi è il Vangelo vissuto.

San Francesco di Sales dice che "fra il Vangelo e le vite dei santi non passa maggiore differenza di quella che scorre fra una musica scritta e una musica cantata" (S. Francesco di Sales, *Lettera* n. 235, a Mons. Andrea Fremiot).

averi senza alcun vantaggio, anzi piuttosto peggiorando" (Mc 5,26) Dio continua a ripetere: "Venite a me voi tutti che siete stanchi e oppressi, e io vi darò ristoro" (Mt 11,28).

Se in passato alcune correnti di spiritualità insistevano giustamente sull'umiltà, sulla mortificazione, sulla confessione, sull'esame di coscienza e sul combattimento del difetto dominante (tutte realtà certamente importanti e ineliminabili per la vita cristiana) l'insegnamento spirituale di santa Teresa di Gesù Bambino mette nel posto dovuto la speranza, la più dinamica delle virtù.

È la più dinamica delle virtù cristiane perché fissa la nostra àncora, il nostro punto di appoggio e di sicurezza nei cieli.

Confidando in tale appoggio e vincendo ogni timore umano, la speranza teologale moltiplica meravigliosamente le forze dell'uomo perché ognuno può dire con San Paolo "Tutto posso in colui che mi dà la forza" (Fil 4,13).

2. Le consorelle di Santa Teresa hanno potuto testimoniare di lei che "nelle difficoltà della vita, la sua speranza era invincibile"[306] e che "la confidenza in Dio era diventata come il sigillo particolare della sua anima"[307].

Fedele al proposito fatto in occasione della prima Comunione, *"era inaccessibile allo scoraggiamento"*[308].

In ogni occasione mostrò "una fiducia incrollabile, una confidenza filiale, mai dubitando del successo della sua preghiera.

Chiedere una grazia con la certezza di ottenerla, le pareva del tutto naturale, poiché si rivolgeva ad un Padre infinitamente buono ed onnipotente.

Voleva diventare una santa e per raggiungere questo fine contava su Nostro Signore.

---

[306] *Processo Diocesano* 1711, deposizione di Suor Genoveffa.
[307] *Ib.*, 1942, deposizione di Madre Agnese di Gesù.
[308] *Processo Apostolico* 1066, deposizione di Suor Teresa di Sant'Agostino.

Non si affacciò mai al suo spirito il minimo dubbio di non arrivarci"[309].

3. Le prove della vita – di cui era persuasa che non sfuggissero in nessun modo al governo della Divina Provvidenza per conformarla sempre più al suo Sposo – la affinarono nell'abbandono e nel rimettere la sua vita totalmente nelle mani del Padre come Gesù in croce.

Prese la procrastinazione del suo ingresso nel Carmelo come un'occasione preziosa per esercitarsi nell'abbandono e nelle altre virtù.

Scrive: "Il primo giorno dell'anno 1888 Gesù mi fece ancora dono della sua croce, ma questa volta fui sola a portarla, perciò fu tanto più dolorosa quanto incompresa.

Una lettera di madre Maria di Gonzaga mi annunciò che la risposta di Monsignor Vescovo era giunta il 28, festa dei santi *Innocenti,* ma che non me l'aveva resa nota perché aveva deciso che io entrassi soltanto *dopo quaresima.*

Non potei trattenere il pianto pensando a un rinvio così lungo.

Quella prova ebbe per me un carattere particolarissimo, vedevo i miei *legami spezzati* dalla parte del mondo, e questa volta era l'arca santa che rifiutava l'ingresso all'umile colomba.

Credo bene che dovetti sembrare irragionevole quando non accolsi gioiosamente i miei tre mesi di esilio, ma credo altresì che, senza saperlo, questa prova fu *grande* e mi fece *crescere* molto nell'abbandono e nelle altre virtù"[310].

L'impedimento ad entrare al Carmelo per Natale lo paragona alla prova di Marta e Maria quando morì Lazzaro e alla prova cui fu sottoposta la Madonna a Cana quando Gesù le rispose che l'ora sua non era ancora venuta. "Ma dopo la prova, quale ricompensa! L'acqua si cambia in vino... Lazzaro risusci-

---

[309] *Ib.*, 1061, deposizione di Suor Teresa di Sant'Agostino.
[310] *Storia di un'Anima,* 189.

ta! Così Gesù agì verso la sua Teresa: dopo averla lungamente provata, colmò tutti i desideri del cuore di lei"[311].

4. Madre Agnese testimonia al processo Apostolico che ad un predicatore aveva detto: "Padre mio, voglio diventare una santa.

Voglio amare il buon Dio come Santa Teresa!".

E il predicatore: "Quale orgoglio e quale presunzione! Si accontenti di correggere i suoi difetti, di non più offendere il Signore, di fare ogni giorno qualche piccolo passo avanti e moderi i suoi desideri temerari".

"Ma, Padre, non mi pare che siano desideri temerari, dal momento che Nostro Signore ha detto: siate perfetti come è il Padre che è nei Cieli".

Il religioso non si convinse e la Serva di Dio continuò a cercare qualcuno che avesse l'autorità per dire: «Andate in alto mare e gettate le reti».

Trovò finalmente questo inviato di Dio nella persona del Padre Alessio, dei francescani riformati di Caen"[312]. "Egli le rese la pace"[313].

5. A proposito di questo momento che fu decisivo per la sua vita interiore e in particolare per il suo abbandono confidente in Dio Santa Teresa scrive: "L'anno che seguì la mia professione, cioè due mesi prima che morisse Madre Genoveffa, ricevetti grandi grazie durante il ritiro. Generalmente i ritiri predicati mi sono ancora più dolorosi di quelli che faccio da sola, ma quell'anno accadde diversamente.

Avevo fatto una novena preparatoria con grande fervore, nonostante quello che provavo intimamente, perché mi sembrava che il predicatore non potesse capirmi, in quanto pareva

---

[311] Ib., 187.
[312] Processo Apostolico 605, deposizione di Madre Agnese di Gesù.
[313] Processo Diocesano 1945, deposizione di Madre Agnese di Gesù.

adatto soprattutto a far del bene ai grandi peccatori, ma non alle anime consacrate.

Il Signore, volendo mostrarmi che è lui solo il direttore dell'anima mia, si servì proprio di quel Padre, il quale fu apprezzato soltanto da me.

Avevo allora grandi prove intime di ogni sorta (fino a chiedermi talvolta se ci fosse, un Cielo).

Mi sentivo inclinata a non parlare delle mie disposizioni intime, non sapendo come esprimerle, ma appena entrata in confessionale sentii l'anima mia dilatarsi.

Dopo che avevo detto poche parole, fui capita in un modo meraviglioso e perfino indovinata. *L'anima mia era come un libro nel quale il Padre leggeva meglio che io stessa.*

Mi lanciò a vele spiegate sulle onde della confidenza e dell'amore che mi attiravano così fortemente, e sulle quali non osavo andare avanti.

Mi disse che le mie colpe non addoloravano il Signore, e aggiunse come suo rappresentante e a nome suo che il Signore era molto contento di me"[314].

"Oh come fui felice d'ascoltare quelle parole consolanti! Mai avevo inteso dire che le colpe potevano non addolorare il buon Dio, quest'assicurazione mi colmò di gioia, mi fece sopportare pazientemente l'esilio della vita.

Sentivo bene in fondo al cuore che era vero perché il Signore è più tenero di una madre; ora lei, Madre cara, non è sempre pronta a perdonarmi le piccole mancanze di delicatezza che le faccio involontariamente?"[315].

A partire di qui Teresa si abbandonò a Dio senza riserve e lasciò che la confidenza della figlia nei confronti del Padre si espandesse in un completo abbandono.

6. Le novizie rimangono impressionate da tale comporta-

---

[314]*Storia di un'Anima*, 227.
[315]*Ib.* 228.

mento.

Una di esse dirà: "Mi sembra impossibile spingere più oltre la confidenza in Dio.

Essa amava ripetere questa massima di San Giovanni della Croce: «Si ottiene da Dio tanto quanto si spera».

Suor Teresa mi diceva di sentire in sé un desiderio infinito di amare il buon Dio, di glorificarlo e farlo amare, e sperava fermamente di vederlo completamente realizzato nell'al di là.

Restringere i propri desideri e le proprie speranze sarebbe misconoscere la bontà infinita di Dio: «I miei infiniti desideri sono la mia ricchezza. Per me si realizza la parola di Gesù: «a chi ha sarà dato... »"[316].

"Nelle sue istruzioni al noviziato insisteva soprattutto sulla confidenza in Dio"[317].

"Tutte le sue esortazioni alle novizie, i consigli per le loro pene, le lettere che essa scriveva ai missionari, sono una predicazione costante della confidenza in Dio"[318].

"Durante la dolorosa prova della malattia del padre ci sostenne costantemente con la sua incrollabile fiducia"[319].

3. Incrollabile fiducia anche nelle prove più dure

1. Questa incrollabile fiducia si rivelò soprattutto nelle prove di oscurità e di aridità spirituale che subì nell'ultimo periodo della sua vita quando "ad un tratto" le nebbie che la circondavano divennero più spesse, penetrarono nella sua anima e l'avvilupparono in tal modo che non riuscì più a ritrovare in essa

---

[316] *Processo Apostolico* 1332, deposizione di Suor Maria della Trinità.
[317] *Ib.*, 1428, deposizione di P. Godefroy Madelaine.
[318] *Ib.*, 615, Madre Agnese di Gesù.
[319] *Processo Diocesano* 1803, deposizione di Suor Genoveffa.

l'immagine così dolce della Patria[320].

Continuò a contare sulla fedeltà di Dio: "Contavo unicamente nell'aiuto del buon Dio per ogni cosa"[321].

"Mi sento del tutto miserabile, tuttavia la mia confidenza non è diminuita, al contrario. D'altra parte, la parola «miserabile» non è esatta, perché io sono ricca di tutti i tesori divini»"[322].

"La sua speranza in Dio non vacillò mai, neanche quando l'anima sprofondò nelle tenebre più fitte, quando le preghiere non erano esaudite, quando tutto andava a rovescio di ciò che essa avrebbe voluto...

«Il Signore si stancherà di provarmi prima che io dubiti di Lui», mi disse un giorno.

«Se anche mi uccidesse, spererei in Lui»"[323].

Quando non veniva esaudita dopo aver fatto ferventi preghiere a Dio e ai Santi Teresa ringraziava ugualmente e diceva: "Essi vogliono vedere fin dove si spingerà la mia speranza"[324].

"Egli misura i suoi doni sulla nostra fiducia"[325].

Diceva sul letto di morte: "Non bisogna temere di desiderare troppo, di chiedere troppo al Signore.

Bisogna dirgli: «So bene che non sarò mai degna di ciò che spero, ma tendo la mano come una piccola mendicante e sono certa che tu mi esaudirai pienamente, perché sei così buono!».

Non ho alcuna paura degli ultimi combattimenti, né delle sofferenze, per quanto grandi, della malattia. Il buon Dio mi ha aiutato e condotto per mano fin dalla più tenera infanzia. Conto su di Lui. Sono sicura che mi aiuterà sino alla fine. Potrò certo soffrire moltissimo, ma non sarà mai troppo, ne sono certa"[326].

---

[320]*Storia di un'Anima*, 278.

[321]*Processo Apostolico* 1500, deposizione di Madre Agnese di Gesù.

[322]*Ib.*, 611, deposizione di Madre Agnese di Gesù.

[323]*Ib.*, 1333, deposizione di Suor Maria della Trinità.

[324]*Processo Diocesano* 1714, deposizione di Suor Genoveffa.

[325]*Processo Apostolico* 1334, deposizione di Suor Maria della Trinità.

[326]*Novissima verba*, 20 e 28 maggio 1897.

2. Un incentivo a tale confidenza lo ricevette da un Santa di cui rimase affascinata durante il suo pellegrinaggio in Italia: Santa Cecilia.

Questa Santa costretta al matrimonio con certo Valeriano era sicura che lo Sposo, Colui che aveva sposato per primo e per il quale cantava dall'interno del suo cuore, l'avrebbe difesa qualora Valeriano si fosse accostato a lei.

Ed ecco che Valeriano viene conquistato dalla purezza di Cecilia e anche lui decide di vivere nel matrimonio nella assoluta astinenza dai rapporti di intimità.

"Prima del viaggio a Roma, non avevo alcuna devozione particolare per quella Santa, ma, visitando la casa trasformata in chiesa, luogo del suo martirio, e venendo a sapere che ella è stata proclamata regina dell'armonia non già a causa della sua bella voce né del suo ingegno per la musica, bensì in memoria del canto virginale ch'ella fece udire allo Sposo celeste nascosto in fondo al suo cuore, sentii per lei più che una devozione: una vera tenerezza d'amica... Ella divenne la mia Santa prediletta, la mia confidente intima... Tutto in lei mi rapisce, soprattutto il suo abbandono, la sua fiducia illimitata che l'hanno resa atta a rendere vergini anime che non avevano mai desiderato altre gioie se non quelle della vita presente"[327].

Il fascino di Cecilia rimarrà in lei tanto che a distanza di anni scriverà alla sorella Celina: "Non posso pensare senza trasporto alla cara piccola santa Cecilia: quale esempio! In un mondo pagano, in mezzo ai pericoli, sul punto di essere unita a un mortale che conosce soltanto l'amore profano, mi sembra che avrebbe dovuto tremare e piangere.

Ma no, mentre strumenti di gioia celebravano le sue nozze, Cecilia cantava nel suo cuore. Quale abbandono! Essa non teme di alcuna cosa: *sa che il Principe della Pace è tenuto a proteggerla, a salvaguardare la sua verginità* e a darle la giusta ri-

---

[327] *Storia di un'Anima*, 169.

compensa"[328].

3. Una consorella dirà: "Suor Teresa di Gesù Bambino non avrebbe mai chiesto per sé la minima consolazione. Essa accettava tutto dalle mani di Dio con la stessa gioia"[329].

Sembra mettere in pratica alla perfezione quanto aveva scritto San Francesco di Sales sulla conformità alla volontà di Dio: "Noi dovremmo essere pieghevoli e maneggevoli secondo il volere divino, come se fossimo di cera, non compiacendoci nel volere o desiderare le cose, ma lasciandole volere e fare a Dio, per noi, così come a Lui piacerà e liberandoci da ogni preoccupazione, poiché Egli avrà cura del successo dei nostri affari, e vorrà per noi ciò che sarà il meglio"[330].

"Questa perfetta conformità alla volontà di Dio si leggeva perfino nel suo viso.

Era sempre graziosa e di un'amabile gaiezza.

Quelli che non penetravano nelle sue intimità potevano ben credere che seguisse una via facile tutta di consolazione"[331].

Sul letto di morte dice: "Non vorrei mai chiedere al buon Dio sofferenze più grandi.

Se Egli me le darà le sopporterò con gioia perché mi verranno da Lui. Ma se le chiedessi, sarebbero esclusivamente mie. Bisognerebbe che le sopportassi da sola e da sola non ho mai potuto far niente"[332].

"Ora non ho più alcun desiderio se non quello di amare Gesù alla follia...

I miei desideri infantili sono scomparsi, certo mi piace ancora ornare di fiori l'altare di Gesù Bambino, ma dopo che mi ha dato il fiore che desideravo, la mia Celina cara, non ne desidero

---

[328]*Lettera* 128, *a Celina*, 20 ottobre 1893.

[329]*Processo Apostolico* 918, deposizione di Suor Genoveffa.

[330]S. FRANCESCO DI SALES, *Teotimo*, IX, cap. 14.

[331]*Processo Apostolico* 919, deposizione di Suor Genoveffa.

[332]*Novissima verba*, 11 agosto 1897.

altri, gli offro lei come il mio più incantevole mazzo.

Non desidero più la sofferenza né la morte, eppure le amo tutte due, ma è l'amore solo che mi attira. A lungo le ho desiderate; ho posseduto la sofferenza e ho creduto raggiungere la riva del Cielo, ho creduto che il fiorellino sarebbe stato colto nella sua primavera.

Ora l'abbandono solo mi guida, non ho altra bussola!

Non posso chiedere più niente con ardore, fuorché il compimento perfetto della volontà del Signore sull'anima mia senza che le creature riescano a porvi ostacolo"[333].

"La sola cosa che desidero è la volontà del Signore"[334].

"Purché Egli sia contento, io sono al colmo della felicità"[335].

"Mi dà gioia soltanto fare la volontà di Dio"[336].

"Sono piena di fiducia sia per vivere sia per morire"[337].

"Non mi rallegro della morte se non perché è l'espressione della volontà del buon Dio su di me"[338].

"Non vorrei entrare in cielo neanche un minuto prima per volontà mia"[339].

"Non amo una cosa più che un'altra: ciò che il Signore preferisce, sceglie per me, ecco ciò che mi piace di più"[340].

"Ciò che offese Gesù, ciò che lo ferisce al cuore, è la mancanza di fiducia!"[341].

Tutto questo la porta a non affannarsi per nulla.

4. Dice ancora: "Ho notato varie volte che Gesù non vuole darmi provviste, mi sostiene minuto per minuto, con un nutri-

---

[333] *Storia di un'Anima*, 235.
[334] *Processo Apostolico* 906, deposizione di Suor Genoveffa.
[335] *Ib.*, 630, deposizione di Madre Agnese di Gesù.
[336] *Novissima verba*, 14 agosto 1897.
[337] *Ib.*, 21 maggio 1897.
[338] *Ib.*, 21 luglio 1897.
[339] *Lettera 228, a Leonia*, 17 luglio 1897.
[340] *Novissima verba*, 4 settembre 1897.
[341] *Lettera a Maria Guerin*, 30 maggio 1889.

mento affatto nuovo, lo trovo in me senza sapere come ci sia. Credo semplicemente che sia Gesù stesso nascosto in fondo al mio povero cuore che mi fa grazia di agire in me e mi fa pensare tutto quello che vuole ch'io faccia nel momento presente"[342].

"Pensare a ciò che può accaderci di male nell'avvenire, è mancare di confidenza e quasi intromettersi nella creazione"[343].

"Sono ben contenta di non aver chiesto la sofferenza al buon Dio, perché così Egli è tenuto a darmi anche il coraggio"[344].

"Il Signore mi dà il coraggio in proporzione alla sofferenza. Sento che per il momento non potrei sopportare di più, ma non ho paura perché, se le sofferenze aumenteranno, Dio aumenterà anche il mio coraggio"[345].

5. Le ultime parole che scrive nella *Storia di un'Anima* prima che la penna le caschi dalla mano e che sono come il suo testamento sono queste: "Non perché il Signore, nella sua misericordia preveniente, ha preservato la mia anima dal peccato mortale, io m'innalzo a lui con la fiducia e con l'amore..."[346].

Il fondamento della sua confidenza non è l'essere stata preservata dal peccato mortale, ma l'amore misericordioso del Signore.

"O Gesù, perché non posso dire a tutte le piccole anime quanto ineffabile è la tua condiscendenza...

Sento che se, cosa impossibile, tu trovassi un'anima più debole, più piccola della mia, ti compiaceresti di colmarla con favori anche più grandi, se si abbandonasse con fiducia completa alla tua misericordia infinita"[347].

---

[342] *Storia di un'Anima*, 216.
[343] *Novissima verba*, 23 luglio 1897.
[344] *Ib.*, 26 agosto 1897.
[345] *Ib.*, 15 agosto 1897.
[346] *Storia di un'Anima*, 336.
[347] *Ib.*, 265.

6. Ha grande fiducia anche nel suo post mortem:
"Sento di avviarmi al riposo.

Ma soprattutto sento che la mia missione sta per cominciare:
la mia missione di fare amare il Signore come io l'amo, e dare alle
anime la mia piccola via.

Se Dio misericordioso esaudisce i miei desideri, il mio paradiso trascorrerà sulla terra fino alla fine del mondo.

Sì, voglio passare il mio Cielo a fare del bene sulla terra. Ciò
non è impossibile; fino nel seno stesso della visione beatifica gli
Angeli vegliano su noi.

Non potrò godere del mio riposo finché ci saranno anime
da salvare, ma quando l'Angelo avrà detto: 'Il tempo non è più!',
allora mi riposerò, potrò gioire, perché il numero degli eletti sarà
completo, e tutti saranno entrati nella gioia e nel riposo. Il mio
cuore trasalisce a questo pensiero..."[348].

A Madre Agnese che le domanda quale via vuole insegnare
alle anime risponde: "Madre mia, *è la via dell'infanzia spirituale, è il cammino della fiducia e dell'abbandono totale.*

Voglio insegnar loro i piccoli mezzi che sono riusciti a me
tanto bene, dir loro che c'è una sola cosa da fare quaggiù: gettare
a Gesù i fiori dei piccoli sacrifici, prenderlo con le carezze, è così
che io l'ho preso, e per questo sarò ricevuta tanto bene"[349].

4. La sua confidenza in Dio e la preghiera

1. Tale confidenza e abbandono in Dio si esprimevano in
maniera mirabile nella sua vita di preghiera che era come il suo
respiro soprannaturale.

L'aveva appresa in casa.

Ricorda: "Che potrò dire delle veglie d'inverno, soprattutto
di quelle domenicali? Com'era dolce per me, dopo la partita a

---

[348] *Novissima verba*, 17 luglio 1897.
[349] *Ib.*

dama, stare seduta con Celina sulle ginocchia di Papà. Con la sua bella voce cantava delle arie che empivano l'anima di pensieri profondi, oppure, cullandoci dolcemente, diceva delle poesie improntate di verità eterne.

Dopo, salivamo per fare la preghiera in comune, e la minuscola regina era sola accanto al suo re: non aveva che da guardarlo per sapere come pregano i santi..."[350].

2. In lei poi la preghiera si esprimeva nella maniera più spontanea e pressoché continua.

Ricordava che la preghiera più efficace è l'amore.

Paragonandosi ad un bimbo, scrive di se stessa: "Gli sono interdette le opere clamorose, non può predicare il Vangelo, non può versare il suo sangue; ma che importa, i suoi fratelli lavorano al suo posto, e lui, bimbo piccolo, sta lì, proprio vicino al trono del Re e della Regina, ama per i suoi fratelli i quali combattono. Ma in quale modo testimonierà il suo amore, poiché l'amore si prova con le opere? Ebbene, il fanciullo getterà fiori, profumerà il trono reale, canterà con la sua voce argentina il cantico dell'amore..."[351].

Ha una grande fiducia sulla potenza della preghiera: "Ah, preghiera e sacrificio formano tutta la mia forza, sono le armi invincibili che Gesù mi ha date, toccano le anime ben più che i discorsi, ne ho fatto esperienza spesso. Una fra tutte queste esperienze mi ha fatto una impressione dolce e profonda"[352].

E ancora: "Come è grande la potenza della preghiera! La si direbbe una regina la quale abbia ad ogni istante libero adito presso il re e possa ottenere tutto ciò che chiede. Non è affatto necessario per essere esaudite leggere in un libro una bella formula composta per la circostanza; se così fosse, ahimè, come sarei da compatire!

---

[350]*Storia di un'Anima*, 63.

[351]*Ib.*, 257.

[352]*Ib.*, 315.

Al di fuori dell'ufficio divino, che sono indegnissima di recitare, non ho il coraggio di sforzarmi a cercare nei libri le belle preghiere: ciò mi fa male alla testa, ce ne sono tante! E poi sono tutte belle, le une più delle altre.

Non ce la farei a dirle tutte, e, non sapendo quale scegliere, faccio come i bimbi che non sanno leggere, dico molto semplicemente al buon Dio quello che gli voglio dire, senza far belle frasi, e sempre mi capisce. Per me la preghiera è uno slancio del cuore, è un semplice sguardo gettato verso il Cielo, è un grido di gratitudine e di amore nella prova come nella gioia, insomma è qualche cosa di grande, di soprannaturale, che mi dilata l'anima e mi unisce a Gesù"[353].

2. Ama la preghiera comune: "Amo molto le preghiere in comune, perché Gesù ha promesso di 'trovarsi in mezzo a coloro che si riuniscono nel suo nome'; sento allora che il fervore delle mie sorelle supplisce al mio. (...).

In particolare: "La Santa Vergine mi mostra che non è affatto sdegnata con me, non manca mai di proteggermi appena l'invoco. Se mi sopravviene una preoccupazione, una difficoltà, subito mi volgo a lei, e sempre, come la più tenera delle madri, ella prende cura dei miei interessi.

Quante volte parlando alle novizie mi è accaduto di invocarla e sentire i benefizi della sua protezione materna!"[354].

3. Il suo segreto per prevenire alle necessità delle novizie o per rispondere ai loro problemi è la preghiera:

"Spesso le novizie mi dicono: 'Ma lei ha una risposta a tutto, io questa volta credevo metterla nell'impaccio. Ma dove le va a cercare le cose che ci dice?'.

Qualcuna di loro è tanto candida da credere che io legga nel loro anime, e ciò perché mi è accaduto di prevenirle dicendo

---

[353] *Ib.*, 317.
[354] *Ib.*, 318.

loro quello che pensavo.

Una notte, una delle mie compagne aveva risolto di nascondermi un'afflizione che la faceva soffrire molto. La incontro fin dal mattino, mi parla con un viso sorridente, e io, senza rispondere a ciò che mi dice, esclamo con tono convinto: 'Lei soffre'.

Se avessi fatto cadere la luna ai suoi piedi, credo che non mi avrebbe guardata con maggiore sbalordimento. Lo stupore di lei era così grande che assalì anche me, per un attimo fui presa da un timore soprannaturale.

Ero ben sicura di non avere il dono di leggere nelle anime, ed ero io stessa sorpresa di avere azzeccato così preciso. Sentivo che il Signore era tanto vicino, che, senz'accorgermene, avevo detto, come un bambino, parole le quali non venivano da me, bensì da lui"[355].

4. Celina nel processo di canonizzazione lascia una dettagliata testimonianza sulla vita di preghiera e sulla pratica della virtù di religione di Teresa.

"La Serva di Dio ha sempre reso a Dio e ai santi un culto fedele. Aveva una grande stima delle funzioni religiose; giovanissima amava i sacri riti e la frequenza ai sacramenti della Penitenza e dell'Eucaristia. Si preparò quattro anni prima alla sua prima Comunione, e quando io, maggiore di lei di qualche anno, ricevetti il buon Dio per la prima volta, mi guardava con santo rispetto e osava appena toccarmi.

La visita al SS. Sacramento era sempre stata la sua delizia. Prima di entrare all'Abbazia, ossia prima degli otto anni, usciva tutti i giorni con mio padre e non mancava di entrare in una chiesa; non sarebbe rientrata in casa senza aver fatto visita al buon Dio. In collegio non mancò a questa pia pratica. Tutti i giorni, all'una e mezza, impiegava il suo quarto d'ora libero per far visita al buon Dio, invece di giocare come la maggior parte

---

[355] *Ib.*, 319.

delle sue compagne.

Dopo la sua uscita dal collegio, assisteva ogni giorno alla Messa e si comunicava tanto spesso quanto le permetteva il suo confessore, cioè quattro o cinque volte la settimana. Avrebbe desiderato comunicarsi ogni giorno, ma a quel tempo non osava chiederlo. Quando il confessore, di sua iniziativa, aggiungeva una Comunione al numero ordinario, era pazza di gioia. Le feste della Chiesa le parevano tutte radiose di bellezza.

Anche la recita dell'ufficio divino fu la sua gioia al Carmelo; era felice di avere qualche compito nelle cerimonie liturgiche. Edificava per la sua modestia e raccomandava a noi novizie di mettere in ordine la nostra persona con particolare cura, a motivo della dignità del luogo.

Ci raccomandava di conservare questo decoro in ogni momento, per rispetto ai santi angeli che ci custodiscono. Tra i doveri che rendeva a Dio, suor Teresa di Gesù Bambino era particolarmente affezionata alla riconoscenza per le grazie ricevute. Mi diceva: «Ciò che attira maggiori grazie è la riconoscenza... Ne ho fatto l'esperienza io stessa, provate e vedrete. Io sono contenta di tutto ciò che il buon Dio mi dà, e glielo dimostro in mille modi».

Quando entrai al Carmelo, io pensavo che il buon Dio dovesse essermi debitore del grande sacrificio che facevo per lui e supplicai la mia cara piccola Teresa di compormi, per darmi coraggio, un cantico che ripetesse tutto ciò che avevo lasciato per il buon Dio e che terminasse con queste parole: Ricordati». Infatti lo compose, ma in tutt'altro senso di quello che le avevo chiesto, perché in esso l'anima ricorda a Gesù tutto quello che Egli ha fatto per lei: l'anima è debitrice e Gesù è il benefattore.

La Serva di Dio amava molto ornare gli altari e soprattutto quello dove, in certi giorni, si espone il SS. Sacramento. Esercitò a lungo l'ufficio di sacrestana; era edificante vedere con quale rispetto e felicità toccava le cose sante, e la sua gioia quando scorgeva un piccolo frammento dell'ostia santa dimenticato dal sacerdote. Ho assistito a questo riguardo a scene sublimi di pietà, in particolare una volta in cui si trovò in presenza di una pisside non sufficientemente purificata: la portò nel tabernacolo dell'oratorio con indicibile devozione. Toccava i corporali e i purificatoi con grande delicatezza; le sembrava, mi diceva, di toccare le fasce di Gesù Bambino. Preparando la Messa del giorno dopo, amava specchiarsi nel calice e nella patena: le sembrava che le specie divine, sostando sull'oro che aveva riflesso il suo volto, si riposassero su di esso.

Ebbe sempre una grande fiducia e una tenera devozione per la Vergine Santa. Fin dalla più giovane età la considerava sua Madre. Ma la sua devozione aumentò quando, a dieci anni, venne guarita improvvisamente dalla Vergine Santa da una malattia che i medici giudicavano incurabile. La statua davanti a cui ritrovò la salute le fu sempre cara. Durante la sua ultima malattia questa statua fu portata all'infermeria e venne collocata davanti al suo letto.

La Serva di Dio raccomandava senza posa a Maria tutte le sue intenzioni e le iniziative del suo zelo. Quando voleva incoraggiare le sue novizie alla pratica delle virtù, scriveva loro delle letterine a nome della Vergine Santa. Era già molto malata quando mi disse: «Ho ancora qualcosa da fare prima di morire: ho sempre desiderato di esprimere in un cantico alla Vergine Santa tutto ciò che penso di lei». Compose allora il suo cantico 'Perché t'amo, o Maria'.

La devozione della Serva di Dio a San Giuseppe andava di pari passo con l'amore per la Santa Vergine. Al tempo del suo viaggio a Roma, mi confidò che non temeva per la sua purezza a riguardo di tutto ciò che le sarebbe potuto cadere sotto gli occhi durante questo viaggio, perché si era messa sotto la protezione di San Giuseppe: mi insegnò allora a recitare come lei ogni giorno la preghiera: O San Giuseppe, padre e protettore dei vergini... Al Carmelo lo pregò soprattutto per ottenere una libertà maggiore di partecipare alla santa Comunione. Il Decreto liberatore di Leone XIII (1891), togliendo ai superiori, per rimetterlo al solo confessore, il diritto di regolare le comunioni, la colmò di gioia. Fu sempre riconoscente a San Giuseppe cui attribuiva questo scioglimento.

Suor Teresa di Gesù Bambino onorava gli angeli, principalmente il suo angelo custode, del quale aveva la statuetta nella sua camera di ragazza. Gli attribuiva la preservazione dal peccato, come testimonia una lettera che mi scrisse dal Carmelo il 26 aprile 1894.

Onorava tutti i santi, ma tra essi aveva i suoi protettori del mese e i suoi amici. In questo numero si collocano: San Martino, San Francesco di Sales, Santa Teresa. Amava molto anche San Giovanni della Croce, perché aveva gustato particolarmente le sue Opere. Tra i santi, i suoi amici preferiti furono: santa Cecilia che chiamava 'la santa dell'abbandono'; la beata Giovanna d'Arco; il beato Teofano Vénard perché, diceva, «è un piccolo santo molto semplice, che amava assai la Vergine Santa, che amava anche molto la sua famiglia, e soprattutto perché viveva in amoroso abbandono a Dio». Infine onorava i santi Innocenti in cui vedeva un modello delle virtù d'infanzia cristiana"[356].

---

[356]SUOR GENOVEFFA DI SANTA TERESA, *Testimoni di Teresa di Gesù Bambino*, pp. 130-132.

Capo IX

L'infanzia spirituale

1. La santità nell'ordinarietà della vita

1. Se alcuni Santi spiccano subito per alcuni fenomeni mistici straordinari come le stigmate, le visioni, i miracoli compiuti in vita, le bilocazioni... la santità di Teresa di Lisieux si caratterizza per l'assenza di tutto questo.

Se c'è stato qualche fenomeno straordinario, come il sorriso di nostra Signora delle Vittorie , esso è del tutto privato.

Sotto quest'aspetto Teresa di Gesù Bambino è molto diversa dalla sua Madre Santa Teresa d'Avila, la cui vita ad un certo punto divenne quasi un susseguirsi di fenomeni mistici così da diventarne maestra.

La santità della nostra Teresa passa attraverso una vita "normale" come quelle di tutte le altre suore.

La diversità sta tutta nella sua ricchezza interiore, nella fedeltà ad amare sempre, nelle più minute circostanze dell'esistenza e non solo nelle grandi occasioni.

È quella fedeltà cui allude il Signore quando dice a colui che aveva ricevuto una moneta d'oro e ne aveva fatte fruttificare dieci (cfr. Lc 19,16): "Bene, servo buono! Poiché ti sei mostrato fedele nel poco, ricevi il potere sopra dieci città" (Lc 19,17).

Pio XI disse che questo è il "nuovo modello di santità" che la Chiesa ha voluto proporre canonizzando Teresa di Lisieux[357].

2. È la santità di cui parla papa Francesco nella sua esortazione apostolica *Guadete et exsultate*.

Dopo aver ricordato che Dio "ci vuole santi e non si aspetta che ci accontentiamo di un'esistenza mediocre, annacquata, inconsistente" (GE, 1) fa riferimento a quanto dice la lettera agli Ebrei ricordando che siamo "circondati da una moltitudine di testimoni (Eb 12,1) che ci spronano a non fermarci lungo la strada, ci stimolano a continuare a camminare verso la meta. E tra di loro può esserci la nostra stessa madre, una nonna o altre persone vicine (cfr 2 Tm 1,5)" (GE, 3).

Scrive: "Mi piace vedere la santità nel popolo di Dio paziente: nei genitori che crescono con tanto amore i loro figli, negli uomini e nelle donne che lavorano per portare il pane a casa, nei malati, nelle religiose anziane che continuano a sorridere. In questa costanza per andare avanti giorno dopo giorno vedo la santità della Chiesa militante. Questa è tante volte la santità *"della porta accanto"*, di quelli che vivono vicino a noi e sono un riflesso della presenza di Dio, o, per usare un'altra espressione, *"la classe media della santità"* (GE 7).

3. Ed ecco la santità che passa attraverso l'umile compimento del proprio dovere.

"Per essere santi non è necessario essere vescovi, sacerdoti, religiose o religiosi.

Molte volte abbiamo la tentazione di pensare che la santità sia riservata a coloro che hanno la possibilità di mantenere le distanze dalle occupazioni ordinarie, per dedicare molto tempo alla preghiera. Non è così.

Tutti siamo chiamati ad essere santi vivendo con amore e

---

[357]Pio XI, *Bolla di canonizzazione*, 17 maggio 1925.

offrendo ciascuno la propria testimonianza nelle occupazioni di ogni giorno, lì dove si trova. Sei una consacrata o un consacrato? Sii santo vivendo con gioia la tua donazione. Sei sposato? Sii santo amando e prendendoti cura di tuo marito o di tua moglie, come Cristo ha fatto con la Chiesa. Sei un lavoratore? Sii santo compiendo con onestà e competenza il tuo lavoro al servizio dei fratelli. Sei genitore o nonna o nonno? Sii santo insegnando con pazienza ai bambini a seguire Gesù. Hai autorità? Sii santo lottando a favore del bene comune e rinunciando ai tuoi interessi personali" (GE 14).

"Questa santità a cui il Signore ti chiama andrà crescendo mediante piccoli gesti.

Per esempio: una signora va al mercato a fare la spesa, incontra una vicina e inizia a parlare, e vengono le critiche. Ma questa donna dice dentro di sé: "No, non parlerò male di nessuno". Questo è un passo verso la santità. Poi, a casa, suo figlio le chiede di parlare delle sue fantasie e, anche se è stanca, si siede accanto a lui e ascolta con pazienza e affetto. Ecco un'altra offerta che santifica.

Quindi sperimenta un momento di angoscia, ma ricorda l'amore della Vergine Maria, prende il rosario e prega con fede. Questa è un'altra via di santità. Poi esce per strada, incontra un povero e si ferma a conversare con lui con affetto. Anche questo è un passo avanti" (GE 16).

2. La santità della piccola via

1. La santità di Teresa di Lisieux, che noi possiamo definire non solo della classe media, ma della *classe alta*, è di questo tipo.

Scrive il padre Philipon: "La vita nascosta di Teresa di Lisieux è una lezione da cui si rileva senza sforzo tutta una nuova concezione dell'eroismo dei santi.

Niente stigmate né fenomeni miracolosi ma la mortificazione silenziosa e continua di una vita di dedizione, la fedeltà a Dio nei doveri quotidiani, senza rumore, senza consolazione, eroismo di piccole cose, il cui valore, minimo agli occhi degli uomini, uguaglia e sorpassa, forse, agli occhi di Dio, quello dei più grandi santi"[358].

Attraverso ogni occupazione, ogni obbedienza e ogni pratica aveva un'unica aspirazione: quella di dare amore a Dio.

Proprio come diceva prima di lei un grande apostolo della carità, San Giuseppe Benedetto Cottolengo: "Noi siamo qua dentro per amare unicamente Iddio, per dargli gusto in ogni cosa; anzi, vi dico siamo qui per questo, e per nient'altro"[359].

2. Possiamo avere un'idea della sua vita interiore da quello che si impegnò a fare nei tre mesi di attesa che precedettero la sua entrata al Carmelo.

Scrive: "In quale modo trascorsero quei *tre mesi* tanto ricchi di grazie per l'anima mia?

Anzitutto mi venne in mente di non costringermi ad una vita tanto ben regolata come quella cui ero avvezza, ma ben presto capii il valore del tempo che mi veniva offerto, e risolsi di darmi più che mai a vita *seria* e *mortificata*.

Quando dico: «mortificata», non è per far credere che io facessi penitenze, ahimè! *non ne ho fatte mai,* ben lungi dal somigliare alle anime belle che fin dall'infanzia praticavano ogni sorta di mortificazioni, non sentivo per esse alcuna attrattiva.

Certamente ciò proveniva dalla mia viltà, perché avrei potuto, come Celina, trovar mille piccole invenzioni per farmi soffrire, invece mi sono sempre lasciata coccolare nell'ovatta, e imbeccare come un uccellino che non abbia bisogno di far penitenza...

[358] M.M. PHILIPON, *Santa Teresa di Liseux,* pp. 142-143.
[359] P.P. GASTALDI, *San Giuseppe Benedetto Cottolengo,* p. 818.

Le mie mortificazioni consistevano nel rompere la mia volontà, sempre pronta a imporsi, nel trattenere una battuta di risposta, nel rendere servizietti senza farli valere, nel privarmi di appoggiare il dorso quand'ero seduta, ecc. ecc.

Fu per mezzo di questi *nonnulla* che mi preparai a diventare la fidanzata di Gesù, e non posso dire quanti ricordi cari mi abbia lasciato quell'attesa"[360].

3. La santità nell'osservanza dei voti

1. Osservava i voti che aveva professato con spirito di semplicità non volendo perdere occasione per amare il Signore.

Per quanto concerne la povertà, Teresa imita Gesù nel suo spogliamento.

"Spingerà la pratica della povertà fino all'estremo"[361] "cercando per il proprio uso personale gli abiti e gli oggetti più poveri"[362]. "Più erano brutti, più ne era contenta"[363].

Nella *Storia di un'Anima* scrive: "Dopo la mia vestizione avevo già ricevuto luci abbondanti sulla perfezione religiosa, principalmente riguardo al voto di povertà.

Durante il mio postulandato ero contenta di avere delle cose graziose per mio uso, e di trovare sotto mano tutto ciò che mi occorreva.

'Il mio Direttore' sopportava ciò pazientemente perché non gli piace mostrare alle anime tutto nello stesso momento. Generalmente dà la sua luce a poco a poco. (...).

Ritorno alle lezioni che mi dette 'il mio Direttore'. Una sera, dopo compieta, cercai inutilmente la nostra piccola lampada

---

[360] *Storia di un'Anima*, 190.

[361] *Processo Diocesano* 1842, deposizione di Suor Genoveffa.

[362] *Processo Diocesano* 2215, deposizione di Suor Maria Maddalena del SS. Sacramento.

[363] *Ib.*, 2177, deposizione di Suor Maria della Trinità.

(nei monasteri e nei conventi si evitava di dire «mio», per dire invece il «nostro», in ossequio al voto di povertà, *ndr*) sulle tavole destinate a quell'uso, era gran silenzio, impossibile reclamare. Capii che una suora, credendo prendere la sua lampada, aveva preso la nostra, di cui avevo gran bisogno; invece di provare dispiacere essendone privata, fui ben felice, sentendo che la povertà consiste nel vedersi privi non soltanto delle cose piacevoli, bensì anche delle indispensabili, *così nelle tenebre esteriori fui illuminata interiormente.*

Fui presa in quel tempo da un vero e proprio amore per gli oggetti più brutti e meno comodi, così vidi con gioia che mi veniva tolta la bella brocchina della nostra cella, e che mi veniva data una brocca grossa e tutta sbocconcellata"[364].

2. Coltiva lo spirito di povertà per mettersi al seguito di Cristo unica e vera ricchezza che non ci può essere tolta se noi non lo permettiamo.

Scrive: "Non esiste gioia paragonabile a quella che gusta il vero povero di spirito.

Se chiede con distacco una cosa necessaria, e non soltanto questa cosa gli viene rifiutata, ma addirittura cercano di prendere quello che ha, egli segue il consiglio di Gesù: 'Abbandonate anche il vostro mantello a colui che vuol litigare per avere il vostro vestito'"[365].

Poi spiega che cosa significa dare il mantello: "Abbandonare il proprio mantello è, mi sembra, rinunziare ai propri ultimi diritti, considerarsi come la serva, la schiava delle altre.

Quando si è lasciato il proprio mantello è più facile camminare, correre, perciò Gesù aggiunge: 'E chiunque vi forzi a fare mille passi, fatene duemila di più con lui'. Così non basta dare a chiunque mi chieda qualche cosa, bisogna che io vada incontro ai desideri, che mi mostri molto grata ed onorata di ren-

---

[364] *Storia di un'Anima*, 209.
[365] *Ib.*, 297.

dermi utile, e se prendono una cosa a mio uso, non debbo mostrare di rimpiangerla, ma al contrario sembrare felice di esserne sbarazzata.

Madre cara, sono ben lontana dal praticare quello che comprendo, tuttavia il solo desiderio che ne ho, mi dà la pace"[366].

3. A proposito di questo voto la sorella Sr. Agnese testimonierà:

"La pratica della povertà religiosa le stava molto a cuore. Non soltanto accettava con gioia la povertà ordinaria del Carmelo, ma nel Carmelo stesso era felice di mancare delle cose anche più necessarie. Ad esempio, quando in refettorio si dimenticavano di servirla, era contenta ed evitava di farlo notare.

Diceva: «Sono come i veri poveri. Non ha senso fare il voto di povertà e non soffrirne».

Talvolta si appropriavano di qualche suo pensiero. Ella lo trovava naturale e diceva che in virtù della povertà non doveva più reclamare questo bene come qualsiasi altro"[367].

4. Anche della purezza ha sempre avuto vivo culto.

Ne rende testimonianza quanto fece a Parigi in occasione del grande pellegrinaggio a Roma.

In quella città vide tante belle cose, ma nessuna superò quella della Chiesa di Nostra Signora delle Vittorie che a suo tempo le aveva sorriso e l'aveva liberata da una terribile malattia.

"*Supplicai ancora Nostra Signora delle Vittorie di allontanare da me tutto ciò che avrebbe potuto offuscare la mia purezza*; non ignoravo che in un viaggio come quello d'Italia ci sarebbero state molte cose atte a turbarmi, soprattutto perché non conoscevo il male temevo di scoprirlo, non avendo ancora sperimentato che 'tutto è puro per i puri', e che l'anima semplice e dritta non vede male in nulla, poiché in realtà il male esiste

---

[366] *Ib.*, 298.
[367] Suor Agnese di Gesù, in *Testimoni di Teresa di Gesù Bambino*, p. 60.

soltanto nei cuori impuri e non negli oggetti insensibili.

Pregai anche San Giuseppe affinché vegliasse su me; fin da quando ero bimba avevo avuto per lui una devozione che si confondeva col mio amore per la Madonna. Ogni giorno dicevo la preghiera: 'Oh, san Giuseppe, padre e protettore dei vergini'; così intrapresi senza timore il mio viaggio lontano, ero protetta così bene che mi pareva impossibile aver paura"[368].

Sempre durante quel viaggio a Roma rimase affascinata dalla purezza di Santa Cecilia, una purezza "trasfusiva" che si comunica a chi ci sta vicino.

La sorella, Madre Agnese, dirà che Teresa non fu mai sfiorata dalla più piccola tentazione impura[369].

5. Sempre la sorella, Madre Agnese, testimonierà: "Della castità aveva un concetto molto giusto, esente da scrupoli e da illusioni.

La trovavo assai illuminata nei consigli che dava alle novizie, e non era certo l'esperienza del male ad offrirglieli.

Un giorno mi diceva che si era istruita, senza volerlo, osservando i fiori e gli uccelli.

Aggiungeva: «Però il male non sta nella conoscenza delle cose; il buon Dio ha fatto tutto assai bene. Il matrimonio è bellissimo per coloro che vi sono chiamati dal buon Dio: è il peccato che lo sfigura e lo macchia».

Nella pratica di questa virtù metteva una grandissima fedeltà, ma anche la sua solita semplicità. Credo che su questo punto non abbia mai avuto lotte violente. Si possono tuttavia notare la sua delicatezza e la sua vigilanza in alcune circostanze: 1° prima del suo viaggio di Roma è preoccupata dei pericoli che avrebbe potuto incontrare ed affida la custodia della sua innocenza a Nostra Signora delle Vittorie di Parigi; 2° non permetteva affatto alle sue novizie segni di affetto in cui sarebbe potuta entrare

---

[368]*Ib.*, 158.
[369]*Processo Apostolico* 725, deposizione di Madre Agnese di Gesù.

anche la più piccola sfumatura di sensualità; 3° quando era sola non diminuiva la sua riservatezza e modestia, perché – diceva – era alla presenza degli angeli"[370].

6. Circa l'obbedienza sapeva bene che il senso dell'obbedienza religiosa è quello di conformarsi in tutto per pienezza d'amore al volere del Signore.

L'amore quando è vero spinge a fare volentieri la volontà della persona che si ama.

Molto di più questo avviene quando ciò che spinge a conformare la propria volontà con quella di Colui che si ama è un amore di ordine soprannaturale.

E questo avviene tanto che si venga chiamati a conformarsi alla volontà di Dio nelle vie eccezionali quanto in quelle ordinarie e comuni.

"Oh, come sono diverse le vie per le quali il Signore conduce le anime! Nella vita dei Santi vediamo che ce ne sono molti i quali non hanno voluto lasciare niente di loro dopo la morte, non il minimo ricordo, né il più piccolo scritto.

Ce ne sono altri, invece, come la nostra Madre santa Teresa, i quali hanno arricchito la Chiesa con le loro rivelazioni sublimi, non temendo di rendere noti i segreti del Re, affinché egli sia più conosciuto e più amato dalle anime.

Quale di questi due generi di santi piace più al Signore?

Mi sembra, Madre mia, che gli siano ugualmente graditi, poiché tutti hanno seguito l'impulso dello Spirito Santo, e il Signore ha detto: 'Dite al giusto che tutto è bene'.

Sì, tutto è bene, quando si cerca soltanto la volontà di Gesù; è per questo che io povero piccolo fiore obbedisco a Gesù, cercando di far piacere alla mia Madre amata"[371].

Santa Teresa cerca di essere conforme al volere divino che si manifesta anche attraverso quello dei legittimi superiori fino

---

[370]Suor Agnese di Gesù, in *Testimoni di Teresa di Gesù Bambino*, p. 60.
[371]*Storia di un'Anima*, 270.

alle sfumature.

7. Una novizia testimonierà: "Quando volevo ricordare il testo delle nostre Regole non avevo che guardarla ad agire"[372].

"Era arrivata ad obbedire non soltanto agli ordini formali ma ai desideri indovinati dei suoi superiori"[373].

"Al primo suono della campana, lasciava immediatamente qualsiasi lavoro senza terminare la più piccola cosa, fosse anche un punto"[374] o "una frase incominciata"[375].

"Bisognava fare molta attenzione a ciò che si diceva davanti a lei, perché anche un consiglio diventava un ordine, al quale essa si conformava non soltanto per uno o per 15 giorni, ma fino alla fine della sua vita"[376].

"Obbediva alla lettera"[377] e "nell'autorità non vedeva che Dio"[378].

Vedeva nell'obbedienza religiosa una forma di liberazione interiore dal proprio io, dal proprio capriccio: "Madre mia, da quali inquietudini ci liberiamo facendo il voto di obbedienza!

Come sono felici le semplici religiose!

La loro unica bussola è la volontà dei superiori, e *sono sempre sicure di trovarsi sul retto sentiero, non hanno da temere d'ingannarsi nemmeno se a loro pare che i superiori certamente sbaglino*.

Ma quando non si guarda più la bussola infallibile, quando ci si allontana dalla via che essa ci indica, e si fa ciò col pretesto di far la volontà di Dio, come se egli non guidasse chiaramente coloro che pure tengono il suo posto, subito l'anima si smarrisce nei sentieri aridi ove l'acqua della grazia le viene a mancare.

---

[372] *Processo Apostolico* 1362, deposizione di Suor Maria della Trinità.
[373] *Ib.*, 741, deposizione di Madre Agnese di Gesù.
[374] *Processo Diocesano* 2086, deposizione di Suor Marta di Gesù.
[375] *Ib.*, 1776, deposizione di Suor Maria del Sacro Cuore.
[376] *Processo Apostolico* 1026, deposizione di Suor Genoveffa.
[377] *Processo Diocesano* 1671, deposizione di Suor Maria del Sacro Cuore.
[378] *Ib.*, 1896, deposizione di Suor Maria degli Angeli.

Madre cara, lei è la bussola che Gesù mi ha dato per condurmi sicuramente alla riva eterna.

Quanto mi è dolce fissare su lei il mio sguardo, e compiere così la volontà del Signore!

Dopo che egli mi ha permesso di soffrire le tentazioni contro la fede, egli stesso ha aumentato nel mio cuore lo spirito di fede, e questo mi fa vedere in lei non soltanto una Madre la quale mi ama e che io amo, ma soprattutto mi fa vedere Gesù vivo nell'anima sua, Gesù che mi comunica la propria volontà attraverso lei"[379].

Alle novizie diceva: "Se anche tutti mancassero alla Regola, questo non è motivo che ci giustifichi.

Ciascuno dovrebbe agire come se la perfezione dell'Ordine dipendesse dalla sua condotta personale"[380].

"Debbo aver paura del demonio? Mi pare di no, perché faccio tutto per obbedienza"[381].

---

[379] *Storia di un'Anima*, 287.

[380] *Processo Apostolico* 1312, deposizione di Suor Maria della Trinità.

[381] *Novissima verba*, 11 settembre 1897.

Capo X

All'interno della Chiesa sarò l'amore

1. La scoperta della propria vocazione

1. È tra il 13 e il 16 settembre 1896[382] che Santa Teresa di Lisieux trova in una pagina della Sacra Scrittura quella vocazione che ha sempre vissuto e che l'ha spinta ad entrare nel Carmelo.

"Durante l'orazione i miei desideri mi facevano soffrire un vero martirio: aprii le epistole di san Paolo per cercare una risposta. I capitoli XII e XIII della prima epistola ai Corinzi mi caddero sotto gli occhi. Lessi, nel primo, che tutti non possono essere apostoli, profeti, dottori, ecc.; che la Chiesa è composta di diverse membra, e che l'occhio non potrebbe essere al tempo stesso anche la mano. La risposta era chiara, ma non colmava il mio desiderio, non mi dava pace.

Come Maddalena chinandosi sempre sulla tomba vuota finì per trovare ciò che cercava, così abbassandomi fino alle pro-

---

[382] François de l'Immaculée Conception, *Mieux connaître Sainte Thérèse de Lisieux*, p. 170.

fondità del mio nulla m'innalzai tanto in alto che riuscii a raggiungere il mio scopo. Senza scoraggiarmi, continuai la lettura, e trovai sollievo in questa frase: «Cercate con ardore i *doni più perfetti,* ma vi mostrerò una via ancor più perfetta» (1 Cor 12,31). E l'Apostolo spiega come i doni più perfetti sono nulla senza *l'Amore.* La Carità è *la via per eccellenza* che conduce sicuramente a Dio"[383].

"Finalmente avevo trovato il riposo. Considerando il corpo mistico della Chiesa, non mi ero riconosciuta in alcuno dei membri descritti da san Paolo, o piuttosto volevo riconoscermi in tutti. *La Carità mi dette la chiave della mia vocazione.*

Capii che, se la Chiesa ha un corpo composto da diverse membra, l'organo più necessario, più nobile di tutti non le manca, capii che la Chiesa ha un cuore, e che questo cuore *arde d'amore.*

Capii che l'amore solo fa agire le membra della Chiesa, che, se l'amore si spegnesse, gli apostoli non annuncerebbero più il Vangelo, i martiri rifiuterebbero di versare il loro sangue...

Capii che *l'amore racchiude tutte le vocazioni, che l'amore è tutto, che abbraccia tutti i tempi e tutti i luoghi, in una parola che è eterno.* Allora, nell'eccesso della mia gioia delirante, esclamai: Gesù, Amore mio, la mia vocazione l'ho trovata finalmente, *la mia vocazione è l'amore!* (nel prosieguo del manoscritto, santa Teresina si "pente" di aver utilizzato l'espressione «gioia delirante», giudicandola non idonea, *ndr*).

Sì, ho trovato il mio posto nella Chiesa, e questo posto, Dio mio, me l'avete dato voi! *Nel cuore della Chiesa mia Madre, io sarò l'amore.*

Così, sarò tutto... e il mio sogno sarà attuato!"[384].

Si rivolge a tutti gli abitanti del Paradiso facendo propria la preghiera di Eliseo quando chiese al padre suo Elia di ottener-

---

[383]*Storia di un'anima,* 253.
[384]*Ib.,* 254.

gli *il suo duplice spirito* (2 Re 2,9) e dice: "Sono la creatura più piccola, conosco la mia miseria e la mia debolezza, ma so anche quanto piaccia ai cuori nobili, generosi, far del bene, perciò, vi supplico, beati abitanti del cielo, vi supplico di *adottarmi come figlia;* tutta vostra sarà la gloria che mi farete acquistare, ma degnatevi di esaudire la mia preghiera, è temeraria, lo so, tuttavia oso chiedervi di ottenermi il *vostro duplice amore*"[385].

La sorella Suor Agnese dirà al processo di beatificazione: "Il 12 luglio 1897 mi diceva: «Non mi resta nulla tra le mani. Tutto ciò che ho, tutto ciò che guadagno, è per la Chiesa e le anime. Che io viva fino a ottanta anni, sarò sempre così povera...

Se fossi stata ricca, mi sarebbe stato impossibile vedere un povero senza dargli subito dei miei beni.

Così, man mano che guadagno qualche tesoro spirituale, sentendo che nello stesso istante delle anime sono in pericolo di cadere nell'inferno, dono loro tutto ciò che possiedo; non ho ancora trovato un momento per dirmi: adesso lavorerò per me»"[386].

2. Per vivere appieno questa sua vocazione sente che ha bisogno di essere animata dal cuore stesso di Gesù. Il suo solo cuore umano potrebbe fare nulla.

Santa Teresa scopre che la strada più breve, più facile e più sicura è quella di buttarsi nel cuore di Gesù, nelle braccia di Gesù.

Ne parla come di un ascensore.

"Siamo in un secolo d'invenzioni, non vale più la pena di salire gli scalini, nelle case dei ricchi un ascensore li sostituisce vantaggiosamente.

Vorrei anch'io trovare un ascensore per innalzarmi fino a Gesù, perché sono troppo piccola per salire la dura scala della perfezione. Allora ho cercato nei libri santi l'indicazione del-

---

[385]*Ib.,* 255.
[386]SUOR AGNESE DI GESÙ, in *Testimoni di Teresa di Gesù Bambino,* p. 53.

l'ascensore, oggetto del mio desiderio, e ho letto queste parole pronunciate dalla Sapienza eterna: «Se qualcuno è *piccolissimo*, venga a me» (Pr 9,4). Allora sono venuta, pensando di aver trovato quello che cercavo, e per sapere, o mio Dio, quello che voi avreste fatto al piccolissimo che rispondesse al vostro appello, ho continuato le mie ricerche, ed ecco ciò che ho trovato: «Come una madre carezza il suo bimbo, così vi consolerò, vi porterò sul mio cuore, e vi terrò sulle mie ginocchia!» (Is 66,13-12).

Ah, mai parole più tenere, più armoniose hanno allietato l'anima mia, l'ascensore che deve innalzarmi fino al Cielo sono le vostre braccia, Gesù! Per questo non ho bisogno di crescere, al contrario bisogna che resti piccola, che lo divenga sempre più "[387].

2. "Sento la vocazione del sacerdote"

1. Come il cuore pulsa e irrora il sangue vivificante in tutte le membra del corpo, così Teresa vuole fare della sua vita a favore di tutta la Chiesa.

All'interno del corpo mistico di Cristo il suo posto è quello del cuore.

Non c'è da stupirsi che senta vibrare dentro di sé tutte le vocazioni che Dio suscita al suo interno.

Dice: "Sento la vocazione del sacerdote. Con quale amore, Gesù, ti porterei nelle mie mani quando, alla mia voce, discenderesti dal Cielo! Con quale amore ti darei alle anime! Ma, pur desiderando di essere sacerdote, ammiro e invidio l'umiltà di san Francesco d'Assisi, e sento la vocazione d'imitarlo, rifiutando la dignità sublime del sacerdozio. Gesù! Amore mio, vita mia, come conciliare questi contrasti? Come attuare i desideri della mia povera piccola anima?

---

[387] *Storia di un'anima*, 271.

Nonostante la mia piccolezza, vorrei illuminare le anime come i profeti, i dottori, ho la vocazione di essere apostolo.

Vorrei percorrere la terra, predicare il tuo nome, e piantare sul suolo infedele la tua Croce gloriosa, ma, o Amato, una sola missione non mi basterebbe, vorrei al tempo stesso annunciare il Vangelo nelle cinque parti del mondo e fino nelle isole più remote.

Vorrei essere missionaria non soltanto per qualche anno, ma vorrei esserlo stata fin dalla creazione del mondo, ed esserlo fino alla consumazione dei secoli. Ma vorrei soprattutto, amato mio Salvatore, vorrei versare il mio sangue per te, fino all'ultima goccia..."[388].

2. E ancora: "Essere tua Sposa, Gesù, essere carmelitana, essere, per l'unione con te, madre delle anime, tutto questo dovrebbe bastarmi... Non è così.

Senza dubbio, questi tre privilegi sono ben la mia vocazione, *carmelitana, sposa* e *madre,* tuttavia io sento in me altre vocazioni, sento la vocazione del *guerriero,* del *sacerdote, dell'apostolo,* del *dottore,* del *martire;* finalmente sento il bisogno, il desiderio di compiere per te, Gesù, tutte le opere più eroiche. Sento nell'anima mia il coraggio di un crociato, di uno zuavo pontificio, vorrei morire sopra un campo di battaglia per la difesa della Chiesa..."[389].

3. Vorrebbe essere conformata al suo Sposo soprattutto col martirio.

"Ah, ma soprattutto vorrei il martirio. Il martirio: ecco il sogno della mia giovinezza, il sogno che è diventato grande con me nella piccola cella del Carmelo. Ma è questa un'altra follia, perché io non desidero un sol genere di supplizio, per saziarmi li vorrei tutti.

---

[388] *Ib.,* 251.
[389] *Ib.,* 250.

Come Te, mio Sposo adorato, vorrei essere flagellata, croci-
fissa... Vorrei morire spellata come San Bartolomeo; come San
Giovanni vorrei essere gettata nell'olio bollente; desidero essere
maciullata dai denti delle belve come Sant'Ignazio di Antiochia
per diventare un pane degno di Te. Con Sant'Agnese e Santa Cecilia vorrei offrire il collo alla spada del boia e come Giovanna
d'Arco, su un rogo ardente, mormorare il nome di Gesù...
    Se il mio desiderio si volge ai tormenti inauditi che saranno
il retaggio dei cristiani ai tempi dell'Anti-Cristo, il mio cuore
sobbalza: vorrei che questi tormenti mi fossero riserbati. Apri,
o Gesù mio, il libro della vita, in cui sono ricordate le azioni di
tutti i santi: vorrei averle compiute, queste azioni, per Te.
    Che cosa risponderai a tutte le mie follie? C'è sulla terra
un'anima più debole, più piccola della mia? Tuttavia, proprio
per la mia debolezza, ti sei compiaciuto di appagare i miei piccoli e infantili desideri, e oggi vuoi appagare altri desideri, più
grandi dell'universo..."[390].

3. "Sono venuta soprattutto a pregare per i sacerdoti"

1. In particolare vuole stare vicino ai sacerdoti.
    "Quello che venivo a fare nel Carmelo, lo dichiarai ai Pie-
di di Gesù Ostia, nell'esame che precedette la mia professione:
'Sono venuta per salvare le anime, e *soprattutto a pregare per i
sacerdoti*' "[391].
    Fu il pellegrinaggio in Italia che le svelò questa necessità.
Prima il suo pensiero unico e dominante era la conversione dei
peccatori.
    "L'altra esperienza che feci riguarda i sacerdoti. Non avendo

---

[390]*Storia di un'anima*, 252.
[391]*Ib.*, 195.

vissuto nella loro intimità, non potevo capire lo scopo principale della riforma del Carmelo. Pregare per i peccatori mi rapiva, ma pregare per le anime dei preti che io credevo pure più del cristallo, mi pareva sorprendente!

Ah! ho capito la mia vocazione in Italia e non è stato andar troppo lontano per una conoscenza tanto utile!

Per un mese ho vissuto con molti santi sacerdoti e ho visto che, *se la loro dignità sublime li innalza al di sopra degli angeli*, essi sono tuttavia uomini deboli e fragili... Se dei santi preti che Gesù chiama nel Vangelo 'il sale della terra' mostrano nella loro condotta che hanno un grande bisogno di preghiere, che dobbiamo dire dei tepidi?

Gesù non ha detto anche: 'Se il sale diviene scipito, con che cosa lo rafforzeremo?'.

Oh, Madre! Com'è bella la vocazione che ha per scopo di conservare il sale destinato alle anime!

È la vocazione del Carmelo, poiché *il fine unico delle nostre preghiere e dei nostri sacrifici è d'essere apostole degli apostoli*, pregando per essi mentre evangelizzano le anime con le parole e soprattutto con gli esempi...

Bisogna che mi fermi, se continuassi su questo argomento non finirei più!"[392].

2. Precedentemente non pensava al Sacerdote come ad un essere umano.

Era più divino che umano, tanto che essendole stato detto che andando a confessarsi andava a dire i propri peccati a Dio domandò se doveva dire al sacerdote che lo amava con tutto il cuore[393].

"Ah! Celina, io sento che Gesù domanda a noi due di estinguere la sua sete dandogli delle anime, soprattutto anime di sacerdoti. Sento che Gesù vuole che ti dica queste cose, perché la

---

[392] *Ib.*, 157.
[393] *Ib.*, 57.

nostra missione è quella di dimenticarci, di annientarci... Siamo così poca cosa... e tuttavia Gesù vuole che la salvezza delle anime dipenda dai nostri sacrifici, dal nostro amore. Egli viene da noi a mendicare delle anime... Sappiamo capire il suo sguardo! Tanto pochi lo capiscono. Gesù ci fa la grazia straordinaria di ammaestrarci lui stesso, di mostrarci una luce nascosta"[394].

3. "Chiamava questo genere di apostolato: *far commercio all'ingrosso* poiché arrivava alle membra attraverso il capo. Il desiderio della santificazione dei preti divenne il suo pensiero dominante, il vero movente della vita"[395].

"Costantemente, dopo il suo viaggio a Roma, pregava per i sacerdoti e parlava della necessità di ottenere loro tante grazie. A sedici anni, mi scriveva: 'viviamo per le anime, siamo apostole, *salviamo soprattutto le anime dei preti*. Queste anime dovrebbero essere più trasparenti del cristallo. Ohimè quanti cattivi sacerdoti e quanti non abbastanza santi! Preghiamo, soffriamo per essi' "[396].

Diceva: "Dovremmo amare i sacrifici da compiere per i sacerdoti... Dio ci chiederà conto dei preti che avremmo potuto salvare con le nostre preghiere e con i nostri sacrifici, e che non avremo salvato a causa della nostra infedeltà e della nostra viltà"[397].

"Nel poco tempo che ci resta, salviamo anime.

Sento che il nostro Sposo ci chiede anime: *anime di sacerdoti soprattutto*.

È lui a volere che io ti dica queste cose"[398].

Durante la malattia del padre era animata dal medesimo

---

[394] *Lettera* 74, a Celina, 15 ottobre 1889.

[395] *Processo Apostolico* 946, deposizione di Suor Genoveffa.

[396] *Lettera a Celina*, 14 luglio 1889.

[397] *Processo Diocesano* 2201, deposizione di Suor Maria Maddalena del SS. Sacramento.

[398] *Lettera* 73, a Celina, 14 luglio 1889.

pensiero: "In questo grande dolore, dimentichiamoci e preghiamo per i preti; la nostra vita sia consacrata a loro"[399].

4. Un sacerdote in particolare era dentro il suo cuore e vi rimase fin sul letto di morte: il P. Giacinto Loison, che aveva abbandonato il sacerdozio e la fede...

In una lettera inviata a Celina l'8 luglio 1891 scriveva: "Egli è molto colpevole, più colpevole forse di quanto sia mai stato un peccatore convertito.

Ma Gesù non può fare una volta ciò che mai aveva fatto prima?

Se Egli non avesse voluto farlo avrebbe messo nel cuore della sua povera piccola sposa un desiderio irrealizzabile?

Verrà giorno nel quale quel cieco aprirà gli occhi.

La fiducia opera i miracoli. Non stanchiamoci di pregare affinché un nostro fratello, un figlio della S. Vergine, vinto, torni a nascondersi sotto il manto della più misericordiosa delle Madri"[400].

"Non dimenticò mai questa grande intenzione e la sua ultima comunione quaggiù fu per il povero figliuol prodigo. Il P. Giacinto morì il 9 febbraio 1912, apparentemente nell'impenitenza finale, ma una lettera ci assicura che morendo, il povero peccatore, aveva mormorato queste parole: «Mio dolce Gesù»"[401].

È interessante il fatto che Santa Teresa farà la sua ultima Comunione il 19 agosto festa di San Giacinto, e la offre per il padre Loyson[402].

---

[399] *Lettera* 88, a Celina, 18 luglio 1890.

[400] *Lettera* 108, a Celina, 18 luglio 1889.

[401] *Processo Apostolico* 947, deposizione di Suor Genoveffa.

[402] Hyacinthe Loyson (1827-1912), sacerdote nel 1851, sulpiziano (1851), novizio domenicano per cinque mesi (1859), carmelitano (1859), predicatore dell'Avvento a Notre Dame (1864), abbandonò la Chiesa nel 1869. Dal 1873 al 1874, fu curato di una parrocchia di «vecchi cattolici» a Ginevra e fondò, nel 1879, la «Chiesa cattolica gallicana», che doveva riallacciarsi in seguito

Deporrà la sorella Madre Agnese: "Il 19 agosto 1897, al Carmelo festa di San Giacinto, offrì la sua comunione, (l'ultima della sua vita), per la conversione dell'infelice sacerdote del nostro Ordine (padre Giacinto Loyson). Era d'altronde uno dei suoi desideri più ardenti; me ne parlò spesso in vita, dicendomi che faceva molti sacrifici a questo scopo"[403].

5. Celina rivela l'idea che Teresa si era fatta della sua morte che sarebbe avvenuta per tubercolosi polmonare quando aveva ventiquattro anni: "Durante il 1897 mi disse che prevedeva di morire in quell'anno.

«Vedi, Dio sta per portarmi via in una età nella quale non avrei avuto il tempo di essere prete. Se avessi potuto esserlo, proprio in questo mese di giugno, in questa ordinazione, avrei ricevuto l'Ordine sacro. Affinché non rimpianga niente, il Signore permette che sia malata; così mi persuade che non avrei potuto arrivare al sacerdozio e sarei morta prima».

Il sacrificio di non aver potuto essere sacerdote le stava sempre nel cuore.

---

all'arcivescovato vecchio-cattolico di Utrecht. Seguì da vicino, pur senza mai parteciparvi direttamente, il movimento modernista.

Per avere il senso della grande risonanza del Loyson al suo tempo piace ricordare quanto annota M.-J. Lagrange, fondatore dell'École Biblique di Gerusalemme: "Occorre aggiungere che, nel mese di maggio, Hyacinthe Loyson si presentò a farmi visita al convento? Non credetti mio dovere restituirgli la visita, il che d'altronde facevamo raramente a causa del gran numero di stranieri che venivano a trovarci da ogni parte del mondo. Tuttavia, per non recar offesa a quest'anima, per la quale tanto si è pregato, gli mandai il mio biglietto da visita. Ma poiché insisteva per incontrarmi, fui costretto a scrivergli che non vedevo l'opportunità di un colloquio. Ero fin troppo sicuro che sarei stato del tutto impotente a ricondurre quello spirito traviato, che agì sempre poco chiaramente, sulla retta via. Egli mi rispose: «Si dirà dunque veramente come spesso si è fatto che lo spirito d'intolleranza è – almeno a Gerusalemme – prerogativa quasi esclusiva della Chiesa latina?». Egli mi assicurava tuttavia dei suoi «sentimenti di stima e di simpatia nella libera scienza, nella fede religiosa e nella carità fraterna». Ahimé!" (Souvenirs, p. 133, ed. Benoit).

[403]SUOR AGNESE DI GESÙ, in Testimoni di Teresa di Gesù Bambino, p. 53.

Il pensiero che Santa Barbara aveva portato la Santa Comunione a San Stanislao Kostka la rapiva: «Perché non un angelo, mi diceva, non un prete, ma una vergine! O quante meraviglie vedremo nel cielo!

Ho in mente che quelli che lo avranno desiderato sulla terra, in cielo divideranno l'onore del sacerdozio»"[404].

6. Si confidava con i Sacerdoti.

Avrebbe desiderato un direttore spirituale permanente.

Scrive: "Quante anime arriverebbero alla santità se fossero ben dirette!"[405].

"Lo so bene, il Signore non ha bisogno di nessuno per far l'opera sua, ma come permette a un giardiniere abile di coltivare piante rare e delicate, e gli dà le cognizioni necessarie per far ciò, riservando a sé la cura di fecondarle, così Gesù vuole essere aiutato nella sua divina cultura delle anime"[406].

4. Sente anche la vocazione missionaria

1. Avrebbe desiderato di andare in un monastero all'estero.

Scrive nella *Storia di un'Anima*:

"Madre amata, la sua prudenza seppe scoprire la volontà di Dio, e da parte sua lei proibì alle sue novizie di pensare per ora a lasciare la culla della loro infanzia religiosa; ma le loro aspirazioni lei le capiva poiché lei stessa, Madre, aveva chiesto nella sua giovinezza di andare a Saigon (l'odierna Hô Chi Minh, è in Vietnam: nel 1861 proprio il Carmelo di Lisieux aveva fondato lì a Saigon il primo Carmelo dell'Estremo Oriente, *ndr*); è così che spesso i desideri delle madri trovano viva eco nell'anima delle figlie.

---

[404] *Processo Diocesano* 2741, deposizione di Suor Genoveffa.

[405] *Storia di un'anima*, 148.

[406] *Ib.*, 149.

Ora il suo desiderio apostolico trova nell'anima mia, lei lo sa, *una eco fedele*; mi permetta di confidarle perché ho desiderato, e desidero ancora, se la Santa Vergine mi guarirà, lasciare per una terra straniera l'oasi deliziosa nella quale vivo felice sotto il suo sguardo materno.

Occorre, Madre mia (me l'ha detto lei), per vivere nei Carmeli stranieri una vocazione particolare, molte anime si credono chiamate là senza esserlo; lei mi ha anche detto che io avevo questa vocazione, e che soltanto la mia salute era un ostacolo; so bene che quest'ostacolo scomparirebbe se il Signore mi chiamasse lontano, perciò vivo senza inquietudine.

Se dovessi un giorno abbandonare il mio caro Carmelo, ciò non accadrebbe senza ferite, Gesù non mi ha dato un cuore insensibile, e proprio perché sono capace di soffrire, desidero dare a Gesù tutto quello che posso dargli.

Qui, Madre cara, vivo senz'alcun impaccio di preoccupazioni per la misera terra, ho soltanto da assolvere la dolce e facile missione che lei mi ha affidata.

Qui sono colmata dalle sue premure materne, non sento la povertà perché non mi è mai mancato nulla. Ma, soprattutto, qui sono amata da lei e da tutte le sorelle, e quest'affetto mi è dolce.

Ecco perché *sogno un monastero ove sarei sconosciuta*, e *avrei da soffrire la povertà, la mancanza d'affetto, insomma, l'esilio del cuore*[407].

2. Ha capito però che questo non corrisponde alla volontà di Dio, sebbene la sua intenzione sia la più pura possibile:

"Non partirei con l'intenzione di godere il frutto delle mie fatiche; se fosse questo il mio scopo, non proverei la pace dolce che m'inonda, e soffrirei invece per non potere concretare la mia vocazione verso le missioni lontane.

---

[407] *Storia di un'anima*, 285.

Da gran tempo non appartengo più a me stessa, mi sono offerta totalmente a Gesù, egli è dunque libero di far di me ciò che preferisce.

Mi ha dato l'attrattiva verso un esilio completo, mi ha fatto capire tutte le sofferenze che troverei in esso, chiedendomi se volevo bere questo calice fino alla feccia; *subito ho voluto prendere la coppa che Gesù mi presentava, ma lui, ritirando la mano, mi ha fatto capire che l'accettazione gli bastava*[408].

La sua vocazione è quella di essere missionaria nell'anima: "Senza dubbio si possono aiutare i missionari con la preghiera e col sacrificio"[409].

3. Vuole essere missionaria con l'amore e la penitenza.

"Ultimamente pensavo a ciò che avrei potuto tentare per salvare le anime, diceva Teresa. Questa semplice parola del Vangelo mi ha illuminata. Gesù diceva a suoi discepoli, mostrando loro i campi di grano maturo: Alzate gli occhi e mirate i campi che già biondeggiano per la messe, e un pò più avanti: La messe è molta, ma gli operai sono pochi. Pregate dunque il padrone della messe che mandi operai alla sua messe.

Quale mistero! Gesù non è onnipotente? Le creature non appartengono a colui che le ha create?

Perché dunque si abbasserebbe a dire «chiedete al padrone di mandare gli operai?».

Perché ha per noi un amore incomprensibile, così delicato che non vuol fare alcuna cosa senza che noi vi partecipiamo.

Il creatore dell'universo aspetta la preghiera di una povera piccola anima per salvarne una moltitudine di altre, riscattate come essa a prezzo del suo sangue.

La nostra vocazione propria non è di andare a mietere nei campi del Padre di famiglia. Gesù non ci dice: Mietete nelle

---

[408] *Ib.*, 286.
[409] *Ib.*, 331.

campagne; la nostra missione è ancora più sublime, ecco le parole dei Maestro: «Alzate gli occhi e guardate...».

Guardate come nel cielo vi sono dei posti vuoti. Sta a voi riempirli: voi siete i miei Mosè che pregano sulla montagna.

Chiedetemi operai ed io ve ne manderò, non aspetto che una preghiera, che un sospiro del vostro cuore!

L'apostolato della preghiera non è forse, per così dire, più sublime di quello della parola?

Spetta a noi formare operai evangelici che salveranno migliaia di anime, delle quali diventeremo le madri. Che abbiamo dunque da invidiare ai sacerdoti del Signore?"[410].

Chiama "legami apostolici" quelli "della preghiera e della mortificazione"[411].

4. Ha un'aspirazione nel cuore: vorrebbe essere unita attraverso un legame spirituale con un missionario, che sia quasi come un suo fratello spirituale.

"*Da grandissimo tempo avevo il desiderio*, che mi pareva completamente inattuabile, *di avere un fratello sacerdote*; pensavo spesso che se i fratellini miei non fossero volati al Cielo, avrei avuto la felicità di vederli salire all'altare; ma poiché il buon Dio li ha scelti per farne degli angiolini, non potevo più sperare di vedere il mio sogno tradotto nella realtà.

Ed ecco, Gesù non solamente mi ha fatto la grazia che desideravo, bensì mi ha unita con i legami dell'anima a due apostoli suoi, i quali sono divenuti fratelli miei...

Voglio, Madre cara, raccontarle nei particolari in qual modo Gesù soddisfece il mio desiderio e anche lo superò, perché io non desideravo che un fratello prete il quale tutti i giorni pensasse a me sul santo altare"[412].

---

[410] *Lettera* 114, a Celina, 15 agosto 1892.
[411] *Lettera* 168, a padre Roulland, 23 giugno 1896.
[412] *Storia di un'anima*, 329.

5.

"Fu la nostra santa Madre Teresa a mandarmi come dono profumato di festa nel 1895 il mio primo fratello.

Ero alla lavanderia, molto occupata nel mio lavoro, quando Madre Agnese di Gesù, prendendomi in disparte, mi lesse una lettera che aveva ricevuto allora.

Un giovane seminarista, ispirato, diceva lui, da santa Teresa, *chiedeva una sorella la quale si dedicasse in modo particolare alla salvezza dell'anima sua e l'aiutasse con preghiere e sacrifici quando fosse missionario*, affinché egli potesse essere strumento di salvezza per molte anime.

Prometteva un ricordo costante, quando avesse potuto offrire il santo sacrificio, per colei che divenisse sua sorella[413].

Madre Agnese di Gesù mi disse che voleva me come sorella del futuro missionario.

Madre mia, dirle la mia felicità sarebbe cosa impossibile.

Il mio desiderio soddisfatto in modo insperato mi fece nascere nel cuore una gioia che chiamerò infantile, perché debbo risalire ai giorni della mia infanzia per trovare il ricordo di quelle gioie tanto vive che l'anima è troppo piccola per contenerle; da anni non avevo gustato un tal genere di felicità. Sentivo che sotto questo aspetto l'anima mia era nuova, come se fossero state toccate per la prima volta delle corde musicali dimenticate fino allora"[414].

Arriva poi il secondo fratello missionario[415].

Rivolgendosi a Madre Maria di Gonzaga scrive: "È tempo

---

[413]Don Maurizio Barthélemy-Bellière (1874-1907) aveva scritto a Madre Agnese il 15.10.1895 «nel nome e nella festa della grande Santa Teresa»). Orfano di madre, seminarista di Bayeux, aspirante missionario, s'imbarcò la vigilia della morte di Teresa per entrare ad Algeri nel noviziato dei Padri Bianchi. Missionario nel Nyassaland (oggi Malawi), tornò in Francia e morì al Bon Sauveur di Caen.

[414]*Storia di un'anima*, 330.

[415]Il P. Adolfo Roulland (1870-1934), seminarista delle Missioni estere

che io riprenda la storia dei miei fratelli, i quali occupano ora un posto così grande nella mia vita.

L'anno scorso alla fine di maggio, mi ricordo che ella un giorno mi fece chiamare prima del refettorio. Il cuore mi batteva forte quando entrai da lei; mi domandavo che cosa potesse aver da dirmi, perché era la prima volta che mi faceva chiamare così.

Dopo avermi detto di sedere, ecco ciò che mi propose: 'Vuole occuparsi degl'interessi spirituali di un missionario, il quale dev'essere ordinato sacerdote, e partire prossimamente?'. E poi, Madre, mi lesse la lettera di quel giovane Padre, affinché io sapessi esattamente ciò che egli chiedeva. Il mio primo sentimento fu di gioia, che cedé subito al timore.

Le spiegai che, avendo già offerto i miei meriti per un futuro apostolo, credevo di non poterlo fare anche secondo le intenzioni di un altro e che, del resto, vi erano molte religiose migliori di me le quali avrebbero potuto rispondere al suo desiderio.

Tutte le mie obiezioni furono inutili, lei mi rispose che si possono avere vari fratelli. Allora le domandai se l'obbedienza non poteva raddoppiare i meriti. Lei mi rispose di sì, dicendomi varie cose che mi mostravano come io potessi accettare senza scrupoli un altro fratello.

In fondo, Madre mia, io la pensavo come lei, e poiché 'lo zelo di una carmelitana deve abbracciare il mondo', io penso di potere essere utile a più di due missionari, e non potrei dimenticare di pregare per tutti, senza tralasciare i semplici sacerdoti la cui missione talvolta è difficile quanto quella degli apostoli i quali predicano agl'infedeli.

Insomma, *voglio esser figlia della Chiesa* com'era la nostra Madre santa Teresa e pregare secondo le intenzioni del Santo Padre, sapendo che queste intenzioni abbracciano l'universo.

---

di Parigi. Egli celebra una delle sue prime messe al Carmelo il 3.7.1896 e s'imbarca per la Cina.

Tale è lo scopo generale della mia vita, ma questo non mi avrebbe impedito di pregare e di unirmi in modo particolare alle opere dei miei piccoli cari angeli, se fossero stati sacerdoti.

Ed ecco in qual modo mi sono unita spiritualmente agli apostoli che Gesù mi ha dati come fratelli: tutto quello che mi appartiene, appartiene a ciascuno di loro, sento bene che il Signore è troppo buono per far le parti, è così ricco che dà, senza misura, tutto quello che gli si chiede... Ma non creda, Madre mia, che mi perda in lunghe enumerazioni"[416].

6. È convinta che i missionari siano martiri di desiderio.

Molto spesso nella sua corrispondenza con i missionari si intratteneva sul martirio, anzi sul nuovo genere di martirio come può essere quello di un missionario e sulla fedeltà del Signore verso chi ha dato tutto per lui.

"Su questa terra, dove tutto cambia, una sola cosa è stabile, la condotta del Re dei Cieli verso i suoi amici: dopo che Egli ha innalzato lo stendardo della croce, è alla sua ombra che tutti devono combattere e riportare la vittoria: «Ogni vita di missionario è feconda nella croce», diceva Teofano Vénard, e ancora: «La vera felicità è soffrire, e per vivere ci è necessario morire».

Fratello mio, gli inizi del suo apostolato sono segnati col sigillo della croce, il Signore la tratta da privilegiato.

Con la persecuzione e la sofferenza molto più che con brillanti prediche, Egli vuole stabilire il Suo regno sulle anime. Lei dice: «Sono ancora un piccolo fanciullo e non so parlare». Il Padre Mazel, che fu ordinato prete lo stesso giorno insieme con lei, non sapeva parlare, tuttavia ha già colto la palma...

Oh! come i pensieri di Dio sono al di sopra dei nostri.

Nell'apprendere la morte di quel giovane missionario, che sentivo nominare per la prima volta, mi sono sentita spinta a invocarlo.

---

[416] *Storia di un'anima*, 333.

Mi sembrava di vederlo nel glorioso coro dei martiri, in cielo.

Lo so, agli occhi degli uomini questo genere di martirio non ne ha il nome, ma *agli occhi del buon Dio, il sacrificio senza gloria non è meno fecondo del martirio dei primi cristiani, che confessavano la loro fede davanti ai tribunali*».

La persecuzione ha cambiato forma, ma gli apostoli di Cristo non hanno cambiato nei loro sentimenti, e così il Divino Maestro non potrebbe cambiare la ricompensa, a meno che non fosse per aumentarla, in compenso della gloria non raccolta quaggiù.

Non capisco come lei sembri dubitare della sua entrata immediata nel cielo, se gli infedeli le togliessero la vita. (...).

Come dubitare che il Signore non apra le porte del suo Regno a quei figli che l'hanno amato fino a sacrificare tutto per Lui, e che non soltanto hanno lasciato la loro famiglia e la loro patria per farlo conoscere e amare, ma desiderano anche dare la loro vita per Colui che amano? Gesù aveva ben ragione di dire che non c'è amore più grande di questo. Come dunque si lascerebbe vincere in generosità? Perché farebbe purificare nelle fiamme del Purgatorio anime già consumate dal fuoco dell'amore divino?

Ecco molte frasi per esprimere il mio pensiero. Ma volevo semplicemente dire che mi sembra che *tutti i missionari siano martiri per il desiderio* e la volontà e, per conseguenza, neanche uno dovrebbe andare in Purgatorio.

Se al momento di comparire davanti a Dio resterà nella loro anima qualche traccia di umana debolezza, la Santa Vergine otterrà loro la grazia di fare un atto di amore perfetto, poi darà loro la palma e la corona che hanno così ben meritato"[417].

---

[417] *Lettera* 202, a Padre Roulland, 9 maggio 1897.

Capo XI

La sofferenza e la purificazione

1. La sofferenza che sprigiona amore

1. In Teresa di Lisieux si nota un'attrazione verso la sofferenza fin da quando era piccola, e più precisamente dalla prima Comunione.

Stupisce l'attrazione verso la sofferenza, che di fatto è un limite per la vita di una persona.

Anzi, in maniera ancor più precisa, la sofferenza è un male.

Dalla Divina Rivelazione sappiamo che è entrata nel mondo con il peccato di Adamo.

L'esenzione dalla sofferenza, insieme con l'immortalità e la scienza infusa, era uno dei doni preternaturali.

2. Ci si pone pertanto la domanda: che senso ha la sofferenza? Soprattutto può essere amata e desiderata?

In *Salvifici doloris* Giovanni Paolo II scrive: "Perché il male? Perché il male nel mondo? (...). L'uomo non pone questo interrogativo al mondo, benché molte volte la sofferenza gli pervenga da esso, ma lo pone a Dio come al Creatore e al Signore del mondo. Ed è ben noto come sul terreno di questo interrogativo si arrivi non solo a molteplici frustrazioni e conflitti nei rapporti dell'uomo con Dio, ma capiti anche che si giunga alla *negazione stessa di Dio*" (SD 9).

La risposta al problema del male la possiamo ricevere solo da Dio.

Ed è per questo che San Tommaso inizia la sua risposta così: "Come dice S. Agostino". E cioè con un argomento di autorità, come per dire che la risposta viene soltanto dall'alto, sul piano della fede:

La risposta ancora a livello generale di San Tommaso è la seguente: "Come dice S. Agostino: 'Dio, essendo sommamente buono, non permetterebbe in nessun modo che nelle sue opere ci fosse del male, se non fosse tanto potente e tanto buono, da saper trarre il bene anche dal male'.

Sicché appartiene all'infinita bontà di Dio il permettere che vi siano dei mali per trarne dei beni"[418].

3. Più specificamente la risposta di Dio si esprime attraverso Gesù Cristo che passando attraverso la sofferenza e la morte ha voluto ha riscattare la sofferenza e la morte e rivelarne il significato più alto.

Scrive Giovanni Paolo II: "Per poter percepire la vera risposta al *perché* della sofferenza dobbiamo volgere il nostro sguardo verso la rivelazione dell'amore divino, fonte ultima del senso di tutto ciò che esiste.

L'amore è anche la fonte più ricca del senso della sofferenza, che rimane sempre un mistero" (SD 13).

"Il Redentore ha sofferto al posto dell'uomo e per l'uomo... Nella croce di Cristo non solo si è compiuta la redenzione mediante la sofferenza, ma anche la stessa sofferenza umana è stata

---

[418]SAN TOMMASO, *Somma teologica*, I, 2, 3, ad 1.

redenta... Operando la redenzione mediante la sofferenza, Cristo ha elevato insieme la sofferenza umana a livello di redenzione. Quindi anche ogni uomo può diventare partecipe della sofferenza redentiva di Cristo" (SD 19).

E giungendo a svelare il senso della sofferenza redenta da Cristo scrive: "Si potrebbe dire che la sofferenza vi sia presente anche per sprigionare nell'uomo l'amore, proprio quel dono disinteressato del proprio «io» in favore degli altri uomini, degli uomini sofferenti" (SD 29).

Nello stesso tempo "la sofferenza è presente nel mondo per sprigionare amore, per far nascere opere di amore verso il prossimo, per trasformare tutta la civiltà umana nella «civiltà dell'amore». In questo amore il significato salvifico della sofferenza si realizza fino in fondo e raggiunge la sua dimensione definitiva. Le parole di Cristo sul giudizio finale permettono di comprendere ciò in tutta la semplicità e perspicacia del Vangelo" (SD 30).

In tal modo "Cristo allo stesso tempo ha insegnato all'uomo *a far del bene con la sofferenza* e *a far del bene a chi soffre.* In questo duplice aspetto egli ha svelato fino in fondo il senso della sofferenza" (SD 30).

È in questa prospettiva che va letta l'attrazione di Teresa di Lisieux verso la sofferenza. Per lei la sofferenza è vissuta come un'esperienza dell'amore che si dona fino in fondo perché stia bene colui che si ama.

È la kenosis, la forma più alta dell'amore. È l'annientarsi perché la persona amata abbia la vita e l'abbia in abbondanza.

4. È in quest'orizzonte che ne parla Papa Francesco nell'Enciclica *Lumen Fidei.*

Agganciandosi ad un'espressione del Salmo 116,10: "Ho creduto anche quando dicevo: sono troppo infelice" scrive: "Il cristiano sa che la sofferenza non può essere eliminata, ma può ricevere un senso, può diventare atto di amore, affidamento alle mani di Dio che non ci abbandona e, in questo modo, essere una tappa di crescita della fede e dell'amore. Contemplando l'unione di Cristo con il Padre, anche nel momento della sofferenza più grande sulla croce (cfr Mc 15,34), il cristiano impara a partecipare allo sguardo stesso di Gesù.

Perfino la morte risulta illuminata e può essere vissuta come l'ultima chiamata della fede, l'ultimo 'Esci dalla tua terra' (Gn 12,1), l'ultimo 'Vieni!', pronunciato dal Padre, cui ci consegniamo con la fiducia che Egli ci renderà saldi anche nel passo definitivo" (LF 56).

"La fede non è luce che dissipa tutte le nostre tenebre, ma lampada che guida nella notte i nostri passi, e questo basta per il cammino.

All'uomo che soffre, Dio non dona un ragionamento che spieghi tutto, ma offre la sua risposta nella forma di una presenza che accompagna, di una storia di bene che si unisce ad ogni storia di sofferenza per aprire in essa un varco di luce.

In Cristo, Dio stesso ha voluto condividere con noi questa strada e offrirci il suo sguardo per vedere in essa la luce. Cristo è colui che, avendo sopportato il dolore, «dà origine alla fede e la porta a compimento» (Eb 12,2)" (LF 57).

5. Quando la sofferenza viene convertita in amore, anzi, quando è animata dalla carità, sprigiona nel mondo una forza che attrae e unisce al Signore.

Non si può dimenticare che il primo effetto dell'amore è proprio quello di creare un legame.

Per Sant'Agostino l'amore è *una certa unione o legame*[419].

Dionigi lo definisce come "forza unitiva" (*vis unitiva*)[420].

Per San Tommaso l'amore è la compiacenza del bene[421]. Ma

---

[419]"*Unio quaedam vel nexus*" (S. AGOSTINO, *De Trinitate*, 8, 10).

[420]"*Virtus unitiva*", o anche "*vis unitiva*" (DIONIGI, *De Divinis Nominibus*, IV, 9, 12).

[421]S. TOMMASO, *Somma teologica*, I-II, 26,1.

il primo effetto di tale compiacenza è l'attrazione verso il bene amato. È un'attrazione che "produce l'unione come *causa formale*"[422], e cioè come specifico della sua natura.

Sant'Agostino dice che l'amore è come "una vita che unisce o che tende a unire due esseri: chi ama e la realtà amata"[423].

San Tommaso commenta: "Dicendo *unisce*, accenna all'*unione affettiva*, senza la quale l'amore non esiste; dicendo che tende all'amato, accenna all'*unione reale*"[424].

L'*unione effettiva o reale* è quella che porta il soggetto che ama verso il bene amato con un movimento effettivo, reale, concreto, al fine di congiungersi con lui e possederlo.

È per questo che Aristotele dice che "l'unione è opera dell'amore"[425].

Venendo al piano soprannaturale, proprio nella croce di Cristo, che è la rivelazione più alta dell'amore, si trova il segreto delle conversioni, dell'unione degli uomini a Dio.

Gesù ha detto: "E io, quando sarò innalzato da terra, attirerò tutti a me" (Gv 12,32).

San Tommaso commenta: "Così si è compiuto ciò che diceva la sposa del cantico (Ct 1,3): «Attirami dietro a te; noi correremo sulla scia di tuoi profumi»"[426].

---

[422] *Ib.,* I-II, 28, 1.

[423] S. Agostino, *De Trinitate*, 8, 10.

[424] S. Tommaso, *Somma teologica*, I-II, 28, 1.

[425] "L'unione è opera dell'amore" (Aristotele, *II Politic.*, 1,3).

L'unione affettiva tende all'unione sostanziale perché coloro che si amano desiderano da due diventare uno: "ex ambobus fieri unum", come diceva Aristofane. L'affermazione è riferita da Aristotele in *II Politic.*, 1,3.

[426] S. Tommaso, *Commento al Vangelo di san Giovanni*, 12,32.

2. La sofferenza accompagna Teresa fin dalla prima infanzia

1. La breve esistenza di Santa Teresa di Lisieux è stata segnata dalla sofferenza.

Da piccola, sebbene non ne comprendesse appieno il dramma, rimase orfana di mamma.

Zelia Guérin, la Signora Martin, morì il 28 agosto 1877, quando lei aveva quattro anni e mezzo.

Il 2 ottobre 1882 la secondogenita Paolina, che Teresa si era presa come seconda mamma, entra in monastero. Per lei questo è un dramma più grave del primo.

"Ora debbo parlare della prova dolorosa che venne a spezzare il cuore di Teresa piccina, quando Gesù le prese la sua cara mamma Paolina, amata così teneramente.

Un giorno avevo detto a Paolina che sarei stata volentieri eremita, e mi sarebbe piaciuto andarmene con lei in qualche deserto lontano, e lei mi aveva risposto: 'Il mio desiderio è il tuo, attenderò che tu sia abbastanza grande per partire'. Senza dubbio, ciò non era stato detto seriamente, ma Teresa, invece, l'aveva preso sul serio; e quale non fu il dolore di lei quando un giorno intese Paolina che parlava con Maria della sua prossima entrata nel Carmelo! Non sapevo che cosa fosse il Carmelo, ma capivo che Paolina mi avrebbe lasciata per entrare in un convento, capivo che non mi avrebbe attesa, e che stavo per perdere la mia seconda mamma! Come dire la mia angoscia?

In un attimo capii che cosa è la vita; fino allora non l'avevo vista così triste, ma ora mi apparve in tutta la sua realtà, vidi che era soltanto sofferenza e separazione continua.

Piansi amaramente, perché non comprendevo ancora la gioia del sacrificio, ero debole, così debole che considero una grande grazia aver potuto sopportare una prova la quale pareva molto al disopra delle mie forze!

Se avessi saputo a poco a poco la partenza della mia Paolina carissima, forse non avrei sofferto tanto, ma avendola saputa di sorpresa, fu come una spada che mi si conficcasse nel cuore"[427].

2. A questa sofferenza ne segue un'altra, quella della malattia misteriosa che la colpisce duramente per un mese e mezzo, dal 25 marzo al 13 maggio 1883, quando venne guarita dal sorriso della Madonna.

Questa guarigione provocò un'altra sofferenza più lunga perché al Carmelo cui aveva fatto visita si era accorta che le monache s'immaginavano un'apparizione diversa da quella che si era prodotta. Di qui nacque in lei il dubbio che quel sorriso non fosse autentico e di aver ingannato molti.

Quella prova durò quattro anni e si sciolse il 4 novembre 1887 quando fece visita al santuario di Nostra Signora delle Vittorie in Parigi in attesa di partire per Roma.

"Maria aveva intuito che la Santa Vergine mi aveva concesso qualche grazia nascosta, perciò, appena fui sola con lei, mi chiese che cosa avevo visto e io non potei resistere alle sue domande così tenere e premurose; stupita vedendo il mio segreto scoperto senza che io l'avessi rivelato, lo confidai tutto intero a Maria.

Ahimé! Come avevo presentito, la mia felicità scomparve e si mutò in amarezza; per quattro anni il ricordo della grazia ineffabile che avevo ricevuta fu per me una vera pena d'animo, dovevo ritrovare la mia gioia soltanto ai piedi di Nostra Signora delle Vittorie, allora mi venne restituita in tutta la sua pienezza... riparlerò più tardi di questa seconda grazia della Santa Vergine Maria.

Ora debbo dirle, Madre mia cara, in qual modo la gioia si cambiò in tristezza. Maria dopo aver inteso il racconto ingenuo e sincero della 'mia grazia', mi chiese il permesso di dirlo al Car-

---

[427] *Storia di un'anima*, 81.

melo, io non potevo dire di no. Alla mia prima visita all'amato
Carmelo, fui piena di gioia vedendo la mia Paolina con l'abito
della Vergine: che momento bello e dolce per noi due! C'erano
tante cose da dire che non riuscivo a dir nulla, avevo il cuore
troppo pieno. La buona Madre Maria Gonzaga c'era anche lei,
e mi dimostrò mille prove d'affetto; vidi ancora altre religiose
e in presenza loro fui interrogata riguardo alla grazia che avevo
avuta, e se la Vergine portava il Bambino Gesù, se c'era molta
luce, e così via.

Tutte quelle domande mi turbarono e mi fecero dispiacere,
io potevo dire una cosa sola: 'la Vergine Santa mi era sembrata
bellissima, e l'avevo vista che mi sorrideva'. Soltanto il volto di
lei mi aveva colpita, così, vedendo che le carmelitane s'immaginavano tutt'altra cosa (e d'altra parte già cominciavano le mie
sofferenze d'animo riguardo alla mia malattia), mi figurai d'aver
mentito.

Senza dubbio, se avessi custodito il mio segreto, avrei anche conservato la mia felicità, ma la Vergine Santa ha permesso
questo tormento per il bene dell'anima mia; forse avrei avuto,
altrimenti, qualche pensiero di vanità, mentre così, trovandomi
nella umiliazione, non potevo guardarmi senza un sentimento
di profondo orrore. Ah! quello che ho sofferto, lo potrò dire
soltanto in Cielo!"[428].

3. Dal giorno della prima Comunione avvenuta nel maggio
del 1884, sentì nascere il desiderio della sofferenza: "Fino allora avevo sofferto senza amare la sofferenza, da quel giorno ne
provai un vero amore.

Sentivo anche il desiderio di amare soltanto il buon Dio, di
non trovare gioia che in lui.

Spesso durante le mie comunioni ripetevo le parole
dell'*Imitazione*: 'Oh Gesù! Dolcezza ineffabile, cambiate

---

[428] *Ib.*, 95.

per me in amarezze tutte le consolazioni della terra!'. Questa preghiera usciva dalle mie labbra senza sforzo, senza costrizione; mi pareva di ripeterla non per mio volere, ma come una bambina la quale ripeta parole suggeritele da una persona amica. Più tardi le dirò, Madre mia cara, in qual modo Gesù si è compiaciuto di attuare il mio desiderio, e come lui solo fu sempre la mia dolcezza ineffabile"[429].

Poi vi furono gli scrupoli che durarono un anno e mezzo, dal maggio 1885 a metà agosto 1886. Anche le azioni più semplici erano motivo di profondo turbamento interiore.

Infine, c'è l'ingresso di Maria al Carmelo il 15 ottobre 1886. In quel periodo Maria era "l'unico sostegno della mia anima... Era Maria che mi guidava, mi consolava, mi aiutava a praticare la virtù; era il mio solo oracolo"[430].

La sofferenza è acuita in Teresa dal suo temperamento molto sensibile.

Scrive: "Ero veramente insopportabile per la mia sensibilità eccessiva. Così, se mi accadeva di dare involontariamente un pò di dispiacere a qualcuno cui volessi bene, invece di dominarmi e non piangere, ciò che ingrandiva il mio errore anziché attenuarlo, piangevo come una Maddalena, e quando cominciavo a consolarmi della cosa in sé, piangevo per aver pianto... Tutti i ragionamenti erano inutili e non potevo arrivare a correggermi di questo brutto difetto"[431].

4. La notte di Natale del 1886 riceve quella grazia straordinaria, che segna la sua vita e le fa compiere passi da gigante.

"In quella notte di luce cominciò il terzo periodo della mia vita, più bello degli altri, più colmo di grazie del Cielo. In un istante l'opera che non avevo potuto compiere in dieci anni, Gesù la fece contentandosi della mia buona volontà che non mi

---

[429] *Ib.*, 113.
[430] *Ib.*, 126.
[431] *Ib.*, 132.

mancò mai. Come i suoi apostoli avrei potuto dirgli: 'Signore,
ho pescato tutta la notte senza prendere nulla'; più misericordioso ancora per me che non per i suoi discepoli, Gesù prese egli
stesso la rete, la gettò e la tirò su piena di pesci. Fece di me un pescatore di uomini, io sentii un desiderio grande di lavorare alla
conversione dei peccatori, un desiderio che non avevo mai provato così vivamente... Sentii che la carità mi entrava nel cuore,
col bisogno di dimenticare me stessa per far piacere agli altri, e
da allora fui felice!"[432]

3. "I miei primi passi hanno incontrato più spine che rose!"

1. Ci sono le sofferenze e i travagli legati al suo ingresso al
Carmelo.
    Entrata in Monastero può dire: "Ero pienamente ricom-
pensata di tutte le mie prove. Con quale gioia profonda ripetevo
queste parole: 'Per sempre, sono qui per sempre!...' "[433].
    Ma anche entrata nel Carmelo le sofferenze non vengono
meno.
    "Madre mia cara, lei lo sa, i miei primi passi hanno incon-
trato più spine che rose!
    Sì, la sofferenza mi ha teso le braccia, e mi ci sono gettata
con amore"[434].

2. Vi sono le sofferenze legate alla vita comune e in modo
particolare alla presenza e al governo di Madre Maria di Gonzaga, che forse è stato il più raffinato strumento di santificazione
per Teresa.
    La Sorella Paolina, al processo di canonizzazione sarà co-

---

[432]*Ib.*, 134.
[433]*Ib.*, 194.
[434]*Ib.*, 195.

stretta a dire tante cose che avrebbe preferito mille volte tacere.

Depone: "Per capire la vita di suor Teresa al Carmelo, mi sembra necessario far conoscere al Tribunale lo stato della comunità durante il tempo in cui ella vi e vissuta, e specialmente il ruolo e il carattere di madre Maria di Gonzaga"[435].

3. Ci fu poi, tremenda, la sofferenza per la malattia del padre.

"Sconvolto dalle confidenze di Celina che gli annuncia a sua volta la propria vocazione carmelitana, il signor Martin si allon-

---

[435]SUOR AGNESE DI GESÙ, in *Testimoni di Teresa di Gesù Bambino*, p. 73.
Eccone alcuni stralci: "Il 29 settembre 1860 entrò al Carmelo di Lisieux, come postulante e nelle disposizioni migliori, la signorina Maria de X., di ventisei anni. Venne chiamata suor Maria di Gonzaga.

Per il suo fascino esteriore (alta di statura, distinta, timbro di voce dei più simpatici), per la sua pietà, per una semplicità che talvolta rasentava il candore, ben presto conquistò tutte le simpatie.

Ma era una natura senza equilibrio. Improvvisamente allegra all'eccesso, improvvisamente immersa in tetre malinconie per un nulla, nonostante la sua salute robusta, aveva inspiegabili anomalie di carattere.

Fece straordinarie penitenze e avrebbe avuto un'anima eletta, molto generosa, dal cuore d'oro, senza queste contraddizioni nefaste e una passione di gelosia spesso inconscia, ma che, crescendo con l'età, diede occasione a frequenti scontri, a suscettibilità e anche a scene terribili.

Tuttavia, fin dalla sua uscita di noviziato, il superiore, don Cagniard, lasciò che venisse impiegata nelle cariche, sperando con questo mezzo di sviluppare le sue capacità reali e nello stesso tempo di rimediare al suo umore bizzarro. Fu un errore fatale.

La si nominò sottopriora l'8 luglio 1866, poi priora il 22 ottobre 1874, carica che doveva occupare per ventuno anni.

Ecco alcuni particolari ed esempi di ciò che avvenne in monastero sotto il suo governo o per il suo influsso.

Ebbe parecchi colpi di testa deplorevoli. Il 16 luglio 1867, essendo sottopriora, dopo una crisi di gelosia, sparì fino a notte e molte suore mandate a cercarla, la sorpresero rannicchiata in un angolo del giardino dietro una scala. Scontenta e sconvolta, si lasciò condurre alla cella della priora e stava per gettarsi dalla finestra, quando una suora conversa la afferrò.

In seguito a questo fatto, di cui fu avvertito il superiore, fuori corse voce, non si sa come, che la sottopriora del Carmelo era pazza. La stessa sua famiglia ne conobbe vagamente qualcosa; ma con la prudenza di madre Genoveffa, si riuscì a poco a poco a spegnere questa voce.

Quando ricopriva la carica di priora e si doveva votare una persona, imponeva quasi la sua volontà. Si lasciava sedurre dalle doti esteriori, la distinzione, l'incanto di una bella voce e soprattutto dall'affetto che le si testimoniava, riservandosi così dispiaceri amari per la sua vecchiaia.

Una religiosa isterica, ammessa dal capitolo grazie alle sue insistenze, le fece versare molte lacrime. Un'altra, colpita dalla stessa malattia, indiscreta, che aveva la mania di mentire e di rubare senza accorgersi, fu ricevuta anch'essa da lei.

Si indovina quale potesse essere la formazione di queste persone. Ella dava ottimi consigli, ma pessimi esempi. Per ottenere di essere nelle sue grazie, bisognava adularla o agire con diplomazia. Ciò faceva dire a don Youf, nostro cappellano per venticinque anni: «Com'è triste che delle anime, credendo di trovare al Carmelo la semplicità, siano costrette a fare della politica!». Diceva questo perché, in certi casi, per evitare lo scandalo, bisognava agire con assoluta segretezza e con astuzia.

Quanto fu ancor più desolante talvolta il modo con cui si concedeva la santa Eucaristia! A madre Maria di Gonzaga è capitato di promettere una comunione come ricompensa ad una suora che acchiappava un topo! La toglieva anche per un nulla. Com'è vergognoso rivelarlo!

Quando i decreti del 1891 tolsero ai superiori il diritto di regolare le comunioni della loro comunità, madre Maria di Gonzaga dapprima li accolse con rispetto e sottomissione alla Chiesa; ma presto, poiché il confessore pensò bene di permettere a qualche suora la comunione quotidiana e ad altre meno sovente, rispuntò la sua gelosia. Don Youf ebbe paura, e il numero delle comunioni ritornò lo stesso per tutte le religiose.

Avvennero anche altri abusi meno gravi, ma più vergognosi. Ad esempio la povera madre aveva un gatto che nutriva di fegato di vitello e di latte zuccherato. Se acchiappava un uccello, glielo si faceva arrostire con una salsa squisita. Fino a questo punto le cose erano soltanto ridicole, benché ci fosse una mancanza di povertà. Ma qualche volta il gatto si smarriva, e la sera, durante l'ora del silenzio rigoroso, la priora partiva a cercarlo con le suore di velo bianco, chiamandolo da ogni parte, fin sopra il muro che separa il monastero da un giardino vicino, gettando così la comunità nel disordine e nel subbuglio.

Anche le malate soffrivano per il carattere di madre Maria di Gonzaga benché in certi momenti fosse con loro assai buona e generosa. (...).

Ogni anno al tempo degli esercizi, era un'autentica sorveglianza al confessionale del predicatore. Madre Maria di Gonzaga non poteva sopportare di vedere le religiose restarvi un pò a lungo.

Durante i tre anni in cui non era priora, il suo carattere si dimostrava più ombroso che mai. Con pena vedeva che le sfuggiva l'autorità e che l'affetto si concentrava su un'altra e non su di lei. Fu così che, alla professione di suor Agnese di Gesù, che ebbe luogo durante il priorato di madre Genoveffa, rifiutò alla vigilia di andare a vedere l'oratorio ornato per la circostanza e, il giorno della festa, rattristò tutti col suo pessimo umore. Così succedeva anche per le vestizioni e le professioni quando non era più priora. All'avvicinarsi delle elezioni, era una vera e vergognosa campagna. Per il bene della pace, madre Genoveffa si ritirava umilmente al termine dei suoi tre anni e ne lasciava fare sei a madre Maria di Gonzaga.

Più tardi, dopo la morte di madre Genoveffa, vedendo che le era impossibile restare sempre priora, orientò i voti del capitolo su suor Agnese di Gesù, di cui conosceva bene il temperamento conciliante. Credeva così di rimanere padrona e fare agire la nuova priora secondo le sue vedute. Quando vide questa assumere la sua autorità, le fece subire mille persecuzioni. Un giorno, testimone di una scenata terribile, una suora (e tuttavia la più focosa del suo partito) non poté contenere la sua indignazione: «O madre Maria di Gonzaga – disse – è cosa assai cattiva fare soffrire così la sua madre priora!».

Un'altra suora anziana, ugualmente disgustata della sua condotta, decise di scriverne a monsignor Hugonin, nostro vescovo, e nella notte confidò il suo proposito alla madre priora. Ma il giorno dopo, temendo l'ira di madre Maria di Gonzaga, abbandonò il suo progetto.

Vedendo resa vana la sua scaltrezza incosciente, e che si poteva fare a meno di lei, l'ex priora lavorò per impedire una rielezione. Vi riuscì, ma questa volta non fu eletta che al settimo scrutinio. Dura lezione, di cui soffrì per tutto il resto della sua vita. Dopo l'elezione, alcune suore pensarono di smarrire qualche biglietto di voto che portava il suo nome, affinché tali biglietti, da lei trovati, allontanassero da esse i suoi sospetti.

Poco tempo prima di questo fatto, avvennero scene incresciose di gelosia a proposito della professione di suor Genoveffa di Santa Teresa, e di suor Maria della Trinità. Madre Maria di Gonzaga, sperando di prendere presto il posto di madre Agnese di Gesù, si diede da fare per ritardarne la data alle novizie per riservare a sé l'onore e la gioia di queste professioni.

Tuttavia il superiore, monsignor Maupas, venuto a vedere la comunità, disse ad alta voce che la madre priora doveva proporre le due novizie al capitolo. Madre Maria di Gonzaga impallidì, ma si dominò fino all'uscita dal parlatorio, dove si accordò con le religiose che aveva guadagnato al suo partito. (...).

Tuttavia è vero che madre Maria di Gonzaga non volle dividere con nessuno la sua autorità, anche quella di maestra delle novizie; che suor Teresa di

tana improvvisamente da casa. Allarme di breve durata, ma che traumatizza le figlie". La grafia di Teresa ne porta le tracce"[436] e la

Gesù Bambino ha suscitato molte volte la sua gelosia; che quest'ultima ha dovuto sempre nascondersi per compiere il suo umile ufficio di aiuto al noviziato; infine che con questa madre non bisognava mai fidarsi di un permesso, di una fiducia data in un momento di buon senso: aveva infatti momenti di perfetto criterio, oppure parlava e agiva come una santa priora. Purtroppo questi momenti erano assai passeggeri e, improvvisamente, da un momento all'altro, bisognava aspettarsi di vedere proprio tutto il contrario. Al volto più amabile, animato da un sorriso buono e cordiale, succedeva nello stesso momento, per il più piccolo motivo che avesse provocato la sua gelosia, un aspetto cupo, che rivelava la tempesta interiore che non mancava mai di esplodere.

Il quadro delle ingiustizie e delle tristezze che si sono viste in monastero non sarebbe ancora del tutto completo se non si dicesse qualcosa sugli abusi causati dalle debolezze di madre Maria di Gonzaga verso la sua famiglia (...).

La stessa madre Genoveffa non poté far niente per sradicarle. Troppo buona e troppo conciliante, si accontentava di piangere e di pregare in silenzio.

Suor Teresa di Gesù Bambino diceva: «La comunità sembra camminare su una corda. È un vero miracolo quello che il buon Dio opera in ogni istante, permettendo che conservi l'equilibrio».

Questo male, che delle sante avevano constatato e deplorato, a poco a poco trapelò all'esterno del monastero. Fuori madre Maria di Gonzaga aveva soggiogato coloro che la conobbero poco e non la videro all'opera nelle occasioni in cui si manifestavano le sue bizzarrie di umore mutevole e le scenate di terribile gelosia.

Tuttavia suor Teresa di Gesù Bambino che, nonostante tutto, amava l'anima della sua priora, un giorno pregava per lei, in grande ansia per la sua salvezza. Fu allora che in un sogno la vide, avvolta dalle fiamme, attraversare l'eremitaggio che aveva dedicato al Sacro Cuore (è una piccola cappella al centro del chiostro). La Serva di Dio credette vedere in ciò un segno della misericordia che le sarebbe stata fatta a motivo della sua devozione al Sacro Cuore. Ella sarebbe solo passata attraverso il fuoco e non vi sarebbe bruciata eternamente. Madre Maria di Gonzaga morì per un cancro alla lingua, il 17 dicembre 1904, all'età di settantuno anni.

La vigilia della sua morte disse con umiltà a madre Agnese di Gesù, sua priora: «Madre mia, io ho molto offeso il buon Dio. Sono la più colpevole di tutta la comunità. Dispererei di salvarmi se non avessi la mia piccola Teresa che intercede per me. Sento che le dovrò la mia salvezza»" (*Ib.*, pp. 74-79).

[436]SANTA TERESA DI GESÙ BAMBINO E DEL VOLTO SANTO, *Opere*

sofferenza fisica che la portò alla morte.

4. Ma non vanno sottaciute le sofferenze interiori a motivo delle tentazioni nella fede, che furono come la sua notte oscura.

Ecco che cosa ne dice:

"Godevo allora di una fede tanto viva, tanto chiara, che il pensiero del Cielo formava tutta la mia felicità, non potevo credere che vi fossero degli empi i quali non avessero la fede. Credevo che parlassero contro il loro stesso pensiero negando l'esistenza del Cielo, del bel Cielo ove Dio stesso vorrebbe avrebbe voluto essere la loro ricompensa eterna.

Nei giorni tanto gioiosi della Pasqua, Gesù mi ha fatto sentire che esistono davvero anime senza fede, le quali per l'abuso delle grazie hanno perduto questo tesoro immenso, sorgente delle sole gioie pure e vere. Ha permesso che l'anima mia fosse invasa dalle tenebre più fitte, e che il pensiero del Cielo, dolcissimo per me, non fosse più se non lotta e tormento...

Questa prova non doveva durare per qualche giorno, non per qualche settimana: terminerà soltanto all'ora segnata da Dio misericordioso, e... quest'ora non è ancora venuta. Vorrei esprimere ciò che penso, ma, ahimé, credo che sia impossibile. Bisogna aver viaggiato sotto questo tunnel cupo per capirne l'oscurità. Cercherò tuttavia di spiegarmi per mezzo di un paragone"[437].

"Suppongo d'esser nata in un paese circondato da una bruma spessa, mai ho contemplato l'aspetto ridente della natura inondata, trasfigurata dallo splendore del sole; fin dall'infanzia, è vero, ho inteso parlare di queste meraviglie, so che il paese nel quale sono nata non è la mia patria, che ce n'è un'altra alla quale debbo aspirare incessantemente.

Non è una storia inventata da un abitante del paese triste ove sono, è una realtà sicura perché il Re della patria luminosa è venuto a vivere trentatré anni nel paese delle tenebre; ahimé!

complete, scritti e ultime parole, p. 37.
[437] Storia di un'anima, 276.

Le tenebre non hanno capito che quel Re divino era la luce del mondo.

Ma, Signore, la vostra figlia ha capito la vostra luce divina, vi chiede perdono per i suoi fratelli, accetta di nutrirsi per quanto tempo voi vorrete del pane di dolore e non vuole alzarsi da questa tavola colma di amarezza alla quale mangiano i poveri peccatori prima del giorno che voi avete segnato.

Ma anche lei osa dire a nome proprio e dei suoi fratelli: 'Abbiate pietà di noi Signore perché siamo poveri peccatori!'.

Oh Signore, rimandateci giustificati... che tutti coloro i quali non sono illuminati dalla fiaccola limpida della fede, la vedano finalmente... Gesù, se è necessario che la tavola insozzata da essi sia purificata da un'anima la quale vi ama, voglio ben mangiare sola il pane della prova fino a quando vi piaccia introdurmi nel vostro regno luminoso. La sola grazia che vi chiedo è di non offendervi mai!"[438].

"Madre carissima, l'immagine che ho voluto dare delle tenebre che oscurano l'anima mia è tanto imperfetta quanto un abbozzo paragonato al modello; ma non voglio continuare a scriverne, temerei di bestemmiare... ho paura d'aver già detto troppo..."[439].

4. Gioia e sofferenza insieme

1. Ciò che stupisce in Teresa è che sia giunta ad un vertice così alto di amore da essere lieta anche nella sofferenza.

Scrive nella *Storia di un'Anima*: "Madre cara, lei lo sa bene, il Signore si è degnato far passare l'anima mia per varie prove; ho sofferto molto da quando sono sulla terra, ma, se nella mia infanzia ho sofferto con tristezza, ora non soffro più così, bensì nella gioia e nella pace, e *sono veramente felice di soffrire*.

---

[438] *Ib.*, 277.
[439] *Ib.*, 278.

Bisogna che lei conosca tutti i segreti dell'anima mia per non sorridere leggendo queste righe, perché, se si giudica dalle apparenze, può esserci un'anima meno provata della mia? Oh se la prova che io soffro da un anno apparisse agli sguardi, che stupore!"[440].

Come si possa comporre la sofferenza con la gioia lo dice lei stessa: "Nostro Signore nell'orto degli Ulivi godeva di tutte le gioie della Trinità, eppure la sua agonia non era meno crudele. È un mistero, ma le assicuro che, da ciò che provo io stessa, ne capisco qualcosa"[441].

2. Giovanni Paolo II ne farà menzione in *Novo Millennio ineunte*. Ne parla come di "una testimonianza illuminante!" che giunge dalla "teologia vissuta dei santi.

Essi ci offrono indicazioni preziose che consentono di accogliere più facilmente l'intuizione della fede, e ciò in forza delle particolari luci che alcuni di essi hanno ricevuto dallo Spirito Santo, o persino attraverso l'esperienza che essi stessi hanno fatto di quegli stati terribili di prova che la tradizione mistica descrive come «notte oscura».

Non rare volte i santi hanno vissuto qualcosa di simile all'esperienza di Gesù sulla croce nel paradossale intreccio di beatitudine e di dolore" (NMI 27).

3. "Che Gesù mi perdoni se gli ho fatto dispiacere, ma egli sa bene che, pur non avendo il godimento della fede, mi sforzo tuttavia di compierne le opere.

Credo di aver compiuto più atti di fede da un anno, che non in tutta la vita.

Ad ogni occasione nuova di battaglia, quando il nemico mi provoca, mi conduco da valoroso; sapendo che la viltà consiste proprio nel battersi in duello, volgo la schiena all'avversario

---

[440] *Ib.*, 274.
[441] *Novissima Verba*, 6 luglio 1897.

senza degnarlo di uno sguardo; corro verso il mio Gesù, gli dico che sono pronta a versare fino all'ultima stilla di sangue per testimoniare che esiste un Cielo.

Gli dico che sono felice di non godere di quel bel Cielo qui, sulla terra, affinché egli l'apra per l'eternità ai poveri increduli. Così, nonostante questa prova che mi toglie ogni godimento, posso dir tuttavia: 'Signore, voi mi colmate di gioia con tutto ciò che fate – Salmo 91'.

Perché, esiste forse una gioia più grande che soffrire per amore vostro? Più la sofferenza è intima, più nascosta è agli occhi delle creature, e tanto più vi rallegra, oh Dio mio!

Ma se, cosa impossibile, doveste ignorare voi stesso la mia sofferenza, sarei felice di possederla se per mezzo di essa potessi impedire e riparare una sola colpa commessa contro la fede"[442].

"Madre amata, le sembra forse che io esageri la mia prova; in realtà, se lei giudica dai sentimenti che esprimo nelle poesie che ho composto quest'anno, le sembrerò un'anima colma di consolazione, per la quale il velo della fede si è quasi squarciato, e tuttavia... non è più un velo per me, è un muro che si alza fino ai cieli e copre le stelle.

Quando canto la felicità del Cielo, il possesso eterno di Dio, non provo gioia alcuna, perché canto semplicemente ciò che voglio credere.

A volte, è vero, un minimo raggio scende a illuminare la mia notte, allora la prova s'interrompe per un attimo, ma subito dopo, il ricordo di questo raggio, invece che rallegrarmi, rende ancor più fitte le mie tenebre.

Madre mia, non ho mai sentito come ora quanto il Signore è dolce e misericordioso: mi ha mandato questa prova soltanto quando ho avuto la forza di sopportarla; credo che se l'avessi avuta prima, sarei precipitata nello scoramento. Ora essa toglie qualsiasi soddisfazione naturale che io avrei potuto trovare

---

[442] *Storia di un'anima*, 279.

nel desiderio del Cielo. Mi sembra ora che niente m'impedisca di partire, perché non ho più grandi desideri, se non quello di amare sino a morire di amore (9 giugno)"[443].

4. Ci si può domandare se Santa Teresa di Lisieux sia giunta all'unione trasformante e se questa sia compatibile con la notte interiore.

La risposta sembra affermativa perché Teresa non si sentiva respinta in tutto questo, ma accettava questa purificazione in unione a Gesù redentore degli uomini perché altri potessero godere ciò di cui lei volentieri accettava di essere privata per amore di Gesù.

La prova cui era soggetta aveva una finalità non tanto purificatrice, ma apostolica.

Voleva espiare nella propria carne (ecco il suo desiderio di soffrire) i peccati contro la fede.

Sentiva quell'oscurità come un mezzo provvidenziale che il Signore le donava per guadagnare le anime dei peccatori, dei lontani.

5. Rivolgendosi alla sorella nella *Storia di un'Anima* scrive: "Vedo che la sofferenza sola può generare le anime e più che mai le sublimi parole di Gesù mi svelano la loro profondità: 'In verità, in verità vi dico, se il chicco di grano caduto a terra non muore, rimane solo, ma se muore dà molto frutto'. Quale messe abbondante lei ha raccolta! Ha seminato tra le lacrime, ma ben presto vedrà il frutto delle sue fatiche, ritornerà colma di gioia, portando manipoli tra le mani..."[444].

6. Il 29 maggio 1897 Suor Agnese annota tra le Novissima Verba: "Aveva sofferto molto. Presi il Santo Vangelo per leggergliene un brano, e capitai su queste parole: *Egli è risuscitato, non è più qui, vedete il luogo ove l'avevano posto* (Mc 16,6).

---

[443] *Ib.*, 280.
[444] *Ib.*, 229.

Sì, è proprio così, io non sono più in realtà, accessibile a tutti i dolori come da bambina: *sono come risuscitata*, non sono più là dove mi credono. Madre mia, non si affligga per me, *sono arrivata a non poter più soffrire, perché qualsiasi patimento mi è dolce*"[445].

7. Il 4 giugno 1897 sempre tra le *Novissima Verba* si svela la sua conformità a Cristo morente in croce.

Dice: "Mi piacerebbe avere una morte bella per far piacere a voi.

L'ho chiesta alla Vergine Santa, e non è la stessa cosa come chiederla al Signore.

Lei lo sa bene cosa deve fare dei miei piccoli desideri, se li deve dire oppure no: insomma, sta a lei vedere di non forzare il buon Dio ad esaudirmi, per lasciar fare a lui in tutto e per tutto la sua volontà.

Non lo so se andrò in Purgatorio, non me ne angustio affatto; ma se ci vado, non rimpiangerò mai di non aver fatto nulla per evitarlo, non mi pentirò mai d'aver lavorato soltanto per salvare le anime. Come sono stata felice sapendo che santa Teresa la pensava così!

Non vi affliggete se io soffrirò molto e se non vedrete in me, come ho già detto, nessun segno di felicità nel momento della morte... Nostro Signore è ben vittima d'amore, e voi sapete quale è stata la sua agonia!"[446].

"Nel pomeriggio di quel giorno stesso, poiché la vedevo soffrire tanto, le dissi: 'Ebbene, lei desiderava di soffrire, Dio non l'ha dimenticata'".

Desideravo soffrire, e sono esaudita. Ho sofferto molto, da parecchi giorni. Una mattina, durante il ringraziamento, ho provato come le angosce della morte, e con ciò nessuna consolazione!

---

[445] *Novissima Verba*, 29 maggio 1897.
[446] *Ib.*, 4 giugno 1897.

Accetto tutto per amore del buon Dio, perfino i pensieri stravaganti che mi vengono alla mente e mi danno noia"[447].

5. Il triplice significato della sofferenza in Teresa di Lisieux

Si può dire che in santa Teresa di Lisieux la sofferenza abbia un triplice significato.

1- Innanzitutto *serve a distaccare dalle cose che non contano*, a purificare e ad unire al Signore.

Nel marzo del 1888 scrive a Paolina: "È proprio vero, Paolina, che una goccia di fiele si mescola sempre alle nostre gioie, ma m'accorgo pure che le prove ci aiutano molto a distaccarci dalla terra. Ci fanno guardare più in alto, al di là di questo mondo. Quaggiù nulla ci può soddisfare. Non si può gustare un pò di riposo fuorché nell'essere pronti a fare la volontà del buon Dio.

La mia piccola navicella deve faticare non poco per arrivare al porto. Da tanto tempo scorgo la riva e mi trovo sempre così lontana; ma è Gesù che guida la mia fragile imbarcazione e sono sicura che il giorno ch'egli vorrà, la farà giungere felicemente in porto.

Credimi, Paolina, quando Gesù mi avrà deposto sulla riva benedetta del Carmelo voglio donarmi tutt'intera a lui, non voglio vivere più che per lui.

Oh! no, i suoi colpi non mi faranno paura perché, anche quando le sofferenze sono più amare, si sente sempre che è la sua dolce mano che colpisce. L'ho sperimentato bene a Roma nel momento in cui tutto mi avrebbe fatto credere che la terra fosse lì lì per sparire sotto i miei piedi.

Non bramo che una cosa quando sarò al Carmelo, di soffrire sempre per Gesù. La vita passa così presto che veramente

---

[447] *Ib.*

vale di più avere una corona bellissima e un po' di patire, che averne una ordinaria, senza patire.

Che cos'è una piccola sofferenza sopportata con gioia, quando penso che per tutta l'eternità si potrà amare più perfettamente il buon Dio! Inoltre, soffrendo, si possono salvare le anime. Ah! Paolina, quanto sarei felice se al momento della mia morte potessi avere un'anima da offrire a Gesù! Sarebbe un'anima in più strappata al fuoco dell'inferno per benedire Dio per tutta l'eternità..."[448].

2- In secondo luogo la sofferenza è una prova d'amore.

In *Storia di un'Anima* scrive: "Sì, Amato, la mia vita si consumerà così. Non ho altri mezzi per provarti il mio amore, se non gettare dei fiori, cioè non lasciar sfuggire alcun piccolo sacrificio, alcuna premura, alcuna parola, e profittare di tutte le cose piccole, e farlo per amore...

Voglio soffrire per amore e perfino gioire per amore, così getterò fiori davanti al tuo trono; non ne incontrerò uno senza sfogliarlo per te... poi, gettando fiori, canterò (sarebbe possibile piangere compiendo un'azione di tanta gioia?) canterò, anche quando dovrò cogliere i miei fiori in mezzo alle spine, e il canto sarà tanto più melodioso quanto più le spine saranno lunghe e pungenti"[449].

Nell'approssimarsi della malattia del padre manifesta di aver compreso la preziosità della sofferenza: "Lungi dal lamentarmi con Gesù della croce che ci manda, non arrivo a comprendere l'amore *infinito* che l'ha portato a trattarci così. Bisogna che il nostro diletto Babbo sia davvero molto amato da Gesù per dover tanto soffrire!

Ma non trovi che la disgrazia che lo colpisce non è altro che il coronamento della sua vita meravigliosa? (...).

---

[448] *Lettera* 23, a Madre Agnese di Gesù, marzo 1888.
[449] *Storia di un'anima*, 258.

Che grande fortuna essere umiliati! È la sola strada che conduce alla santità!... Possiamo ora dubitare della volontà di Dio sulle nostre anime?... La vita non è che un *sogno*, presto ci sveglieremo con un grido di gioia... Più grandi sono le nostre sofferenze, più sconfinata sarà la nostra gloria... Oh! non perdiamo la prova che Gesù ci manda, è una miniera d'oro da sfruttare. Mancheremo all'occasione?... Il *granello di sabbia* vuol mettersi all'opera senza *gioia*, senza *coraggio*, senza *forza*, e tutte queste prerogative gli faciliteranno l'impresa. Vuol lavorare per amore. È il *martirio* che comincia. Scendiamo insieme nell'arena se il «giglio-semprevivo» non sdegna la compagnia del suo povero... granello di sabbia"[450].

3 - In terzo luogo la sofferenza è necessaria per salvare anime. La lettera agli Ebrei dice che "senza spargimento di sangue non esiste perdono" (Eb 9,22).

Scrive a Celina: "Gesù vuole che la salvezza delle anime dipenda dai nostri sacrifici, dal nostro amore. Egli viene da noi a mendicare delle anime... Sappiamo capire il suo *sguardo!* Tanto pochi lo capiscono. Gesù ci fa la grazia straordinaria di ammaestrarci lui stesso, di mostrarci *una luce nascosta*"[451].

"Sì, Celina, solo la sofferenza può generare anime a Gesù... C'è da stupirsi che siamo servite così bene, noi il cui unico desiderio è quello di salvare un'anima che sembra perduta per sempre?..."[452].

"Gesù ha per noi un amore così incomprensibile che vuol farci partecipare insieme con lui alla salvezza delle anime. Non vuol fare nulla senza di noi. Il Creatore dell'universo aspetta la preghiera di una povera piccola anima per salvare altre anime riscattate come lei a prezzo di tutto il suo sangue"[453].

---

[450]*Lettera* 59, a Celina, 28 febbraio 1889.
[451]*Lettera* 74, a Celina, 15 ottobre 1889.
[452]*Lettera* 108, a Celina, 8 luglio 1891.
[453]*Lettera* 114, a Celina, 15 agosto 1892.

È giusto ciò che scrive Santa Teresa di Gesù Bambino.

Ma a scanso di equivoci va ricordato quanto disse Pio XII nell'enciclica *Mediator Dei* Pio XII: "Mentre moriva sulla Croce, *Cristo donò alla Sua Chiesa, senza nessuna cooperazione di essa, l'immenso tesoro della Redenzione; quando invece si tratta di distribuire tale tesoro*, Egli non solo comunica con la Sua Sposa incontaminata l'opera dell'altrui santificazione, ma *vuole che tale santificazione scaturisca in qualche modo anche dall'azione di lei*" (EE 6, 193).

Pertanto *la necessità dei digiuni e delle penitenze non si trova nella linea della causa efficiente dell'espiazione dei peccati*. Questi sono stati espiati tutti una volta per sempre da Cristo.

La necessità dei digiuni e delle penitenze *si richiede invece da parte del soggetto perché possa applicare a sé i tesori della Redenzione*.

Un esempio: perché la macchina corra non basta che ci sia il serbatoio pieno di benzina, ma è necessario anche che si pigi l'acceleratore. E più lo si pigia, più la macchina corre. Allora nella misura in cui è maggiore la nostra partecipazione alla passione e morte del Signore, più profonda è anche la purificazione e la santificazione che riceviamo nelle nostre anime.

È in questo senso che San Paolo scrive: "Ora io sono lieto nelle sofferenze che sopporto per voi e *do compimento a ciò che, dei patimenti di Cristo, manca nella mia carne*, a favore del suo corpo che è la Chiesa" (Col 1,24).

Bibliografia

Birocci L., *Nel cuore della Chiesa, mia madre, sarò l'amore*, Tau, Todi 2017.

Boldizsar Marton M., *La Santa della fiducia*, OCD, Roma 2018.

Cavallari F., *Uomini e donne in cammino. Accanto ai genitori di Santa Teresa di Lisieux*, La fontana di Siloe, 2017.

François de l'Immaculée Comnception, *Mieux connaitre Sainte Thérese de Lisieux*, Librairie Saint Paul, Paris, 1958.

Gennari G., *Teresa di Lisieux, il fascino della santità*, Lindau, Torino 2012.

Gonzalez L. J., *Teresa di Lisieux. Intelligenza emotiva e counseling spirituale*, OCD, Roma 2019.

Guérin Z. e Martin L., *Lettere familiari*, ed. OCD, Roma 2011.

Maria della Trinità (suor), *Il racconto dell'amica*, Mimep docete, Pessano Con Bornago 2017.

Philipon M.M., *Santa Teresa di Lisieux*, Morcelliana, Brescia 1950.

Piat S., *Storia di una famiglia*, OCD, Roma, 2004.

Ruffinengo A. (a cura di), *Testimoni di Teresa di Gesù Bambino*, OCD, Roma 2004.

Sicari A., *La teologia di S. Teresa di Lisieux*, ed. OCD – Jaca Book,

Milano 1997.

Teresa di Gesù Bambino, *Gli scritti,* Postulazione generale OCD, Roma 1990.

Teresa di Gesù Bambino, *Opere complete,* LEV – OCD, Roma 2010.

Made in the USA
Middletown, DE
02 October 2022